不栽桃李

潮白新闻时评精选之七

田东江◎著

南方日报出版社
NANFANG DAILY PRESS
中国 · 广州

图书在版编目（CIP）数据

不栽桃李种蔷薇 ：潮白新闻时评精选之七 / 田东江著.
-- 广州 ：南方日报出版社，2016.12
ISBN 978-7-5491-1494-8

Ⅰ. ①不… Ⅱ. ①田… Ⅲ. ①时事评论－中国－文集
Ⅳ. ①D609.9-53

中国版本图书馆 CIP 数据核字(2016)第 311060 号

BUZAI TAOLI ZHONG QIANGWEI
不栽桃李种蔷薇——潮白新闻时评精选之七

著　　者：田东江
出 版 人：周洪威
责任编辑：周山丹　史成雷
封面绘图：邓晓童
封面设计：明　室　邓晓童
责任技编：王　兰
责任校对：阮昌汉
出版发行：南方日报出版社
地　　址：广州市广州大道中 289 号
电　　话：(020) 87373998-8502
经　　销：全国新华书店
印　　刷：广州市怡升印刷有限公司
开　　本：889mm×1194mm　1/32
印　　张：10.125
字　　数：250 千字
版　　次：2016 年 12 月第 1 版
印　　次：2016 年 12 月第 1 次印刷
定　　价：28.00 元

投稿热线：（020）87373998-8503　读者热线：（020）87373998-8502

网址：http://www.nanfangdaily.com.cn/press　http://www.southcn.com/ebook

目 录

第一部分 文字何曾值一钱

此一部分选录的是2015年撰写的新闻时评。有一些话有一些人肯定不爱听，但清人吴祖修《芜湖绝句》早就说得分明："关吏狰狞去复还，客囊颠倒在江船。书签莫怪无人检，文字何曾值一钱！"

第二部分　体育人、体育事

余向来喜欢体育。苟有直播赛事，加上时间许可，都会学一学“葛优瘫”。体育人、体育事，或者体育人的其他事、其他人的体育事，拉拉杂杂，聚拢一起。宋人胡安国说：“事之大者无不起于细微，今以小事为不必言，至于大事又不敢言，是无时可言也。”

第三部分　看奥运

对于任何一个体育迷来说，没有什么比四年一度的奥运赛事更值得期待了，当真是“良辰美景，赏心乐事”。雅典、北京奥运进行期间，余在《南方日报》均开设了专栏，每日但得余暇，便盯住荧屏。在北京奥运评论中，更进行了为体育赛事注入历史内涵的尝试。唐玄宗《观拔河俗戏》有“欲练英雄志，须明胜负多”句，道理当然是这个道理，环诸体坛现实却没有可能尽然。

第一部分

文字何曾值一钱

此一部分选录的是 2015 年撰写的新闻时评。有一些话有一些人肯定不爱听，但清人吴祖修《芜湖绝句》早就说得分明：“关吏狰狞去复还，客囊颠倒在江船。书签莫怪无人检，文字何曾值一钱！”

纪念袁阔成先生

评书泰斗袁阔成先生去世了。在20世纪80年代，袁阔成差不多是个家喻户晓、妇孺皆知的名字，说他的评书滋养了几代人，大约毫不过分。而包括笔者这一代人在内，倘若说谁从来没有听过袁阔成说的评书《三国演义》，非常不可想象。必须承认，那个时候国人的文化生活还不够丰富也是一个客观现实，不像现在的网友，昨天刚鼓捣出个什么“体”，今天又造出个“duang”，忙忙碌碌，乐此不疲，尽管毫无实质意义可言，充其量只是过眼云烟。当然，袁阔成先生之所以赢得听众，还在于他精湛的评书技艺。

评书是曲艺的一种。宋朝的勾栏瓦舍，就是当时说评书的所在。《水浒传》里有段描写，李逵和燕青某个正月十五到京城去看灯，“来到瓦子前，听的勾栏内锣响，李逵定要入去，燕青只得和他挨在人丛里”。听上面讲到关云长刮骨疗毒，李逵禁不住大叫起来：“这个正是好男子！”结果“众人失惊，都看李逵”，吓得燕青慌忙拦道：“李大哥，你怎的好村！勾栏瓦舍，如何使的大惊小怪这等叫！”李逵说：“说到这里，不由人不喝彩。”由这段描写亦知，彼时是用打锣来号召听众，评书在后来的传统表演形式大抵是身着传统长衫，坐在桌子后面，以折扇和醒木为道具。报道说，在评书界，正是袁先生率先撤掉了书桌，并且头一个身穿西装说评书。

在关于袁先生的文字中看到一个评价：“古有柳敬亭，今有袁阔成。”柳敬亭，明末著名说书艺人，记得以前是进了中学课本的。清朝大学者黄宗羲认为，宋朝以后“讲史”的评书名人惟推柳敬亭。不过严格来看，这个评价既合适又不合适。在看家本领上，二者相似。柳敬亭也说《三国》，其说《当阳长坂坡》，“至张飞大吼一声骇退曹军时，右手挟矛，直指座客，大张巨口，良久不闭”。大家问，怎么回事？柳曰："张飞一吼，曹操全军人马，辟易奔退，如我出声学张飞一吼，诸君都要跌下座来。"袁阔成先生呢？有兴趣的人们不妨再通过录音回味其魅力，像这段，"关云长温酒斩了华雄，他手捻着长髯微合着二目走进大帐，腾咕噜噜噜，把华雄的首级扔在了帐内。张飞一看哈哈大笑，我二哥可算得鳌里夺尊了"。听，就这么简单的几句话，何其生动，何其波澜起伏而富有韵律感。袁阔成先生正是凭借其极其深厚的艺术功力和文化学养，使《三国演义》成为继承评书"讲史"传统的扛鼎之作。

但是除了技艺，在做人上，袁先生与柳敬亭就是"两股道上跑的车——走的不是一条路"了。明朝文学家张岱说过，柳敬亭架子极大，他去哪里说书，"主人必屏息静坐，倾耳听之，彼方掉舌"，而"稍见下人呫哔耳语，听者欠伸有倦色，辄不言"。清朝学者王士禛也说，柳敬亭"所至逢迎恐后，预为设儿焚香"，人家得泡最好的茶，摆好茶壶、茶杯等着，"比至，径踞右席，说评话才一段而止"。左良玉比较赏识他，于是在左的部队里，"宰执以下俱使之南面上坐，称柳将军，敬亭亦无所不安也"。而熟悉袁先生的人回忆，他在"书场上塑造的是以一敌百的英雄，生活中也是仗义疏财的好汉"；他是"评书演员中辈分最高的，但是他对后辈都是论弟称兄"。所以，我们在进行人物比对的时候，不要只看到表象。并且，不独比对人物，大约凡事皆是如此。

袁阔成先生的去世，唤起了人们对评书的重新关注。这些年，评书越来越不景气是一个不争的事实，作为评书世家的袁家，除了袁先生的一个女儿还在坚持之外，其他女儿以及孙辈都已经和评书渐行渐远，让袁阔成先生满怀遗憾和无奈。早在2008年，包括杭州评话、北方评书、湖北评书、浦东说书、厦门讲古等在内的各地评书类艺术，就列入了第二批国家级非物质文化遗产名录。这无疑表明，传承非物质文化遗产，不是列入了保护名录就可以高枕无忧、万事大吉的。

（2015年3月3日）

传统节日成为公共假期的目的

正在召开的全国两会上，不少代表委员建议多设几个国家法定假日。全国政协委员、重庆师范大学音乐学院院长张礼慧的建议是元宵节和重阳节，理由是“这样能更好弘扬中华民族的民俗文化，丰富我们的精神文明和人文情怀，也是彰显国民经济发展、百姓生活水平逐步提高和让全民共享经济社会发展成果的一种重要方式”。全国政协委员、中山大学食品与健康工程研究院院长刘昕的建议则是将国家宪法日定为节日，认为通过一种文化仪式进行渲染和体现，更容易起到产生共鸣的效果，并且世界上有 20 多个国家设有宪法节之类的节日。

对这些建议，网友表达了一边倒的支持。这是可以预期的。放假者，休息也。不用上班了，对公职人员而言又相当于带薪休假，此等美事哪有不支持的道理？不过，笔者对此有两点思考，首先一点是就我们已有的不算太少的公共假期来说，一下子再增加几个似乎不大现实。与其各说各的，平均用力，还不如集中促成一个。明天正是元宵节，我以为还不如先集中在这里。因为在我们的传统里，元宵节从前是法定假日，现在设置之，可以等同于弘扬传统，亦所谓师出有名或者名正言顺吧。

以明朝为例。据《万历野获编》记载，永乐七年（1409），明成祖朱棣觉得自己“继位以来，务遵成法，如今风调雨顺，军民乐业”，乃下令“今年上元节正月十一日至二十日，这几日官人每都与节假，著他闲暇休息，不奏事；有要紧的事，明白写了封进来”。上元节即元宵节。看，假期居然有 10 天之多，在此期间官府只处理“要紧的事”。对民间过节，也体现了极大的宽松，要求“从他饮酒作乐快活，兵马司都不禁，夜巡不要搅扰生事”。不要以为这是皇帝老儿的一时兴起，永乐帝是要以此“永为定例”的。到了明宣宗宣德二年

(1427)，大致的意思果然又重申了一遍。届时，“诸司堂属，俱放假遨游，省署为空”，大家也是一概放假过节。

假定元宵节成为公共假期不成问题了，我所思考的第二点是，传统节日成为公共假期的目的是什么，换言之就是增加了的这一天应该怎么过。有人可能会说，假期是我的，我愿意怎么过就怎么过。笔者无意干涉任何人的自由，只是觉得国家层面应当有个考虑，考虑什么呢？就是应当在承继的基础上发展起相应的新型节日文化，而不是简单地多歇它一天。古人的元宵文化是极其繁荣的，比如宋朝如何过元宵，有兴趣的人们可以翻翻《东京梦华录》，会发现当时的场面之大、娱乐品种之多，毫不亚于今天西方的狂欢节一类。在同时期的另一部著作里，我们还可以窥见百姓之兴致何其高涨，“每出必穷日，尽夜漏乃始还家，往往不及小憩，虽含酲溢疲思，亦不暇寐，皆相呼理残妆，而速客者已在门矣”。女士们呢，“首饰至此一新，髻鬟篸插，如蛾、蝉、蜂、蝶、雪柳、玉梅、灯球，袅袅满头，其名件甚多”。古称过元宵为闹元宵，这个“闹”字，堪称元宵节的魂，我们在赋予元宵节公共假期的同时，还应当令其“魂兮归来”。

事实上，我们的传统节日之所以个性鲜明，在于都有自己的“魂”之所在。清明、端午、中秋，原来不是公共假期，后来是了，比较遗憾的是，虽然方方面面也在不断为弘扬传统发力，但成效不够明显。究其根本，就是节日的名目回归了，内涵并没有。而在承继的同时，对传统节日赋予新的内涵，恰恰应该是设置时的必要考量。因此，公共假期里如果多了元宵，大家照旧只是睡个懒觉，勉强吃碗元宵，剩下就该干什么干什么，我以为设不设都罢了，没有多少实质意义可言。

（2015 年 3 月 4 日）

教师节改为孔子生日简直自然而然

今天上午，全国人大代表、湖北省人大常委会副主任周洪宇在接受采访时表示，现行教师节缺乏必要的历史意蕴，无法彰显中国教育传统的文化内涵，而孔子的教育理念和教学方法在很大程度上可以代表当今教学改革的方向，具有很强的借鉴意义。因此，他建议将教师节改期到孔子诞辰日，即 9 月 28 日。现行教师节的日期我们都知道，9 月 10 日。从 1985 年第一个教师节开始设置，到今年即将整整 30 年了。

周代表的建议实际上是一个旧话题。早在 2004 年，全国政协委员李汉秋就曾以提案的方式呼吁将孔子诞辰作为教师节。我一直认同他的观点：传统节日是世代相传，我们已无权择日；而重新设定的节日是由我们自己择的，就应当考虑这日子是否有历史文化内涵、如何接续历史传统。现在，对周代表建议的前半部分，我也是表示认同的，只是他后面说的代表方向、借鉴意义那些话，觉得空洞无物，帽子也戴得过大。换言之，把一大堆主观努力所要达成的使命赋予一个仅仅属于客观存在的日期，这个承载它如何负荷得了？这样就能达到目的的话，我们要干别的什么，岂非多做一些日期的文章就可了事？

教师的职业是向学生传授知识，属于文化范畴，则教师节日期的选择理当有一定的讲究。况且，我们有为之注入历史文化内涵的现成资本，想都不用多想，孔夫子是天成的不二之选。《三国志·魏书》已经记载，文帝曹丕下诏称赞孔子：“考五代之礼，修素王之事，因鲁史而制《春秋》，就太师而正《雅》《颂》，俾千载之后，莫不宗其文以述作，仰其圣以成谋，咨！可谓命世之大圣，亿载之师表者也。”当然我们都知道，如今曲阜孔庙大成殿悬挂的匾额，是康熙皇帝手书的“万世师表”。亿载与万世，表达的是同一含义。从曹丕到康熙，相隔了1500年，大家仍然能就此达成共识，可见孔子作为教育界的“领军人物”，其影响与意义之超越时空。因此，尽管孔子的思想为后代的不同时期所利用，比如孔子本人在汉朝的时候是神学家，在宋明的时候又是理学家，但他作为教育家的本质从来都得到认同。冯友兰先生认为，孔子是中国第一个使学术民众化的、以教育为职业的“教授老儒”。他讲学的目的，在于养成“人”，养成为国家服务之人，而并不在于养成某一家的学者。所以他教学生读各种书，学各种功课，弟子的成就也各不相同：论德行，有颜渊、闵子骞；论从政，有冉有、季路；论文学，有子游、子夏；如此等等。孔子的教育理论，如今很多都成了格言警句，稍一提示，想来很多人都耳熟能详。关于学习态度的，“知之为知之，不知为不知，是知也”；关于学习规律的，“温故而知新”；关于学习方法的，“学而不思则罔，思而不学则殆”。诸如此类，不胜枚举。我们的历史上有这样一个伟大的教育家，我们主观厘定的教师节的日期难道不该与之发生关联吗？简直是自然而然之事。

当年把教师节设定在9月10日，自然有当年的考虑，为什么那样考虑，需待专业人士爬梳了。然而，9月10日，目前来看只是一个寻常的日期，窥不见其与教育、教师的相互关联在哪里。况且，当年的考虑也未必没有局限性。对教师节的改期，有人表示“怎么过”远比“哪天过”更重要，只有唤起人们深思设立教师节的本义，改期才有意义。这种抬杠式的思维所要表达的完全是另外一个话题，与本文的主旨拢不到一起。2013年9月，国务院法制办公室曾将《教育法律一揽子修订草案（征求意见稿）》及其说明全文公布，征求社会各界意见。其中在《教师法》修订草案的第六条，有将“每年9月10日为教师节”修订为“每年9月28日为教师节”的条款。再加上政协委员、人大代表的不断推动，改期的曙光应当说已经初现。

（2015年3月5日）

应当弄清楚明星为什么要吸毒

演员王学兵因为吸毒日前被北京警方抓获，同时被抓的还有一男一女。这是娱乐圈涉毒丑闻的最新案例。此前的那些，列个名单的话可能不算太长，但因为“星光熠熠”，好多人已经在公众那里不仅混了个脸熟，而且东窗事发之前形象还相当“正面”，所以每曝出一单，舆论便耸动一回。不用具体罗列名字了吧，一来大家都知道是谁，二来对“出来了”且发誓痛改前非的那些而言，咱既有些于心不忍，又担心侵犯了人家的什么权。

接二连三的明星吸毒被抓，借用政治领域中的“塌方式腐败”概念，这算得上是文化领域中的“塌方式形象自毁”了。对此，我有两个不能理解的问题：一个是，究竟是娱乐圈这个群体的确是吸毒的重灾区，还是因为这个群体的公众关注度相对较高，虽然吸毒的极少但影响极其恶劣？再一个是，他们为什么要吸毒？尤其是后一个，再借一句纪晓岚的话：“此真百思不得其故矣。”想来不少人都会本能地发问：难道他们认不清毒品的危害吗？问完之后其实连我们自己都知道答案：不是。因为像王学兵、尹相杰，本身都曾担任过“北京市禁毒义务宣传员”，这方面的知识一定全面而系统。比如，像翻官场“两面人”的旧账一样稍微一翻就会发现，2007 年王学兵在接受采访谈到娱乐圈吸毒问题时这样斩钉截铁：远离毒品就是珍爱生命，作为公众人物应更加自律，如果身边的朋友吸毒，他会劝阻。这就是说，吸毒将使身心遭受重创，他自己非常清楚。那么，他为什么还要吸呢？

在事业上的重创也是如此。国家新闻出版广电总局在去年 9 月即下发文件，明确“对劣迹公众人物作为主创人员参与制作的影视剧、影视节目一律暂停播出和点播”。其中的“劣迹”，就是指吸毒、嫖娼等违法行为。此种“封杀”是必要的，就如总局的定性：“作为公众人物，其行为败坏了社会风气、损害了行业形象，特别是对青少年的健康成长产生了不良影响。”想想也是，有了“吸毒、嫖娼”的这些前科，再看到明星本人在影视作品中扮演的角色，如果呈现的又是“正直、善良”的一面，谁不会有吃到苍蝇的感觉？眼下，陈建斌导演的电影处女作《一个勺子》就变得“前途未卜”。该片获得了第51届金马奖最佳男主角、最佳新导演奖，已经宣布将在5月1日公映，预计票房1.5亿元。但是，里面正有王学兵扮演的角色。总局的“限劣令”，是无论圈内还是圈外人都一眼可以看到严重后果：身败名裂，害己害人。那么，明星们为什么还要飞蛾扑火，旁观人等如何可以理解？

对于王学兵吸毒的原因，有媒体报道说要追溯到多年前，当时王学兵为了参与某部作品拍摄，需要迅速瘦身，从而沾染上毒品。好家伙，倒成了为事业献身的风范。很可惜，如果说这个借口“很傻很天真”，我想很多人都会同意，不可能是直接原因，更遑论根本原因。而明星吸毒唯其不可理解，就需要弄清楚根本原因，从而釜底抽薪，达到治病救“星”的目的。可以肯定，如果不从根本上弄清楚，明星吸毒的“塌方”就会继续扩大，丑闻名单上就会不断增添新的名字，包括那些现在仍然光鲜且已在公众心目中赢得了相当好感的明星的名字。这种结果，谁不抱着幸灾乐祸的心态，谁应该就不愿看到。

（2015年3月11日）

二月河先生的话说得太满

全国人大代表、作家二月河前日应农业部之邀，做了题为《文化发展与反腐败的一点思考》的演讲。他说，当下的一些公务员“想升官”并不丢人，但是不能想发财。做官的第一个层次应把自己的职务官衔和人民、国家、民族的利益联系在一起。第二个层次，是把自身的官职和光宗耀祖联系在一起。乍看上去，这话颇有些石破天惊，但是他有他的逻辑："把自己做官的成绩，和为老百姓服务所取得的荣耀，归功于自己的家族、祖宗，同样是高尚的做法。"这样释义，令张大嘴巴者应该能够释然。

对二月河先生的核心观点，笔者表示赞同。但在这里不是要随声附和，而是打算"鸡蛋里挑些骨头"，商榷商榷。因为二月河先生有些话说得太满，趋于绝对。比如他在论及"高薪养廉是伪命题"时说，宋代的"公务员工资"是清代的 10 倍、汉代的 6 倍，换算成如今的货币，包拯的年薪是 650 万，"这么高的工资，宋代也就养出一个包公是清官，更多的官员是贾似道、高俅这样的"。这句话就更有石破天惊的意味了。不过，笔者马上就可以举出王安石和司马光这两个清官的例子。即便不熟悉宋朝历史的人，对"王安石变法"与"司马光砸缸"也该知一二吧，两件事的分量虽然极不对等，但这里旨在强调大众之所以对他们熟稔。在时人眼里，王安石和司马光在"不好声色，不爱官职，不殖货利"方面有着惊人相似的一致，只可惜在变法问题上弄得势如水火。

必须承认，《宋史》对王安石是极力贬损的，王安石这边的变法派主将，如吕惠卿、曾布、章惇等人甚至都给写进了《奸臣传》，用宋史专家邓广铭先生的话说，叫作"尽情加以污蔑和诽谤"。饶是如此，《宋史》仍然承认王安石的优良品性，"性不好华腴，自奉至俭"，"士大夫谓其无意于世，恨不识其面，朝廷每欲俾以美官，惟患其不就也"。司马光总结自己一生没有过人之处，"但平生所为，未尝有不可对人言者耳"。并且认为，如果"有一言而可以终身行之者"，那就是"诚"。他这绝非自诩，苏轼在撰写司马光神道碑时表达了同样的观点："论公之德，至于感人心，动天地，巍巍如此。而蔽以二言：曰诚，曰一。"在"诚"字之外，东坡还给加了一个，做人做事始终如一的"一"。至于包拯，《宋史》里对其清廉的记载只有从端州（今肇庆）卸任时，不带走一方端砚。当然了，前提必须是清正，包拯才可能在立朝之时，令"贵戚宦官为之敛手"。我这里只是想说，二月河先生虽然在去年谈到现在的反腐力度读遍二十四史都找不到一类的话，但如此绝对地认同包公，大抵是受了后世公案小说的影响。诞生于明朝的《包公案》，正是中国古代文学颇有影响的三大公案小说之一。

在王安石、司马光之外，“非著名”人物中也不乏清官，甚至不乏今天推崇的“廉内助”。比如郭逵的老婆就常常给他吹枕边风：“我与公俱老，所衣食能几何？子孙皆有官，公位望不轻，胡为多藏以败名也?”所以，丰富多彩的历史不可以因为自己的视野不及、思考不及而简单化、片面化甚至绝对化。吴晗先生说一部二十四史就是一部贪污史，我便极不认同。在我看来，二十四史是一部了解古代社会的百科全书，“贪污”二字岂能涵盖得了？越是有影响力的人物，越不能因为貌似斩钉截铁实则漏洞百出的结论误导公众。再如高薪养廉，单纯高薪而监督缺位绝对养不了廉，但倘若认定这就是个伪命题，我们便无法解释别人已经取得的成功经验。二月河先生以为然否？

（2015 年 3 月 12 日）

甚荒唐，“踩红地毯种树”

3 月 15 日晚，湖南永州市委在对零陵区“踩红地毯种树”事件调查核实后，认为活动组织方在山坡路段铺设红地毯的行为，违反了中央《关于改进工作作风、密切联系群众的八项规定》和《党政机关厉行节约反对浪费条例》的规定，在社会上造成了不良影响，责令零陵区委对活动主要组织者——区妇联主席予以免职，对其他涉事官员进行相应问责。

这个处理，或许能够平息先前的众怒。先前，3 月 12 日，零陵区那里搞了一个植树节的活动，背景板上可以看到“巾帼林”的字样，显见是区妇联主席组织的了。凡活动则要搞仪式，是我们的一个惯常思维，所以主席台上铺着的大红地毯虽然同样刺眼，但这种情景大家都司空见惯，不算稀奇，也没人说三道四。这一回稀奇的是，在通往植树现场的路上也铺着长长的红地毯，植树者在上面鱼贯而行！区妇联主席的跟头，就栽在了路上这一段红地毯上。因为此事被网络曝出后，组织方在当地论坛进行回应称，当时是考虑连日阴雨后上坡路湿滑，所以才放置旧地毯。开始说是 10 米长，但以走在上面的人数来做个参照，恐怕远远不止。而问题的关键并不在于地毯的长度，在于地毯的有无。

人们常说，坏事可以变成好事。其实，逆向思维也是成立的，也就是好事可以变成坏事。3 月 12 日是我国的植树节，这是 1979 年 2 月 23 日五届全国人大常委会第六次会议通过的决定。设立植树节的目的，检索一下就可发现，旨在激发人们爱林、造林的热情，提高人们对森林爱护的认识，促进国土绿化，达到爱林护林和扩大森林资源、改善生态环境的目的。而当生态文明的概念深入人心之后，植树节的意义无疑又有了质的提升。生态文明建设自然不止植树造林这样简单，而是把生态建设如何融入到经济建设、政治建设、文化建设、社会建设各方面和全过程，但是森林毕竟是陆地生态系统的主体，森林覆盖率、森林蓄积量、林地保有量等等重要指标，无疑是衡量林业生态功能的重要保证。零陵区那里把好事办成了坏事，延续的是那种凡事要造声势的思维，因而让那段红地毯把好端端的植树活动硬是弄变了味儿。

谚曰："一年之计，莫如树谷；十年之计，莫如树木。"我们的前人很重视植树。早在周朝，就有"列树以表道，立鄙食以守路"的制度设置，意思是道路两旁要有成列的树木以为标志，沿路还要设立馆舍以接待过往官员和信使。明了这个前提，再读《诗经·小雅》中的"周道如砥，其直如矢"，就不难想象该是怎样的诗意景象了。南北朝时期贾思勰的《齐民要术》，是世界农学史上最早的专著之一，里面专门有一章讲《栽树》，除了记载松树（附杉、柏、桧树）、榆树、白杨、柳树、梧桐等的种法，还明确“凡栽树，正月为上时，二月为中时，三月为下时”。今年春节来得稍晚，植树节这天是正月廿二，正合了所谓“上时”。不过即使合不上也无所谓，《齐民要术》总结的是6世纪以前黄河中下游地区农牧业生产经验，以我国国土之大，各地大可不必刻舟求剑。重要的是，我们要铭记“前人种树，后人乘凉”的古训，有那种为子孙后代留住碧水蓝天的生态意识。

森林的种种生态功能，如固碳释氧、涵养水源、保持水土、防风固沙、改良土壤、减少污染等等，对保护人类生存发展的基本环境起着决定性的和不可替代的作用。真正明白了这些前提，就会明了植树节设置的意义，就会明了植树节这一天所起到的作用，端在于脚踏实地推动和强化人们生态意识的培育作用。如果是借这个时机张扬自己的什么，弄成“植树秀”也就在所难免。“踩红地毯种树”正落入了此中窠臼。

（2015年3月16日）

终究会是“魔高一尺道高一丈”

昨天，新华社独家披露的《揭秘假币的“前世今生”——探访公安部反假币实验室》让我们大开眼界，既见识了什么是“道高一尺魔高一丈”，更见识了什么是“魔高一尺道高一丈”。用文章开篇的话说：在这里，不管多“真”的假币，都能“验明正身”；在这里，一张假币纸，能透露出来自针叶木、阔叶木的“前世今生”，查到原产地在哪；在这里，一张假币，能看出画工是谁，如何流荡江湖……这就是“魔高一尺道高一丈”。

文章又告诉我们，近年来假币制造出现了新趋势，制售假币有着完整的网络和产业链。一方面，造假分子通过血缘、老乡关系走在一起，有相对严密的分工，组织化程度较高；另一方面，运输、交易通过网络完成，加大了公安机关的侦破难度。这就是“道高一尺魔高一丈”。造假币与反假币，相互间已经缠斗了至少两千年，因为秦朝的法律就已经有举发“盗铸”的记载，今后二者再继续缠斗下去不仅不足为奇，而且可以说正常不过。新华社的文章还告诉我们，通过这些年收缴的假币来看，96.7%的假币胶片来自于汕头70多岁的彭大祥所制。彭大祥可算“魔”之一种了，他在不借助电脑设备的情况下，能够靠手工绘制整套人民币胶片母版！2013年，彭大祥被判处无期徒刑，他真要庆幸是生在当代，要在从前，脑袋早没了。宋朝的交子、会子是我国最早的纸币，留存于今的“南宋行在会子库印钞铜版”上，就清楚地标明“敕伪造会子犯人处斩”。你在那个时候给抓住试试？而在王莽时代，“一家铸钱，五家坐之，没入为奴婢”。

假币的危害众所周知。早几年，“HD90”打头的百元假币，以其“高仿真”、能骗过验钞机的姿态在全国多个省市出现后，把公众的正常生活搅扰得何其不堪？此后，每有各种字母组合开头的假币面世，大家也都要惶惶不安一阵。在国家层面，假币足以扰乱正常的金融秩序。2008年获得第80届奥斯卡最佳外语片的奥地利电影《伪钞制造者》取材于真人真事，描写的就是第二次世界大战期间，关押在集中营里的犹太能工巧匠为生存而被迫为纳粹伪造英镑和美元假钞的故事，纳粹正是试图以此来破坏他国的经济。目前公安部反假币实验室已在全国形成“一室三站十三监测点”的布局，仅仅在这些监测点的银行柜台，一年收缴的假币就超过1000万元；甚至在泰国、蒙古等我国境外周边，当地警方也发现了假人民币。公安部经济犯罪侦查局反假币处处长潘玉宗就此指出：“如果不强化打击，未雨绸缪，将影响人民币的国际化进程。”当然，我们有理由相信，终究会是“魔高一尺道高一丈”。

制造假币，自然是为了追逐真币。钱币这种东西，虽然定义上说是充当一般等价物的商品，但它实在不一般。西晋鲁褒有一篇著名的《钱神论》，对金钱崇拜的愤世嫉俗溢于言表：“钱之所在，危而使安，死可使活；钱之所去，贵可使贱，生可使杀。是故忿诤辩讼非钱不胜，孤弱幽滞非钱不拔，怨仇嫌恨非钱不解，令问笑谈非钱不发。”其实，前人早就总结出来了，钱财乃身外之物，生不能带来，死不能带去。然而使人不解的是，历来的贪官在这个问题上都执迷不悟。比如元朝人给脱脱丞相的吊诗：“百千万贯犹嫌少，堆积黄金北斗边。可惜太师无脚费，不能搬运到黄泉。”如果我们把脱脱这个名字置换成今天某个贪官的名字，不是会发现该诗像公式一样适用吗？

言归正传。公安部反假币实验室自然火眼金睛，我们在日常生活中一旦不幸遭遇假币该怎么办？该学习明朝冯俊的态度。冯俊为举子时，“逐什一之利于山东”，回来一看“皆伪银也”，乃“悉投于河”。他就撂下简单的一句话：“无陷后人。”到此为止，不要流出去再害别人。

（2015 年 3 月 17 日）

陈光标对公众欠一个道歉

陈光标又出新闻了。日前他在接受媒体采访时，承认自己去年 8 月底在微博上放出的两段冰桶挑战视频造了假。提起那两段视频，不要说当时热闹了一阵，就是现在也还能看到。视频中，陈光标自称在 0℃以下的冰水内浸泡了至少 30 分钟，并向网友发出挑战：“若有人能超越我，我捐款 100 万。”现在他承认，“运来的一大车冰块是真的，往我头上浇的小桶冰块也是真的，但桶里事先放了一半热水”。那么桶内的水温究竟是多少呢？“冰水兑热水，大概在 25℃左右，和酒店的游泳池差不多”。

可惜，他现在承认造假却并非出于自己的主动、坦诚，相反是给专业人士拆穿的。这个专业人士是湖南性保健研究所所长、性保健研究所附属医院院长文德元副主任医师。所以，本来想为陈光标的承认叫一声好，但是面对这种被迫低下的头，就还是眯一会儿算了。有媒体给他开了个明细，什么时候什么地点什么事情也是造假，算是延伸阅读，在下则牢记“穷寇勿追”的古训，不翻旧账，完全就此事而论事。

这个拆穿很有必要。冰桶挑战早已经偃旗息鼓，然而在去年夏天如何风靡全球，想必大家还记忆犹新。我们都知道，兜头泼下一桶冰水的这种活动，本意是让更多人了解被称为“渐冻人”的罕见疾病，同时达到募款帮助治疗的目的。因为活动特点在带有公益性的同时又结合了娱乐性，并且给予参与者淋水还是捐款的自由选择权，提供了一个赋予慈善公益以弹性的机会，一时间大热就不足为奇了。而冰桶挑战之所以偃旗息鼓，首先不能排除天气的因素，夏天马上又要到了，兜头泼冰水不算什么了。但在我们这里可能还有一个因素，那就是参与者众而捐款额寡，多少表明活动只剩下娱乐性，而公益性被淡忘在了一边。陈氏的“冰桶挑战”独辟蹊径，不是兜头浇下而是“冰水”浸泡，风头倒是给他出尽了，但文德元在第一时间就已经警告网友：“0℃左右的冰水中浸泡 5 分钟将致不育。”那么陈氏此番造假，就是害人不浅了。

实际上，陈光标的冰桶挑战视频发布之后，质疑声便一直没断。“假的就是假的，伪装应当剥去。”有一点儿年纪的人，都会对这句语录记忆犹新。怎么剥掉伪装？就应该像文德元这样：理论加实证。理论方面就是他的那句警告；实证方面，文德元用 3 只小白鼠进行了实验，结果发现在 0℃的冰水中它们都没能坚持过 5 分钟，就出现了精囊冻结现象。这样得出的结论，可谓“铁案”，由不得你不低头。陈光标是个隔三岔五就要出新闻的人，但此番所出的无疑是丑闻。可悲的是，对于这样公然的作假行为，陈光标毫无歉意，只是解释为“带有夸张成分的行为艺术”。我们自然也不指望他能真正低头，但是我们希望今后再有此类不着四六的事情发生，能有更多的专业人士站出来，用理论加实证的双重证否，无情地拆穿他们的作假！

陈光标还是该给公众一个道歉。否则，他所出的名就如清朝潘安笙的“甘得恶名”。潘安笙的座右铭是：“能得恶名，亦胜于无名耳。”

自己喜欢公开表演可以，但不要用作假的手段，再凭借所谓的“知名度”去误导善良的、没有设防的公众，让他们在糊里糊涂中给身心造成直接的伤害。有个网友调侃得好：“幸亏当时没头脑一热挑战标哥，要不然就坑了我那还没见面的老婆。”当然，无论是谁，倘若乐于“甘得恶名”，就一定会罔顾自己的良心，但求达到自己的目的。一旦如此，该是另外一篇文字的话题了。

（2015 年 3 月 19 日）

“肉身坐佛”为农村文物保护敲响警钟

这几天，匈牙利自然科学博物馆展出的一尊由荷兰私人收藏家 1996 年通过“合法途径”购得的千年佛像，引起了我国公众的强烈关注。众所周知，关注的焦点不在于佛像内是否藏有一名高僧的遗骸，而在于佛像本身极似福建省三明市大田县吴山乡阳春村被盗的“章公六全祖师”宝像。3 月 22 日，福建省文物局发布最新消息说，他们组织专家通过走访村民群众、收集相关遗物、查阅历史资料，分析比对获得了许多有价值的信息和资料，特别是当地遗存的照片、族谱、衣冠、坐轿等遗物与记载，初步确认“那一座”正是我们的“这一座”。

一旦证据确凿，相信“肉身坐佛”的回归就只是时间问题，虽然从目前来看，这条道路不会平坦，诸如中国和荷兰没有关于文物返还的双边协定，根据“条约不溯及既往”原则，荷兰 2009 年加入的文物返还公约无法溯及 1996 年入境的文物等等，都会构成掣肘，但我们仍然坚信前途是光明的。正如匈牙利自然科学博物馆人类学家西科希所说：“如果真是中国被盗文物，我希望‘肉身坐佛’能回到其原来的地方，而不是呆在一个私人收藏者的地下室里。”现在，从防患于未然的层面出发，我们应该思考的问题是：为什么原本属于我们的这尊“肉身坐佛”，摇身一变成了“人家的”？“肉身坐佛”的遭遇为农村文物保护敲响了怎样的警钟？这两个明摆着的问题必须思考明白，不仅仅是为了杜绝此类事件重演，重要的是把祖先留给我们的宝贵文化遗产还要再传承下去。

“肉身坐佛”是被盗走的，当年的报案记录已经找到，那还是1995年底的事。被盗之前“章公六全祖师”宝像处于怎样一种保护状态，从现有文字中无法一窥究竟，但如果我们常下去接地气就会发现，在农村不少地方，文物意识还是相当缺乏的，遑论文物的保护意识。比如说那些富有建筑特色且历史悠久的民居，他们因为生长于斯，司空见惯，可能就不会意识到是文物。以徽派建筑为例，早几年就有休宁县清朝嘉庆年间的民居“荫馀堂”整体搬去美国的消息，有石台县200多年历史的徽派建筑打算整体搬迁瑞典的消息，有影星成龙将他早年“收藏”的6座徽派古建筑捐给新加坡一所大学的消息。“荫馀堂”整体搬走是作为美谈的；石台那个，当地称其不属于当地文物保护单位，言下之意反正也没什么用处；成龙一下子买走那么多，显见卖的一方也没当回事。诸如此类，都是缺乏文物意识的典型表现。

有了缺乏文物意识这个前提，保护意识就有奢谈的意味了。因此在不少地方，一些历史古建筑、文物由于种种原因而遭废弃，无人看管，或者只是上一把锁了事。防范力量薄弱，就给了犯罪分子以可乘之机。就在本月中旬，梅州市梅县区公安分局还打掉了两个盗窃古民居文物的犯罪团伙，破获了8宗盗窃案。犯罪分子瞄准的，就是百年客家围龙屋内的窗雕、屏风等等看似不起眼的东西。此外，在湖南江永、安徽金寨、湖北广水，专门偷盗农户家门口放置的石墩、石鼓的案件，都曾有过公开报道。不久前我在本省的一个古村落参观，非常喜欢那几座祠堂的人工彩绘大门的门神，但不免为之捏一把汗，因为它们完全处于一种自然状态，即便不提防犯罪分子的觊觎，也要虑及日晒雨淋的摧残才是。

农村的历史文化遗产，同样是先辈智慧的结晶，同样是一条不可割断也不该割断的历史文脉。所以，有必要对农村文物来一次全面普查，有必要在农村普及文物知识，告诉人们不可以把文物狭义地理解成值钱的古董，单纯地和经济价值挂钩。而应当让他们知道，这些不可再生的文化资源如果不好好保护，既愧对先人更愧对后人，必须以应有的敬畏与尊重对待之。并且，这些也是“乡愁”的重要文化符号。

（2015 年 3 月 23 日）

倘若徐孟加的“痛不欲生”是真心话

四川雅安市委原书记徐孟加的忏悔书，昨天在《检察日报》亮相了。其中这一段挺有意思，“听说我被宣布免职的那天，雅安市民聚在一起，自发买来鞭炮礼花尽情燃放……此刻，我的耳边仿佛还能听到那阵阵鞭炮声，那愤怒的爆竹声好像成了雅安人民的语言，一字一句地细数着我的罪状，让我痛不欲生，每天都在悔恨中度过”。从这个细节中，不难想见雅安人民当年对徐孟加的落马，该是怎样的心花怒放。达州市中级法院对徐孟加犯罪事实的认定是：在四年半的时间内，利用职务便利收取贿赂和干股共计折合人民币 548 万元（其中未遂 150 万元），滥用职权给国家造成经济损失 1.2 亿余元。雅安人民放鞭炮的时候未必这么清楚，但是显然视其落马为“大快人心事”。

政声人去后，但人在之时实际上已经酝酿、累积，“时候未到”而压抑着罢了。倘若徐孟加的痛不欲生是真心话，则相较于唐朝的路岩，算是还有羞耻之心。唐懿宗时，权倾一时的路岩被贬官出京，动身那天百姓不知怎么知道了路线，等着他，“以瓦砾掷之”。砖头瓦块，捡起什么扔什么，砸他泄愤。路岩对送行的京兆尹薛能抱怨：“临行，烦以瓦砾相饯!”薛能是他提拔上来的，但说话并不客气：

“向来宰相出，府司无例发人防卫。”宰相谪官出京的并不鲜见，但是有哪个挨过打呢？没人挨过打，又怎么会想到派兵保护呢？这是《资治通鉴》中的记载。《新唐书》有路岩的传，文字不多，但也足以窥见路岩何以被“瓦砾相饯”。其一，其与韦保衡同时当权，“二人势动天下，时目其党为‘牛头阿旁’”。什么是“牛头阿旁”？佛家观念中地狱里的鬼卒，喻指凶恶可怖的人。其二，路岩曾经有个残忍的建议，三品以上的官员判死刑的，需“剔取喉验其已死”。如果说其一稍显宏观，其二就是具体的佐证了。有意思的是，路岩被一贬再贬，“至新州，诏赐死，剔取喉，上有司”，所以史书说他“俄而自及”，以害人之心终于害己。这样的一个人，居然不知道百姓为什么向他扔东西，不是连羞耻之心都没了吗？

与官员去任“瓦砾相饯”形成鲜明对比的，是立遗爱碑或德政碑、送万民伞一类，前提如唐朝封演所云：“在官有善政，考秩已终，吏人立碑颂德者，皆须审详事实，州司以状闻奏，恩敕听许，然后得建之。”名相宋璟就享受过这种待遇，他从广州调去中央为相，广州吏民要给他立碑。但宋璟本人即不同意，他对唐玄宗说自己在广州没干什么不得了的事情，不应该立。当然了，宋璟对广州很有贡献。《新唐书》说他教当地“陶瓦筑堵”，用砖瓦建房，改善居住条件；“列邸肆”，规划城市建设。宋璟所以不同意，还在于他意识到了有人的动机很不良，“以臣光宠，成彼谄谀”，拨弄的其实是自己的算盘。因此他建议玄宗，“欲革此风，望自臣始”，从我做起，哪里都不要来树碑立传这一套。与宋璟的态度形成鲜明对比的，是那些还在任上就忙着给自己立碑的，但这需要“讽动群小，外矫辞让，密相督责”，亦即：鼓动底下人提议，自己假装拒绝，暗地里再加紧行动。封演说：“前代以来，累有其事，斯有识者之所羞也。”便是今天，也可以借用这个“累有其事”。官员去任，百姓如何自发欢送，引起轩然大波的就有好几起了。

倘若徐孟加的“痛不欲生”是真心话，套句俗话说正是所谓“迟到的忏悔”。徐孟加已矣，“秦人不暇自哀而后人哀之”，重要的是

“后人哀之”更要“鉴之”。《检察日报》为最高人民检察院所主办，近年来密集刊登各级落马官员忏悔书，应该正是这种初衷。倘若“后人”单纯地抱着看热闹的心态来看徐孟加的忏悔，将来轮到自己登台忏悔也说不定。

（2015 年 3 月 24 日）

新版“封神榜”水到渠成了？

当下的“神”越来越多了。30 多年前猜过一则谜语，以为很绝而至今印象颇深，“王母娘娘蟠桃会——打一成语”，谜底是“聚精会神”。当下越来越多的“神”自然不是神仙的“神”，而是人间的，所谓“男神”“女神”。我不知道划分的标准是什么，但见辨清性别之后，这两顶帽子就开始漫天飞舞。感觉上，新版的“封神榜”已经水到渠成了。

拣最新的事例说吧。其一，3 月 22 日，重庆马拉松比赛现场，一名在现场维持秩序的交警据说神似电视剧中的“何以琛”，结果没人跑步了，全都追着交警拍照、求合影，现场乱得一塌糊涂，组织者只好出动其他交警把“何以琛”护送出场。这名交警于是就成了男神。其二，央视体育频道新来了个早间新闻女主播，旋即被人发现属于“小清新美女”“氧气美女”，有的以为“美得不忍直视”，并表示以后一定要准点守在电视前看体育新闻。这名女主播于是就成了女神。男神或女神，大抵就是这样诞生的，外表是考量的第一要素。倘若把视野稍稍放开，则可以发现这在各个领域不仅是个全方位的存在，而且出现的频率越来越高，算得上隔三岔五。男神女神的美谥之外，还可能马上被加冕“最帅”“最美”。

爱美之心，人皆有之。明朝有人说：“犬见人衣貌不扬则吠之，稍整则亦稍戢，盖彼亦知外美耳。”这话说出来一定是有前提的，因为味道不大对劲，但道理却也是这个道理。我对各路男神女神的相貌之外自然谈不上有半点了解，想来追捧者亦然。“何以琛”的同事说，他“为人热情开朗，经常助人为乐”，这些毕竟是事后的报道。那么，凭借外貌而不分青红皂白地扑上去，是否太轻率了些？古人是上过这种当的，搬出来说说，参照而已，“若有雷同，纯属巧合”。

“才比子建，貌若潘安”，我们都听说过吧？形容男子才貌双全。这里的子建是曹操的儿子曹植，给哥哥逼着做七步诗的那位；潘安是西晋的潘岳，字安仁，文学家兼美男子。用今天的说法，就是男神了。潘岳神到什么程度？《晋书》载，他“少时常挟弹出洛阳道，妇人遇之者，皆连手萦绕，投之以果，遂满车而归”，而“貌甚丑”的张载待遇正相反，“每行，小儿以瓦石掷之，委顿而反”。潘岳的这个待遇显见比“何以琛”可高多了，后者不过是充当模特而已，潘岳还实惠多多。然除了貌似男神之外，潘岳是怎样的人呢？他有一篇著名的《闲居赋》存世，属于夫子自道：“于是览止足之分，庶浮云之志，筑室种树，逍遥自得。池沼足以渔钓，舂税足以代耕。灌园鬻蔬，供朝夕之膳；牧羊酤酪，俟伏腊之费”云云，多好啊，“采菊东篱下，悠然见南山”式的生活追求。不过，《晋书》却不这么定论，说他“性轻躁，趋世利，与石崇等谄事贾谧，每候其出，与崇辄望尘而拜”。拜尘或拜路尘，自此成为谄事权贵的同义词。金人元好问的话一语破的：“心画心声总失真，文章宁复见后人。高情千古《闲居赋》，争信安仁拜路尘。”总失真，该是怎样的为人处世？前人指出，“貌若潘安”中略去了“仁”字，是有意为之，因为他实在当不起这个字。那么，这种用法不像前几年各地编的各种“新三字经”，把好端端的句子硬要切胳膊锯腿，为凑字数了。想想应该是这样，子建是曹植的字，对应来说，完全可以是“貌若安仁”，平仄也没什么不协调。

那些对潘岳“连手萦绕，投之以果”的，一定对他的这些作为蒙查查吧。以貌取人，早为前人所证否，今人为何又乐此不疲？我一向喜欢给社科工作者出课题，虽然无人搭理，但此番还是想推荐给他们研究：当前这种造“神”风究竟出于一种什么社会心态，其与一阵阵刮过的造“体”（如乌青体）风、造“词”（如 duang）风之间存在怎样的逻辑关联？无他，对这些风的由来莫名其妙，且表示反感。

（2015 年 3 月 26 日）

“谣言”原本没有贬义

今天是西方的愚人节。愚人节有许多活动，最典型的莫过于大家互相开玩笑，用假话来捉弄对方。不过据说，这玩笑只能开到中午 12 点之前，时间上有严格的限定。而玩笑也是有尺度的，开大了，就成了谣言。不知是有意安排还是巧合，中山大学今天举办了一场针对如何甄别网络谣言的“辟谣大会”，向现场及在线观众讲解谣言的分类、特征、造谣的手法，以及谣言的辨别方法。假如我是分享嘉宾，还想补充一种：谣言的溯源。当然了，这可能会与主办者的初衷大异其趣，但作为文化史知识，了解一下无妨，且有一定的趣味。

谣言，在今天纯粹是贬义词，指那些没有事实根据的传言。但在原初，却是指民间流传的歌谣或谚语。我们浏览典籍，会发现不少“小儿呼曰”“童谣曰”，指的就是“谣言”，民谣所言。与今天辟谣、碎谣相反，从前有专门的机构、官员负责收集谣言，即采风、采诗，目的则是从中“观风俗、知得失”。我国最早的诗歌总集《诗经》由风、雅、颂三部分构成，其中的风，大部分就是民谣所言，借助这些，后人得以一窥当时社会的各个方面，劳动、婚恋、怀人、悲喜，等等。借助“谣言”，还可以订正一些成见，比如我们一向认为封建社会的人们只知道土里刨食，典型的小农意识。不过，《汉书》里有这么一句“谣言”：“以贫求富，农不如工，工不如商，刺绣文不如倚市门。”对农业、手工业、商业创造经济效益的次序等级，分明认识得清清楚楚！同书的《货殖列传》里还有好多因为冶铁、煮盐、做买卖而“富至巨万”的发家实例，在班固笔下都是津津乐道的口吻。明了这些再看所谓小农说，不是失之偏颇吗？

正因为民间的“谣言”是现实的种种折射，所以早在差不多两千年前，东汉灵帝曾经下诏：“以谣言举刺史、二千石为民蠹害者。”这大概是依靠民意来决定官员黜陟与否的最早做法。因为一个官员无论怎样作秀，他的真实面目也瞒不过辖区的百姓，所以灵帝此诏未尝不值得后世借鉴。元朝惠宗时流传这样一首“谣言”：“奉使来时惊天动地，奉使去时乌天黑地，官吏都欢天喜地，百姓却啼天哭地。”奉使，是朝廷派下来“察政事之臧否，问生民之疾苦”的官员，本来他们的职责是要如实地向上反映问题，结果一下来却纷纷和地方官吏沆瀣一气，令百姓更倒霉了。退回东汉，倘若那诏书落地了的话，可能有不少家伙没好果子吃了。

钱锺书先生说：“字有愈用愈宽者，亦复有愈用愈狭者，不可株守初意也。”不难看到，词也是一样，如“谣言”，干脆从正面彻底走向了反面。“谣言”是什么时候变质的，研究起来应该是个很有意思的课题。我疑心，至少有正牌“谣言”的舆论力量，令别有用心者借用之掺杂私货的因素吧。比如南朝的张敬儿相当皇帝，编了段“谣言”让人到处传唱：“天子在何处？宅在赤谷口，天子是阿谁？非猪如是狗。”张敬儿老家地名叫赤谷，他刚生下来的时候名唤狗儿，弟弟叫猪儿。发迹后，是宋明帝觉得这名字太端不上台面，才给他改名敬儿。其他如著名的“大楚兴，陈胜王”，“石人一只眼，挑动黄河天下反”等等，一个路数，都是在利用“谣言”制造所谓“天意”的舆论。这样的当上多了，“谣言”走向反面几乎水到渠成。

当“谣言”走向反面之后，尤其是网络谣言已成为互联网世界里最大“病毒”的今天，唯有不信谣、不传谣，才能使之失去滋生的土壤。而要人们自觉做到这一点，有一个不可或缺的重要前提：除了涉及国家机密，凡事不仅都要公开，而且还要及时公开。

（2015 年 4 月 1 日）

南海神诞为什么又是波罗诞?

一年一度的广州南海神庙波罗诞日前落下了帷幕。这个庙会的历史十分悠久,宋朝刘克庄《即事》诗就写道:"香火万家市,烟花二月时。居人空巷出,去赛海神庙。东庙小儿队,南风大贾舟。不知今广市,何似古扬州。"当下,这该是广州乃至珠三角地区民间影响最大的庙会了。庙会祭祀的是南海神,农历二月十三是其正诞。本来的南海神诞怎么又成了波罗诞,二者是一回事吗?显然不是。

南海神,是古人所认为的东南西北四海海神之一,《山海经》中已有此种说法。与四海海神对应的还有四方方位神,南方之神是祝融,"其都南岳"。到了汉代,海神与方位神合流,祝融又成了南海神,用韩愈的说法,"南海神次最贵,在北东西三神、河伯之上"。为什么?清朝学者屈大均说了:"四海以南为尊,以天之阳在焉。"然而,祝融不是火神吗?屈大均是这样阐释的:"火之本在水,水足于中,而后火生于外。火非水无以为命,水非火无以为性。水与火分而不分,故祝融兼为水火之帝也。"

再看看"波罗"的得名。浏览诸多文章,大抵皆言因庙中有"夷人"或"番僧"种下的波罗树,并且点明这个番僧叫作达奚,达摩的小弟弟。根据宋朝阮遵的说法,达摩当年是带着两个弟弟"由天竺入中国",经过南海神庙的时候,"欵谒王,王留与共治。达奚不可,揖欲去,俄死座间,化为神"。因为这老外"植波罗树,不克归,立化于此。故至今海神庙土人皆呼为波罗庙"。但照我来看,南海神庙或诞又叫波罗庙或诞,并非种植了波罗树这么简单,应该是两种信仰——信南海神与信佛——合而为一的产物。

隋朝国家一统,文帝在全国大立神庙,不仅祀海神,而且祀山神。下诏的确切时间是在开皇十四年,即公元594年。其中,"南海于南海镇南，并近海立祠”。无疑，此举搭建了国家祭祀与民间信仰互动的平台。有史书记载的这个前提，我们会发现南海神庙对达摩传说的“攀附”一面。众所周知达摩是在南朝梁武帝时由广州登陆的，彼时庙尚不存，焉能有弟弟不肯留下之说？因此，波罗及其衍伸出的树、诞、鸡等祭祀道具，必有另外一层原因，决不仅仅如屈大均所说的波罗树有多神奇，什么“树不著花，土人刀斫其干，液出而成实，丑若鬼面，剖之有房，熟而食之，如栗而香”。另一方面，“波罗”二字，很可能是梵语“波罗蜜”之省，而波罗蜜除了是一种水果，还有“到彼岸”的内涵，即由此岸（生死）度人到彼岸（涅槃、寂灭）。这一观念，南朝的人已经有了。《世说新语》载：“殷中军被废东阳，始看佛经，初视《维摩诘》，疑般若波罗密太多，后见《小品》，恨此语少。”刘孝标在此注曰：“波罗密，此言到彼岸也。”

综合起来不难看出，南海神与波罗融为一体，不分你我，表明的是本土与外来两种信仰的融合。船只出海，在那些年代的“三观”中必要向南海神祭拜，这是沿海居民具有特性的现实精神需求，由生产生活方式所决定；而祈求佛祖保佑，则是佛教进入之后带有共性的普遍精神需求。南海神与波罗融合得太彻底，至于后人混为一谈了。南海神庙中还有“千里眼”“顺风耳”神像，这又是道教的守护神，亦可见该神庙文化的多元一面。

“第一游波罗、第二娶老婆”，民谚折射了波罗诞在百姓心目中的至高地位。2011 年 6 月，在国务院公布的第三批国家级非物质文化遗产名录中，这一民俗榜上有名，等于得到了国家的认可。我们在热热闹闹传承民俗的同时，探究一下其深层内涵，也不失为趣味所在吧。

（2015 年 4 月 2 日）

国产动画片理应光大传统

上海美术电影制片厂原导演、动画家马克宣先生4月6日因病逝世，享年76岁。说句惭愧的话，此前对马先生还真是一无所知。看到简历上的介绍，知道他作为中国动画最辉煌年代的参与者和见证人，曾参与创作《大闹天宫》《小蝌蚪找妈妈》《牧笛》《三个和尚》《哪吒闹海》等多部经典国产动画片，或为动画师，或为动画设计，乃有恍然大悟之感。因为那些熟悉的国产动画片，能够唤起我们多少美好的回忆啊。

提到动画片，好多人可能本能想到的是日本，想到宫崎骏、高畑勋等。不错，他们都是享誉世界的动画大师，但是，如果脑袋里只有他们的话，那就真是数典忘祖了。而我们的不少动画片，恰恰不幸坐实了这一点。不说别的，单是画面上少男少女那些水汪汪的大眼睛，模仿的痕迹已然十足。我们有我们的动画片风格，万氏兄弟的《大闹天宫》无异于中国动画史上的第一座丰碑。而最具民族特色的，该是水墨动画了。它将传统的中国水墨画引入动画制作，融虚虚实实的意境和轻灵优雅的画面于一体，推动了动画片艺术格调的重大突破。作为开山之作的《小蝌蚪找妈妈》(1961)，鱼虾形象皆取材于齐白石老先生的画作，一问世便轰动了全世界。

前不久有幸一睹上海美术电影制片厂1988年拍摄的水墨动画片《山水情》，马克宣先生正是导演之一。说起来又该汗颜了，当年居然不知道有这样一部动画片！剧情大致是说，老琴师在归途中病倒在荒村野渡口，被渔家少年请至自家的茅舍歇息；病愈的老琴师把弹奏绝技传授给了少年；少年驾舟送归老琴师；老琴师将心爱的古琴赠送给少年，登岸后走向茫茫山野；少年遥望若隐若现的恩师身影，灵感突来，遂盘坐在悬崖峭壁之上，忘情地弹奏起来。全片不着一语，而老琴师与少年的忘年友情跃然画面中，悠扬的古琴之声贯穿始终。识者以为，这部动画片可谓中国水墨动画片的巅峰之作，其画面之精美远远超越故事内涵的哲理，把中国绘画的水墨技巧发挥到了淋漓尽致的境界。然而，十分遗憾的是，这却也是中国水墨动画片的绝唱，成为中国动画彻底商业化之前的最后一部艺术精品。

马克宣先生这样教导学生："一定要做出自己的风格，不能别人做什么你就按什么去做。"确是。但别人做得好的地方，我们应当借鉴，"他山之石，可以攻玉"。比对一下中国动画电影经典的目录，就会发现国外动画片的题材就比我们宽泛得多。高畑勋导演的《儿时的点点滴滴》，讲一个城里的白领丽人假期回到故乡，通过一连串事件开始重新认识自己，诠释了什么叫美丽乡愁。像这一类，在我们这儿就完全是空白。而即使是动物题材，天马行空般地发挥奇思妙想才更接近动画的本意。美国的《小脚板走天涯》《狮子王》，当年都因此而引起过相当大的轰动。简言之，动画片的观众定位不应只是儿童，当成"小儿科"，理应把成年人考虑在内，让他们也可以从中感到愉悦、陶冶性情，甚至找到寄托，如同《山水情》这一类。但是无论如何，在动画的表现手法上，还是应当光大我们的传统，回归到我们自己的轨道上来。

（2015 年 4 月 8 日）

抗日剧正该"宁缺毋滥"

国家新闻出版广电总局再一次出手整治"抗日神剧"，明确"要把好内容导向关，宁缺毋滥，对过度娱乐化的剧不得发证"。所以说"再"，是因为记得曾经整治过一次，不知从何时起又死灰复燃。这回这个"宁缺毋滥"，应该说掐中了命门。

从 1937 年 7 月 7 日日寇向我国北平（今北京）西南卢沟桥驻防

的军队进攻起，到 1945 年 8 月 15 日日本无条件投降止，是为中国人民为抗击日本帝国主义侵略而进行的民族解放战争，也就是我们早已耳熟能详的八年抗战。抗日剧，所要表现的正应该是这场战争给中国人民带来了怎样前所未有的巨大灾难，在人类文明史上留下了怎样极其黑暗的一页。应当承认，我们的一些抗日剧的确做到了这一点，然而还有一些，却成了“抗日神剧”。一旦抗日剧中间嵌了这个“神”字，味道乃至性质就已然发生变异，意味着不靠谱，就是俗话说的“不着四六”，成为“神台上的猫屎——神憎鬼厌”。可叹的是，这样的“神剧”并不是个别、极少数，以至于浙江的横店影视城被“开辟”成了“抗日根据地”，打死的鬼子数量，排列起来居然可以和地球的周长进行比较了！什么样的抗日剧可视为“抗日神剧”，想来已无需赘言，归根结底在于情节上的一个“滥”字。而“滥”的前提，是一些不具备起码历史知识的影视从业者，想当然地、无中生有地、信马由缰地演绎当年的艰苦卓绝。这种单纯只是满足快感的作品，貌似歌颂人们在抗战中的英勇，实际上是儿戏化了战争，更亵渎了那场战争的神圣性。

八年抗战，经历了从战略防御到战略相持再到战略反攻三个阶段，表现为正面和敌后两个战场。无论哪个阶段，无论哪个战场，战争进行得都“异常惨烈”。那么，无论是从宏大视角还是从微观层面，都有无数可以挖掘的题材，我们的影视从业者完全应该潜心其中，汲取营养，而不是一味地闭门造车，导致严肃题材的娱乐化。抗日战争是第二次世界大战的重要组成部分，各国所拍的二战影视目不暇接，其中许多在片头正标注着“Based on a true story”（根据真实事件改编）。比如 2002 年法国、德国、波兰合拍的《钢琴师》，讲述一个钢琴家在二战期间如何艰难生存，就是根据波兰犹太作曲家和钢琴家维拉德斯娄·斯普尔曼的自传改编。建立在真实基础上的演绎，某种程度上更能拨动观众的心弦。诚然，国外也有雷人影视比如像《加里森敢死队》那样的“抗德神剧”，但是毕竟产生了不少公认的经典。我们的影视从业者当然不必照搬照抄，但是应当在立足我们文化传统的基础上，进行借鉴，并消化吸收。什么是我们的文化传统？在同仇敌忾、共赴国难方面，我以为屈原《九歌·国殇》里的句子可资参考："诚既勇兮又以武，终刚强兮不可凌。身既死兮神以灵，魂魄毅兮为鬼雄。"我甚至认为，这几句未尝不可以作为抗日剧所要体现神韵的一个重要标尺，成为抗日剧所应具备的灵魂。

抗日战争的伟大胜利，是近代以来中华民族反抗外敌入侵的第一次完全胜利，为民族走向伟大复兴确立了历史转折点。今年是抗日战争胜利70周年，自然会有新的抗日剧在筹备之中。"宁缺毋滥"，等于把丑话说在前头，把过度娱乐化的货色杜绝于门槛之外。不难想见，只有真正奏响气壮山河的英雄凯歌，观众才能真正地感受历史，从历史中激发出继续奋进的力量。

（2015 年 4 月 9 日）

给僻姓取名提个一揽子解决方案

一则热门新闻说，浙江桐乡有个操姓男子因为起名差点儿闹离婚。事情源于男子姓操，老婆觉得孩子取什么名都不中听，要孩子跟自己姓。这样一来操姓男子不干了，说不跟他姓就离婚，闹得双方家长也掺和进来。说老实话，我有点儿疑心这则新闻的真实性，因为男子并不是突然姓操的，相亲的时候、谈恋爱的时候，女子完全可以预见到日后如何起名的"尴尬"，何以孩子要生了才突然觉得成了问题？存疑而已，不去较背后的真。

操而成为姓，自然是传统姓氏文化丰富多彩成分的体现。《百家姓》作为宋代编纂的童蒙教材，早已深入人心，实际上我们的姓氏何止千家、万家？但是究竟有多少，迄今却没有精确的统计，真是一件憾事。借助基本上定型于十年一次的全国人口普查，这种统计完全可以做到，不难嘛。可惜我们看到，最近的一次，也就是截止于 2010

年 11 月 1 日零时的第六次全国人口普查，也只是列出了目前中国人口最多的前十大姓和人口最多的前 300 名姓氏。离第七次普查还有 5 年，我们有充分的时间考虑弥补缺项，这也该算是家底的一种吧。网络时代，信息发达，稀有姓氏或曰僻姓便日益浮出了水面。操姓属于其一。实际上操行、操守什么的，我们日常都挂在嘴边，不会有任何歧义，问题在于它的一字多音，而多出的那个音又是口语中常用的做动词用的詈词，詈到似乎可以这么认为：人越粗鄙，使用的频率越高。也正是从这个角度来看，操姓取名成了一件颇为棘手的事情。

在这则新闻的后半段，操先生的老婆看在孩子面上让了一步——只要能取出好听的名字，就跟操姓。因此操先生在网上呼吁："希望大家帮帮忙，想想孩子的名字。"有网友马上支招说叫"操盘"，这样以后肯定是个炒股奇才。显然，人家是严肃地求解，他在这里是调侃、开涮，殊不可取。我在想，国务院前几年就公布了由教育部、国家语言文字工作委员会组织制定的《通用规范汉字表》，里面的汉字共收了 8105 个。这么庞大的汉字储备力量，无论与怎样的姓氏进行组合，都势必能有圆满的结果。小子不敏，乃尝试代拟若干。操介、操立，皆操守意；操存，执持心志，不使丧失意；操决，决断意；操持，掌握意；操觚，喻写作；操左券，喻事成皆有把握。如此等等，我觉得都不错，不仅读起来响亮，寓意也非常正面。

在同一则新闻中，还有鸡姓人士寻求取名。我忽然又想，那些貌似"不雅"或难于与其他文字组合成名字的姓，何妨考虑一下追根溯源？因为我们都知道，传承至今的姓未必就是祖先的姓，历史上因为避讳、避祸或者别的什么原因，改姓的着实不少。比如西汉著名的经学大师疏广，其曾孙疏孟达王莽时因为避难，便不得已"去疏之足而为束"，改姓了束。比如武则天把虺、蟒、蝮等青蛇、毒虫之属，一概当作姓氏"赐予"她的敌人，借以泄愤。又比如宋代文彦博、文天祥，其祖先在五代时还是姓敬，为避"儿皇帝"石敬瑭的讳而改姓文；儿皇帝倒了，他们又姓回来，但宋太祖赵匡胤的爷爷偏偏叫赵敬，他们只好再去姓文。早几年换发二代身份证的时候，陕西商洛市商州区 312 名“苟”姓人成功改回祖姓之“敬”，依据的也是这段历史，但说他们的祖先是将“敬”字去“文”而存“苟”。对这种说法我没有丝毫研究，或许一姓拆成了两姓吧，不排除这种可能。

综上所述，鉴于大量僻姓的存在，在下就想提出一个解决取名的一揽子方案：一方面，开动脑筋，在姓与名的组合上充分运用智慧，体现出汉字的魅力。另一方面，倘若对自己姓氏的字眼心存芥蒂，不妨探究其所从来，是祖先原本姓此，还是外力之所强加。倘是后者，完全可以“正本清源”，把颠倒了的姓再颠倒回来。两者叠加，都未尝不是解决问题的办法。总之，哪有活人被尿憋死的道理？

（2015 年 4 月 16 日）

横店“圆明新园”形同石膏“维纳斯”

新近的报道说，占地 6200 多亩、总投资 300 亿元、按 1：1 比例复建北京圆明园 95％建筑群的“圆明新园”，将于 5 月 10 日在浙江东阳市横店镇正式开园。看到这则新闻的时候，吃了一惊。惊的是，原以为 2008 年喧闹过一阵的横店版“圆明园”早就偃旗息鼓了，不料却已经接近尾声了。与当年新闻的不同之处只是，那时说要投资 200 亿元、“于 2013 年正式开放”，目前的结果是：追加了 100 亿元，拖后了两年。

当年“恢复”消息传出的时候，印象中反对声音即高于认同声音，北京圆明园管理处甚至专门举行新闻发布会，公开对“圆明新园”的建设表示反对，现在又表示圆明园作为文化遗产资源，具有唯一性和不可完全复制性。笔者也曾是反对阵营中的一员，不过如今有点儿想通了，不就是又添了个影视城或游乐城嘛。这些年，这些东西我们见得还少吗？我这样说，丝毫没有诋毁他们的意思，实在是那些园内设施不打自招：正式开园后，大型激光多媒体“奇幻神话功夫水秀”将在欢乐夜福海景区展现，这是目前世界上最大、最先进的水秀，讲述中华玄妙的传统故事；野生动物标本馆还有动物的复活影像，冰雕雪雕馆内不仅有西游记、桃园结义等中国传统故事的场景演绎，还设计了展现国内最新军事武器的新国防科技园……

圆明园当年作为“万园之园”，历经“康乾盛世”时的苦心经营，集结全国的能工巧匠，不仅它的建筑群壮丽辉煌，而且它的名园胜景也集当时古今中外造园艺术之大成。比方说吧，就连原本仅为海晏堂前喷泉一部分的十二生肖兽首铜像，每一件在拍卖之时都成轰动性新闻。现在这个“圆明新园”呢？听看过的人说，不要说空间布局根本是两回事，即便是单体建筑，在细节上也较不得真，有的干脆只弄了个大门，门里面又不是该有的建筑。我打个当事人千万不要生气的比方，“圆明新园”与被毁前的圆明园相比，充其量就是小作坊批量生产出的石膏“维纳斯”与作为卢浮宫镇馆之宝的那尊维纳斯雕像之比。前后二者不仅不在一个档次，而且有本质上的区别，就像菩提达摩去世前说他的大弟子：“你只得到了我的皮。”

圆明园的遭遇，值得回味的东西太多。《清稗类钞》里有一则“安乐渡”，说圆明园未残之时，皇帝如果在园里御舟徐行，甫一离岸，岸上的宫人“必曼声呼曰：‘安乐渡’，递相呼唤”，像接力一样一个传一个，“其声悠扬不绝”，直到船抵对岸才停下来。当英法联军逼近北京之际，咸丰皇帝从圆明园仓皇出逃热河，“安乐渡”的呼声照起。载淳也就是后来的同治皇帝还被抱在怀里，不知道国家发生了什么，听到了，仍然“戏效其声”。咸丰抚摸着他的头说：“今日无复有是矣。”说罢潸然泪下。咸丰皇帝就是在圆明园出生的，他的感慨应该更异于常人。这是清朝历史上第一次皇帝出逃；40年后，咸丰的妻子——慈禧太后率领他的侄子光绪皇帝，又有了第二次。弱国无“安乐”，一味高喊不已，自欺欺人罢了。

所以我想，对于有历史记忆的人而言，会不屑先前、现在以及今后任何所谓仿制的“圆明园”，无论外观模仿得怎样逼真；而对于没有历史记忆的人而言，即便面对真正的圆明园也不会提起丝毫的历史兴趣。这样来看，仿制的“圆明新园”与圆明园其实两不相碍，在某种程度上还满足了当下“上车睡觉，下车拍照”的主流旅游者的需求。有人不是说过存在就是合理一类的话，经常被大家记起嘛，“圆明新园”的合理性，也许正在这里。至于圆明园的辉煌，从其被英法联军纵火焚烧的那一天起，就注定只能存在于国人的记忆之中，想象之中。

（2015 年 4 月 21 日）

应该再看看知识阶层的阅读量

明天是第二十一个“世界读书日”。显见是作为呼应，由中国新闻出版研究院组织实施的第十二次全国国民阅读调查，前天也发布了结果。对任何调查，数据都是值得关注的，有没有发言权的前提嘛。这项针对 2014 年的国民阅读调查有这样几个数据：数字化阅读首次超过传统阅读；成年国民图书阅读率为 58.0%，较 2013 年上升 0.2 个百分点；成年国民人均纸质图书阅读量为 4.56 本；成年国民手机阅读接触率首次超过 50%。记得前些次调查，关于图书阅读率一般都出现“持续走低”的字眼，最近几年才开始持续上扬，那么这一次饶是只有 0.2 个百分点，也堪称可喜。

每一次此类调查都会列出国民纸质图书阅读量，2011 年 4.35 本、2012 年 4.39 本、2013 年 4.77 本，2014 年 4.56 本，稍有回落，但总的来说就是 4—5 本之间，较之韩国的 11 本、法国的 20 本以及日本的 40 本，显然也该有忧从中来的成分。我忽然想，下一次的全国国民阅读调查不妨进行细化。所谓细化，就是在现在的 18—70 周岁人群基础上，再缩小一下范围。比如看看党政机关的公务员群体、高等院校的教师和学生群体，他们的阅读指标如何。尤其是我们的知识阶层，究竟处于何种阅读状况。

所以这样想，是因为关联起了这样几则新闻。其一，不久前，美国知名学术出版机构 BioMedCentral（BMC）撤销了 43 篇伪造同行评审的学术论文，其中 41 篇出自我们中国，作者单位涉及 38 家国内知名医科院校及三甲医院。其二，前几天，南开大学出台新规，首次要求博士研究生提交的查重用电子版论文将直接作为终稿送审评阅，不给学术不端行为留下任何机会。所谓论文“查重”，就是将学生提交的电子版毕业论文输入数据库与库中文献资料、论文成果进行比对，当重复率达到一定标准时将认定存在抄袭嫌疑。其三，中国科学院今年也正式进行学位论文查重，有学者前两天还撰文欢呼：“有必要铭记这个伟大的举措。”如此等等，再加上学术论文曾被冠以“学术垃圾”的并不久远的历史，则我们的学术论文究竟处于一种什么样的状况，但凡关心的“路人”，几乎都心知肚明了。如果查找原因，急功近利也好，自身的修养和诚信缺失也罢，我以为归根到底应该还在于阅读量所导致。巧妇尚难为无米之炊，何况拙妇？那些不读书、读书少，或者读书而不思考的人，凭什么写得出论文，还侈谈高质量？直白地说，不抄何待？当然了，这些都只是我在耳闻目睹之余的若干臆想，是否不幸而言中，还要寄望于未来的调查项目扩容。

《杨文公谈苑》里讲了这么一件事，说后周精通历法的王处讷做过一梦，有人“持巨鉴，众星灿然满中，剖其腹纳之，后遂通星历之学”，说得一本正经。蒲松龄《聊斋志异·陆判》也讲了个类似故事，说头脑“素钝”的朱尔旦胆子很大，跟人家打赌把十王殿里“貌尤狞恶”的木雕判官给扛到了酒桌上，后来那判官居然复活，且鉴于朱尔旦“作文不快”，便在冥间千万颗心中“拣得佳者一枚”，剖开他的肚子给换上，从而令朱尔旦“文思大进，过眼不忘”。然而，那显然只是古人的奇思妙想，现实中断无此等“得来全不费功夫”的好事。现实中有的，只是荀子的谆谆告诫：“学不可以已”和“不积跬步，无以至千里”。

前两期《南方周末》有篇文章，说国外的科学家研究发现，时间的碎片化越来越强，在此前提下处理事务导致现代人的智商下降，下降的幅度比吸大麻还厉害。那么，阅读的碎片化呢？数字化阅读、手机阅读，很大程度上等同碎片化阅读吧。正是因此，对本次调查中的“数字化阅读首次超过传统阅读”“成年国民手机阅读接触率首次超过50%”，我们就还不能沾沾自喜，以为左右都是阅读，不必一味盯着纸质图书。

（2015 年 4 月 22 日）

“史上最严”太多未必是件好事

新版《食品安全法》在三易其稿之后，将于今年 10 月 1 日起正式实施。这部号称“史上最严”的食品重典，从农作物生产、食品加工、市场流通、安全监管、消费维权等各个环节对我国食品安全进行把控。不难推断，只有把控得力，13 亿国人未来食品消费的根本保障才可以预期。

有一句今天还在频繁使用的老话，叫作“民以食为天”。严格地说，那个“食”的原初意义只是吃饱，强调的是食的数量；在今天，这个“食”显然是在强调质量，亦即让百姓吃得安全才是天大的事。不知从什么时候起，食品安全问题已然成为我们的一个负面标签，“三聚氰胺”“苏丹红”什么的，令百姓提起来就提心吊胆。从这个角度来看，“史上最严”《食品安全法》问世几乎是自然而然之事。这个“史上最严”与“最美”一样，应该都属于网络惯用语。不过，“最美”那一类“之最”的事，往往囿于视野，懵然其他，只看到了眼前；“史上最严”这一类，往往名副其实，与既往的条款进行了比较嘛。但是，“史上最严”太多，也未必是件好事。

以我的有限视野，也窥到了若干。

环保有“史上最严”。新修订的《环保法》已于今年 1 月 1 日起正式实施，一是对企业要求更严，特别是首次规定“按日计罚”的严厉措施，将会给污染企业以从未有过的最大违法成本；二是对地方政府要求更严，明确了环保直接与干部考评挂钩；三是对监管部门要求更严，列举了九种失职渎职行为，并规定了严厉的行政问责措施。

交规有“史上最严”。2012 年 10 月公布的修订版《机动车驾驶证申领和使用规定》，以其对违章驾驶员的严厉惩罚而得名。

考试有“史上最严”。2012 年 1 月公布的修订版《国家教育考试违规处理办法》，2014 年普通高校招生录取前夕教育部发布的“23 条禁令”，2014 年的研究生考试，均因措施严厉被冠名。

控烟有“史上最严”。广州、深圳、兰州等地都曾实施，北京今年 6 月 1 日将要实施，届时，北京市所有“带顶的、带盖的”公共场所、工作场所和公共交通工具 100%禁烟，市民可手机拍照用微信上传举报。

…………

纵观这些“史上最严”，基本上都是对原有法律法规的修订；所以要修订，基本上又都是因为原有条款的处罚力度不够，换言之威慑力不够。那么，“史上最严”的存在，折射出的是社会公共问题所暴露出来的严峻性一面。但是，我们的公共问题治理思维，却不能也不该简单地归因于法律法规的条款，因为“史上最严”之前，问题往往都出在执行和落实上。也就是说，法律已然凸显了硬的一面，执行则毕现了软的一面。以控烟而言，广州、兰州等地在坦承并未奏效的同时查找原因，无不因此，兰州实施一年多来因违犯条例而受罚的仅有区区一例！当“史上最严”出现之后，同样面临这个问题，不仅如此，还有维护法律尊严的问题。倘若像“老师”被用滥了而换成“导师”一样，法规由“最严”再换成“更严”，那么，就难免有游戏法律法规条款之嫌。

正是在这些前提或背景之下，对“史上最严”的新版《食品安全法》更要“听其言而观其行”。我们不缺食品安全的法律和文件，卫生部有关专家指出，我国关于食品安全的法律法规已经有几十部之多，甚至超乎国际水准，这其中既有专门法律，也有各种条例法规，还包括十多个部门的规章，但食品安全成为大问题，关键同样在于执行力不行。环保部部长陈吉宁上个月上任时说，一个好的法律不能成a piece of paper，“纸老虎”，要让它成为一个有钢牙利齿的“利器”。任何公共治理问题何尝不是如此？所以，光有“史上最严”的条款不行，还要拿出“史上最严”的行动。

（2015 年 4 月 28 日）

“游客黑名单”只是注重耻感

5 月 4 日，国家旅游局通报了近期旅游不良事件。其中，陕西吴起县青年李某因在旅游过程中攀爬红军雕像被列入了全国游客不文明旅游名单，该不良记录保留期限为 10 年，远远地超出了上月初国家旅游局《游客不文明行为记录管理暂行办法》中的“一到两年”。有媒体报道，这是《暂行办法》正式施行后通报的第二例列入全国游客不良记录的个人。在我的视野中这应该是第一例，去年 12 月在泰国亚洲航空公司由曼谷返回南京航班上用“泡面泼空姐”的那四个人，被列入不良记录是在《暂行办法》颁布之前。

国人的不文明旅游早为千夫所指。每个假期之后，都会增添大量新的与先前如出一辙的实据，刚刚过去的五一假期并不例外。李某坐在女红军雕像头上拍照，发生在 4 月 30 日，我想，未必是“小长假”期间的旅游不文明均在可容忍范围之内，而是真的执行起来还是比较难吧。像李某这种“侮辱雕像”的“没教养”行为一目了然，人证物证俱在，而同样是 4 月 30 日，在成都武侯祠《前出师表》石刻被恶意刻上“路培国一游”的那个“路培国”，也是应该上“黑名单”的。只此一次，他已属于典型的“损毁、破坏旅游目的地文物古迹”，何况他于 2012 年在武侯祠杨升庵的临江仙词上有过同样的前科。还有那些在西安华清池抱杨贵妃大腿的，在武汉汉阳江滩对大禹妻子“袭胸”的，都属于《暂行办法》第二条“造成严重社会不良影响的行为”。只是这一类的取证要慎之又慎，就“路培国”而言，扬州的一位同名先生就“躺枪”了；尤其还需要排除有人故意栽赃、冒用别人的名字留言。不过，倘若游客不文明行为多得如“漫天繁星”，列入记录的却“寥若晨星”，恐怕就不要指望它真正发挥作用，很可能会像各地先前声色俱厉的禁烟一样，成效与预期相去甚远。

二战结束前夕，人类学家鲁思·本尼迪克特应美国政府之邀对日本文化进行深入研究，写出了解析日本民族精神、文化和日本人性格的名作——《菊花与刀》。在书中，本尼迪克特在区别于西方“罪感文化”的基础上，以“耻感文化”亦即注重廉耻的文化心态为日本文化类型定义。实际上，这种文化心态早就见之于我们的传统里。孟子说过：“人不可以无耻，无耻之耻，无耻矣。”这句“绕口令”大致是说，人不可以没有羞耻之心，不知羞耻的那种耻辱，就是无耻。这里强调的还是个人修养层面，在管子那里则有了进一步的提升，提升到了“礼义廉耻，国之四维，四维不张，国乃灭亡”的高度。何以至此？欧阳修撰《新五代史》阐释云：“礼、义，治人之大法；廉、耻，立人之大节。盖不廉，则无所不取；不耻，则无所不为。人而如此，则祸败乱亡，亦无所不至。况为大臣而无所不取，无所不为，则天下其有不乱，国家其有不亡者乎？”这段阐释，足以超越宋朝的时空了。

细观《游客不文明行为记录管理暂行办法》的条文，正有在耻感层面强化的成分，说白了就是列进来太不好听。因为《暂行办法》只在第八条中有“必要时向公安、海关、边检、交通、人民银行征信机构等部门通报‘游客不文明行为记录’”，并无具体的惩罚措施，“必要时”也无明确定义。江苏省处理“泡面泼空姐”实质一些，“只要是省旅游协会的会员单位，今后接到这四名游客的报团申请时，均不予办理”，但对他们个人出行也没有任何效力。现在的问题是，不仅“游客黑名单”上的名字太少，而且单凭道德层面的约束面对积重难返的问题终究先天体弱了些。所以，重在警示教育的《暂行办法》，应该只是治理不文明旅游的初级阶段。

（2015 年 5 月 5 日）

开封的“城墙花园”不妨一试

河南开封有着悠久历史的古城墙，计划建成具有国际影响力的“空中花园”式立体景观及环城旅游休闲带，集旅游、休闲、饮食、娱乐、购物于一体。虽然这一大胆设想还未成为最终方案，但已经在当地引起了不小的轰动，赞弹有之。本人没到过开封，不知道古城墙的模样如何，按道理无缘置喙，“没有调查研究就没有发言权”嘛。不过，因为记起一段历史，所以还是站在赞的一边，以为不妨一试。

报道以世界七大奇迹之一的古巴比伦“空中花园”来类比开封拟建的这个，颇有些数典忘祖。我们的梁思成先生，几十年前就提出了对北京古城墙如此利用的方案。开封提出这个设想的是河南大学河南文化旅游研究院院长程遂营，我想程院长正是受了梁先生那个方案的启发也说不定。这些年来，关于对北京城墙被拆除的惋惜、当年的存废之争、梁思成先生如何不遗余力地保护，一直是个热度颇高的公共话题。2003 年王军的《城记》甫一推出，更使这种热度达到高潮。直到去年朱涛《梁思成和他的时代》问世，才将“梁陈方案”中的神话色彩多少褪去了一些。但梁思成先生关于北京城墙“古为今用”的花园式改造方案，从来都得到大家的认可，没有争议。

梁思成先生当年是这样描述的：“城墙上面，平均宽度约 10 米以上，可以砌花池，栽植丁香、蔷薇一类的灌木，或铺些草地，种植草花，再安放些园椅。夏季黄昏，可供数十万人的纳凉游息。秋高气爽的时节，登高远眺，俯视全城，西北苍苍的西山，东南无际的平原，居住于城市的人民可以这样接近大自然，胸襟壮阔。还有城楼角楼等可以辟为文化馆或小型图书馆、博物馆、茶点铺；护城河可引进永定河水，夏天放舟，冬天溜冰……”在 1951 年初召开的北京城建会议上，梁先生甚至绘就了一张城墙花园的想象图以表达他的理想：宏大的十几座城楼全部保留，城墙上摆着长椅石桌，还有路灯绿树。在《城记》里，我们可以看到这幅想象图。梁先生认为一旦如此，这座全长达 39.75 公里的立体环城公园将在世界上独一无二。

北京的古城墙如今只剩了星星点点，承载梁先生的理想当然是奢望，“皮之不存，毛将焉附？”但开封的可以。虽然开封古城墙周长只有 14.4 公里，远远比不得当年北京的，但是除了极目四野的景观不同，在公园本质这一点上仍是相通的，这种思路不正是契合了梁思成先生的理想吗？另一方面，对于前人的建筑遗留，“供”起来不如“用”起来。关键在于如何利用，有一个“度”的问题。我们的不少古城、古村落的开发备受诟病，在于过度，完全是竭泽而渔的架势，开发在某种程度上也就成了破坏。子曰“过犹不及”，说的就是这个道理：事情做得过了头，就跟做得不够一个样。开封要铭记这个浅显的道理，有没有国际影响力先不要考虑，先考虑保护与利用如何相得益彰。

现在不会有人再干拆城墙的蠢事了，想拆也没得拆了，拆了的那些还试图再“恢复”起来，不少地方也真的恢复起来了，虽然看上去不那么顺眼。所以如此，是因为大家都意识到了老城墙的价值。很不幸，老村落的价值还没有被认识到，所以仍然接二连三地遭受厄运。新近就曝出河南郑州马固村、山西泽州半坡村等古村落被强制拆除的恶性事件。马固村的 7 处不可移动文物只剩下两处，半坡村早在 2007 年即被认定为市级文物保护单位，当地政府以煤矿开采为由先将全村的近 200 户居民进行强制搬迁，又以复垦的名义拆个精光！我们的文物保护，真有说不尽的话题……

（2015 年 5 月 6 日）

副教授的“凌辱”观毫不足取

前两天，武汉理工大学的副教授张能立在即将结束一场名为“解决问题的思维与策略”的选修课时，增加了一个令在场学生惊讶不已的环节：他走到教室前门，趴在地上，然后说：同学们，请从我身上跨过去吧。于是，胆小的学生选择了从后门逃跑，剩下的则在观望，不知道老师要干什么。这时，张能立趴在地上喊：“赶紧跨过去！同学们，拿出你的勇气来，跨过去！”这回，同学们纷纷跨过去了。

跨过去会怎样呢？被“凌辱”的张能立，趴在地上欣慰地笑了。报道说这是“胯下之辱”，其实不是。众所周知，胯下之辱源自韩信，《史记·淮阴侯列传》记载，一个屠宰佬跟韩信挑衅：你别看你那么大个子，还喜欢拎刀带剑的，狗屁，纸老虎，有胆子你杀了我呀；没胆子，就“出我胯下”，从我两条腿之间爬过去。韩信看了看，“俛出胯下，蒲伏”，果真爬了过去。不难看出，所谓胯下之辱，是一种被动的、他人强加的行为，而副教授这里完全是主动行为，甘愿如此，如果一定要沾个“辱”字来表述，恐怕叫“自取其辱”更准确一些。

那么，张副教授演的究竟是哪出戏码呢？当晚他趴下之前就说了，要用这种方式让学生们记住这堂课，反思生活、学习中臣服权贵、不敢突破权威的错误行为，所以他在两个月前就设计好了这个教学环节，要通过行为艺术的方式，向学生传递一种精神：一种崇尚真理、敢于用真理否定权威的精神；否定权威，先从否定老师开始。显然，这堂课不仅学生们记住了，全国许多人民也记住了。记住归记住，这名副教授的思维逻辑却着实近乎荒诞。因为崇尚真理、敢于用真理否定老师，与让老师蒙受“凌辱”完全是南辕北辙的两回事。我在读中学的时候举国上下都在批“师道尊严”，老师被否定的程度，比之趴在地上给学生跨过去不知要严重多少倍，叫作斯文扫地到了极点。结果如何呢？毋庸赘言了吧。报道交代了张副教授的年纪，跟笔者差不多，表明他也是经历了那段历史的，全都忘了吗？

“吾爱吾师，吾更爱真理!”亚里士多德的名言。他之所以说出这句话，就是因为在哲学思想的内容和方法上，都与老师柏拉图存在分歧，但他不回避且坚决批评老师。我们的韩愈也说过：“弟子不必不如师，师不必贤于弟子。闻道有先后，术业有专攻，如是而已。”但是显然，崇尚真理，敢于否定权威，建立在掌握知识的基础上，而决不是一个简单的行为，或者简单到敢于“凌辱”老师。前者需要学富五车，需要脚踏实地地潜心向学；后者则只需要逞一时的匹夫之勇，举手投足之间万事大吉。学生从副教授身上跨过去，用得了两秒钟？老师的权威就这样给突破了？倘若这就算作突破的话，真的是“得来全不费功夫”了。

当年韩信那一爬，惹来围观者的哄笑，以为他真的是胆小如鼠。事后诸葛亮的人们，则认为那是“大丈夫能忍天下之不能忍，故能为天下之不能为之事”。《水浒传》的青面兽杨志就不然，落魄卖刀，碰上泼皮牛二，“你好男子，剁我一刀!”结果这个杨令公的孙子，“一时性起，望牛二颡根上搠个着，……血流满地，死在地上”，气是出了，像新近那两个因为“路怒”而拳打脚踢的男儿，自己也要付出相应的法律代价。但是，日后接受登坛拜将的韩信可以忍受胯下之辱，为师的则在任何时候都不能自取其辱。“凡学之道，严师为难。师严然后道尊，道尊然后民知敬学”，前人此说，今天仍然适用。

副教授甘受“凌辱”，出发点用心良苦，但是“画虎不成反类犬”，毫不足取。我这样说，不知他生气与否。

（2015 年 5 月 13 日）

借“寻找最美”遏制改名冲动

光明日报、民政部区划地名司正在联合主办一个“寻找最美地名”活动，旨在以网友心目中有历史文化内涵、深为喜爱的“最美”地名为载体，或讲述这些地名的生动故事、文化积淀和人文精神，或谈论自己对地名保护、地名演变和地名变更的看法等。许是活动的宣传力度不够吧，4 月 1 日就开始了，我这个每天算得上对新闻密切关注的人现在才知道。报道说到目前为止，参与投稿、阅读和互动的网友已超过 200 万人次。

对这样的活动，我是拍掌赞成的。地名像人名一样，不仅是一个彼此相互区别的代号，而且往往也能够折射出相应的文化内涵，所以地名学早已经成为一门交叉学科。李国强先生有篇论文，叫作《从地名演变看中国南海疆域的历史形成》，就是根据我国文献中所记录的南海地名，梳理出我们的先人历史上对南海的认识和活动范围，并从南海诸岛地名的规范确定了近代以来中国政府管辖的疆域范围。而与之形成鲜明对比的是，南海周边别的国家都没有其先民发现命名南海诸岛的确凿证据。这是地名学捍卫国家主权而体现出的“高大上”功能一面。除此之外，正如“最美地名”所要“寻找”的，好多人们司空见惯、不以为然的地名，实际上具有深厚的历史文化底蕴。甚至可以说，地名的历史越是悠久，其所蕴含的历史文化内涵可能就越是深厚。比方湖南原来的“大庸”也就是现在的“张家界”，没改的时候，何其意味深长？春秋时庸国之所在，且合《大学》《中庸》而为之。

这样来看，这些年来一些地方热衷于改地名，想改就改，往往又能改成，至少欠缺了对地名文化应有的、必要的尊重。地名不是改不得，许多传承至今的地名也是改来的，山西的闻喜、获嘉两县，就是汉武帝改的。当年他出京巡视，走到左邑得到南越平定的消息，便改之为闻喜，听到了喜讯嘛；走到汲县新中乡，又得知南越丞相吕嘉被斩，遂改新中乡为获嘉县。这就是改名蕴含的历史信息。两汉之间王莽的那种改，则属于胡改，虽然有《周礼》作依据。其时，“郡县之名以符瑞改者数百”，而且改得频繁，“岁复变更，一郡至易五名”。他这种改，不是像今天的县改市、市改区，改改后缀，或者恢复叫什么州，而是另起炉灶。把百姓给改糊涂了怎么办？“每下诏书，辄系其故名”，把原来的再附上，比如“制诏陈留大尹、太尉：其以益岁以南付新平。新平，故淮阳”。我们广东的“揭阳”，秦朝既已出现且沿用至今，但在王莽时硬给改成了“南海亭”。因此，改地名可以，得看为什么而改，改成什么。“思茅”成“普洱”、“徽州”成“黄山”之类，历史内涵被置换成地方土特产，应该是权旅游之所需，好听点儿叫提升城市知名度。然而对每一置换，我都要耿耿于怀一回，觉得得不偿失。此番再度耿耿，则是基于“寻找最美地名”活动有“可以兼叙自己对地名保护的看法”这一前提。

早在2007年，地名就被联合国确定属于非物质文化遗产，适用于《保护非物质文化遗产公约》。那么，我们在追求经济快速发展的同时，别忘了还有把老地名保护好、传承好的义务。但是如我们所见，情形并不乐观，得让有权拍板的人入脑入心才行。所以，“寻找最美地名”不一定到本月底就要结束，这样的活动不妨延长时段，让人们关注地名、对地名文化多一些认知的目的，一定能够收效；但倘若能够在文化层面遏制住那些潜在的跃跃欲试的改名冲动，活动的意义无疑更提高了一层。

（2015年5月14日）

公布“野鸡大学”很有必要

一年一度的高考倒计时还有20天了，对考生而言意味着进入了冲刺阶段，眼下的首要目标，无疑是发挥出自己的最好水平。对家长而言，则不妨仔细留意一下“上大学网”公布的“野鸡大学”名录，虽然那是高考之后的事。显而易见，“上大学网”的这个公布很有必要，拆穿了“野鸡大学”的虚假面目，避免考生和家长上他们的当，受他们的骗。

“野鸡大学”是民间的形象说法，正式的说法是“虚假大学”，就是指那些不具招生资格、没有办学资质、涉嫌非法招生和网络诈骗的所谓“大学”。由社会科学文献出版社出版、中国与全球化研究中心编写的《中国留学发展报告2013》指出，国外“野鸡大学”已经成为中国海外留学一大隐患。隐患到何种地步，我没有细看，但读没读过钱锺书先生小说《围城》的人恐怕都知道，国外最“著名”的“野鸡大学”非“克莱登大学”莫属，方鸿渐就是那个“学校”毕业的。他在欧洲留学，四年中换了三个大学，伦敦、巴黎、柏林，“随便听几门功课，兴趣颇广”，到父亲、丈人等着看文凭的时候着急了，“无论自己去读或雇枪手代做论文，时间经济都不够”，最后只好从爱尔兰骗子手中买了个子虚乌有的克莱登大学哲学博士学位。因为对方开价美金500元，方鸿渐只花了40，还被钱先生揶揄为“也许是中国自有外交或订商约以来唯一的胜利”。

从“上大学网”公布的“野鸡大学”名录来看，国内的此类状况也极不乐观。自2013年6月26日首发《百所中国虚假大学警示榜》以来，“上大学网”已经连续发了三榜，榜单中的“野鸡大学”数量在不断攀升，如今已“扩容”为210所，翻了一番有余。榜单中的各种虚假信息均由热心网友、受骗考生或应往届高考生家长提供，再经“上大学网”认真搜集、对比和核实调研后进行确认，因此，包括虚假校名、虚假网站、虚假行为、校址和电话等等“野鸡大学”的详细资料，不仅一应俱全、一览无余，而且具有相当的权威性。另外从榜单还可以看出，虚假高校问题在北京最为严重，210所中占去83，占比40%；上海次之，15所，占比7%。为什么那两大城市是“重灾区”，在下不敢胡乱琢磨，还是交给专业人士去解读吧。“重灾区”之外，包括我们广东在内亦不能“幸免”。名单在列的，赫然有广东科技管理大学、广东经济管理学院、广东电子信息技术学院等等貌似来头不小的“高校”，昭示着我省的治理同样不可掉以轻心。

“野鸡大学”何以如此猖獗？有骗子唯利是图、无孔不入的因素，但也不排除像方鸿渐那样甘愿上当的因素。早有人士归纳了我们社会中的人一生要办多少证，在“证途”中的人，文凭无疑是非常重要的一个。正如钱锺书先生所言：“这一张文凭，仿佛有亚当、夏娃下身那片树叶的功用，可以遮羞包丑；小小一方纸能把一个人的空疏、寡陋、愚笨都掩盖起来。”而且，就是在《围城》里，钱先生还提供了一个因之受益的实例：同样“毕业”于“克莱登大学”的韩学愈，就混上了教授、历史系主任。弄虚作假还能得逞，惹得落魄的方鸿渐颇有些愤愤不平：“撒谎骗人该像韩学愈那样才行，要有勇气坚持到底。自己太不成了，撒了谎还要讲良心，真是大傻瓜。”

这样来看，公布“野鸡大学”榜单，广而告之，使之成为过街老鼠只是第一步，接下来还要清理出韩学愈那样的“受益者”。这既是对考生负责，也是对国家和社会负责。

（2015年5月18日）

“打架能力”排行榜不仅不靠谱

眼下，网上正在热传一份中国各省“打架能力”排行榜。干什么用的呢？顾名思义，让大家借此了解自己所在省份打架的能力。其中陕西以96分荣登榜首，成为全国“最好打”省份，而上海以零分垫底，广东得了50分，算是既没能耐也不窝囊。榜单即出，很多网友“笑喷了”，但“@公安部刑侦局”表示“不靠谱”。

这份榜单不仅不靠谱，而且很无聊。按照辞书的释义，打架亦称为斗殴、格斗，其行为特点是具有暴力倾向，以对他人身体造成伤害为目的的一种主观意识行为。因此，打架无论如何都称不上是一种文明行为，则打架能力也就绝对称不上美谈，“打架能力”排行榜却有以之为美谈的意味。福建的评分为10分，排名倒数，被认为“动手能力弱，吵架能力也弱”，漳州就有网友愤愤不平了嘛，且举“福建家族械斗历史相当悠久”为例，以一旦打起来“连官府都不敢介入”对榜单进行证否。那网友显然认为，榜单小瞧了他们。诸如此类，就是这份榜单的无聊一面。

不过，“@公安部刑侦局”虽然下了“不靠谱”的结论，但与网友一样落入了对榜单“不论证”的窠臼。假以时日，借助大数据或可达到目的，然前提得是没有上升到刑事案件的打架被记录在案形成数据才行，因而也未必能够实现。在下既然认同，乃自告奋勇充当一回“马前卒”，尝试从文化角度论证其如何不靠谱。

首先，一定的地域自然会形成一定的民风，俗话说“十里不同风，百里不同俗”。但是过于咬住这一点，就落入了德国拉采尔“地理环境决定论”的陷阱。并且，风俗不同，也并不等于人性的基本面不同。以“战斗力”排在第一位的陕西为例，其地域核心大抵相当于当年的秦，而我们从反映“秦风”的《诗经》里，既可以读到豪气干云的《无衣》——“岂曰无衣？与子同袍。王于兴师，修我戈矛，与子同仇！”同时也可以读到情意绵绵的《蒹葭》——“蒹葭苍苍，白露为霜。所谓伊人，在水一方。”那么，我们该给西周时秦人的性格下一个怎样的结论？

其次，谁是哪里哪里人，这个在传统社会绝对不会成为问题的问题，在当代社会俨然已经成了一个“问题”。我们不少人祖籍和出生地都是两个省份，而且祖籍只是户籍上的字眼，实地则可能一辈子连到都没到过。在这种情况下，该算哪里的人？在“打架能力”面前又该怎样对号入座？以笔者而言，按祖籍算，河北，得 90 分；按出生地算，黑龙江，得 75 分；按成长地算，北京，得 50 分。“打架能力”难道是三者相加再除以 3？不要小看成长地，虽与哪里的人无关，但却是人格塑造成型之所在。也就是说，真有所谓“打架能力”的话，这个指标才更起决定作用。

第三，如果有貌似精确的得分，而没有得分的相应依据，即便不是信口开河，难免也有所用心。宋朝问世的《百家姓》的排名，打头的“赵钱孙李”便俱为当时权贵的姓氏，因而一看就是宋初的产物。按照这个推论，榜单的始作俑者该是“打架能力”得分较高省份的人士，旨在以之作为骄傲的资本。至于其他省份，全凭其自身的好恶或者想当然的成见来安排座位。

就对不同地域人们的性格认识而言，我以为清朝雍正皇帝的见解倒是殊为可取。有一天，针对“江、浙则诋山、陕为蠢，山、陕更诋江、浙为柔靡”这种谁也瞧不起谁的现象，他是这样晓谕群臣的：“若山、陕之人佩服江、浙之文，江、浙之人推重山、陕之武，则文武并济，各效所长，岂不美哉！”的确，每个地方的人都有自己的长处，其他地方的人都应该取人之长补己之短。“打架能力”这种上不得台面的事情，却是明明白白的短处。这类排行榜虽然旨在博得大家一乐，但它所带来的笑声极其浅薄、庸俗，没有也罢。

（2015 年 5 月 21 日）

背经典免驾校学费，有意思

武汉有所驾校的老板因为是“国学迷”，就给大学生报名者开了个“小灶”：只要背出指定的国学经典篇章，就能申请减免驾校学费。具体来说，报名者能背诵 1000 字，就可减免 200 元学费；背诵 8000 字，减免 1500 元；倘若一口气背完 3 万字，则 3800 元学费全免。

背经典免驾校学费，有意思。前两年，湖南岳阳楼搞了个“免费通行”，门槛是游客在 10 分钟内能用普通话背出《岳阳楼记》。我在当时即认为这个做法很有创意，因为无论从主观动机上还是从客观效果上，对光大范仲淹的这一千古名篇都起到了相当积极的作用。我甚至建议，岳阳楼景区的做法可为那些具备人文内涵的景区所仿效，期待升华出新的创意。现在，武汉这所驾校之举当然不敢说是“升华”的结果，但可以说在某种程度上颠覆了前人“道不同，不相为谋”的狭见。学习机动车驾驶与了解国学经典，这两件貌似毫不搭干的事情，不是一样可以找到结合点吗？

一口气背诵 3 万字的国学经典，放在从前甚至几十年前也许都不是什么难事。我们看前辈杰出学人的童年经历，大抵都对背诵四书五经记忆犹新。武汉驾校“指定的国学经典篇章”究竟为何，我没有看到明细，报道说 5 月 24 日，湖北大学知行学院汉语言文学专业大三学生乐艳艳挑战背诵 3 万字，从《论语》开始背起，之后是《大学》《中庸》《孟子》……可知无外也是那些。3 个小时后，乐艳艳挑战最高难度大获成功。在为她高兴的同时，我也有一丝困惑不解：乐艳艳究竟背诵了多少字？因为即便《论语》《大学》《中庸》这三部全都忽略不计，光是《孟子》，字数就已经有 3.5 万了！这一点似乎没有疑义，不像《论语》的字数，前几年因为于丹女士的一句话，还掀起了一场辩论赛。于丹女士说：“‘君子’是孔子心目中理想的人格标准，一部短短的两万多字的《论语》，‘君子’一词就出现了一百多次。”此语既出，马上有人指出两个数字都错了，一个是《论语》1.5万字，再一个是《论语》64处提到“君子”，都没有于丹说的那么多，结论是此乃于教授“治学态度不太严谨使然”。但旋即有人代于教授进行反驳，说他也数了，1.5万没错，“君子”却有103，符合“一百多次”。还有人说，数啥呀，网上一下载，放word里点“字数统计”不完了？只是这一来，《论语》倏地又变成了2.1万了。不用说，这是算上了标点符号，而我们都知道从前的典籍包括《论语》在内并没有这些。笔者无意介入他们的纷争，只是想跟武汉那所驾校开个玩笑，考人家经典的熟稔程度，自己先得弄清楚经典的规模，大学生自己也是，否则糊里糊涂地就“吃亏”了。因为，即便按“倒于派”的算法，乐艳艳也足以领到两次免费学车的入场券了。

报道还说，24日来到现场的23名大学生中，有15人参加了考核，6人通过，其中两人背诵字数超过8000字，其他4人背完2000字左右。由此可见，背经典免驾校学费，诱人不假难度挺大，但这项活动还是很有意思的，至少可以触动一下打算学车的学子们对经典的关注热情。有专家提醒：“参加背诵考核的学生为了减免学车费用而死记硬背，没有领会国学经典的要义，这个活动可能就偏离了初衷。”我倒不这么看，先背了再说，慢慢再去领会不迟。经典的领会需要生活的积淀，不是别人领会的那些现成东西可以径直拿来。《论语》的研究早就汗牛充栋，但是别人说得再多，真正想要了解它，还得自己去读原著。过于言简的经典，其要义哪可能有标准答案，哪有一家伙就能领会的道理？

（2015年5月26日）

“高考移民”不仅让我们见识投机

高考在即，“高考移民”也如影随形地又一次进入了公众视野。今天的一则消息说，2013 年以来，内蒙古自治区针对“高考移民”已相继制定了一系列政策，保障合法迁入的外省市考生与本区原有考生公平竞争。然而，还是遏制不住假的。仅 2014 年，他们就成功清退了 1465 名“高考移民”。虚假“高考移民”的猖獗程度可见一斑。

人口有流动，就会有移民，因此而产生的高考移民是一种正常现象。但大规模的“高考移民”绝对谈不上正常，它钻的是国家政策的空子。我国幅员辽阔，各省市区之间不仅发展不平衡，教育水平也存在极大差距，这一客观存在决定高考录取分数线还不可能划一，不能不对偏远地区予以倾斜。因此，同样的高考分数，在此处可能才能读专科，而在彼处却可能就读一本院校。也正是这个“剪刀差”，给了那些有能量的人跃跃欲试的冲动。一旦得手，“高考移民”的性质也就发生了畸变，关联的显见是吏治等一系列问题。内蒙古发现，相当多的移民家长为河北省的公职人员，许多还是领导干部，他们采取非正常手段迁移户口，通过不正当手段为子女在内蒙古空挂高中学籍。这些“高考移民”一方面在原籍享受优质的高中教育，一方面来侵占国家分配给内蒙古的优质高等教育资源，这就是非打击不可的了。

有意思的是，“高考移民”并非只是当代的产物。我们不是喜欢拿高考和科举类比嘛，而在科举时代，“科举移民”也成了一种现象。比较起来，二者真是何其相似乃尔。稍有差别的是，现在叫“移民”，那时叫“冒籍”，冒充籍贯，不是那儿的人而冒充那儿的人。

洪迈《容斋随笔》说，他家藏有一本宋真宗咸平元年（998）的登科进士名册，他惊奇地发现，该榜 50 人中除了第 9 名的刘烨，“余皆贯开封府”。他推测，未必是京城的人水平有多高，很可能是“外方人寄名托籍，以为进取之便耳”，因为京城考生的录取率高。这是很有可能的。吴宗国先生考证，唐朝科举录取比例最高的是长安、同州和华州。长安是京兆，另两处也在今天的陕西境内，属于京兆的辐射范围。这种情况在宋朝想来也是同样。方勺《泊宅编》有一段自白，印证了“科举移民”的存在。方勺是江西考生，但跑到杭州应举，结果给人告发，不让考。方勺就找了杭州知州苏轼，“赖公照怜，得就试”。这就是说，赖东坡从中斡旋，他的“科举移民”问题才算过关。至于东坡如何操作，史书没有多说两句，成为憾事。

对“高考移民”的处理，内蒙古有关部门已经与相关省市纪律检查机关取得联系，明确对涉及公职人员伪造身份的，将严肃查处。而处理“科举移民”，比这要严厉得多，举个极端的例子，万历乙酉科（1585）查出共有浙江冯诗、章维宁等8名“科举移民”。怎么处理的呢？冯、章二人“枷示顺天府前”。这年冬天偏偏“凛冽倍常”，二人“僵冻几死”，赖同乡沈继山“以乡曲怜之，倍予衣食，得不毙”。而沈继山却为此付出了贬去南京为官、降俸二级的代价。枷满之后，冯、章二人与其他6人“俱发为民，禁锢终身”。本人无意对严刑峻法津津乐道，只是想说，仅内蒙古一地的“高考移民”便如此严重，估计全国范围的治理用常规办法是休想奏效了，套句俗话说需要“加大力度”。

“欲求事君，而先欺君乎？”宋人这句话是针对“科举移民”说的，这里的“君”完全可以置换成“国家”或“社会”。那么，始于投机行为而必然导致欺诈行为的“高考移民”，不仅会严重损害高考的公正性，而且想迁来就迁来，想迁回就迁回，也让我们见识了权力的滥用程度，非刹不可。

（2015年5月27日）

发布医院类排行榜宜慎之又慎

国内首次运用医疗大数据评出的“首届中国最佳临床学科排行榜”日前出炉，公布了19个临床学科、每个学科排名国内前15名的医院。榜单的出发点，旨在通过大数据的帮助，找到并建立一个能够全面、准确、公平地评价医院医疗水准的体系。评选方也说了，发布的目的不是为了简单的排名，更希望它能引导大家关注医疗服务能力、关注医疗质量安全。

榜单的积极意义不言而喻。因此我们也看到，每个榜上有名的省份，都把榜单中关于自己的那些单独拎出来广而告之，标题大抵是“入选”“荣登”“榜上有名”之类，自豪之情溢于言表。这是自然的。中山大学附属第一医院成为广东上榜次数最多的医院，在19个临床学科排行榜中有14个学科进入了前15名，肯定值得自豪。但是，容小子杞人忧天一回，大家在津津乐道该榜单的同时，也须注意它可能带来负效应的一面。什么负效应呢？因为榜单关注的重点是学科临床，而非承担项目、获得基金和发表论文的数量，这当中，医疗安全占了相当大的比重，有关医疗质量安全如患者的围手术期死亡率、非计划重返手术室率、术后并发症等均是此次重要的评估指标。一言以蔽之，它突出的是治疗水平。那么，在百姓有个头痛脑热也要尽可能涌向大医院的今天，榜单可能会产生新的指挥棒作用。

我们当下存在的“看病难”，其中一个重要原因就是患者扎堆大医院。尽管分级诊疗的呼声不断，顶层设计也已经明确“构建布局合理、分工协作的医疗服务体系和分级诊疗就医格局”，以期形成“小病在社区，大病进医院，康复回社区”的理想就医格局，然而以我们的就医现状而言，恐怕还有漫长的、艰巨的道路要走。因为现实情况与理想格局刚好相反：一、二级医院往往门可罗雀，三级甲等医院则人头攒动。对这种现象，寻常人等的感觉和专业人士给出的分析不谋而合：分级诊疗本身存在短板。诸如基层医疗机构的设备不足、药品种类有限等，都是一眼看得到的；此外，服务能力较弱、服务水平较低制约着基层医疗服务能力的提高，也是不争的事实。患者既然心存疑虑，扎堆大医院就自然而然。大家都有这样的心理，大医院的普通号可能也比基层医院的专家号来得更有分量一些，所以宁愿到大医院去排队几小时、看病几分钟。

背景是这样的背景，往大了说，国情是这样的国情，回头再看"首届中国最佳临床学科排行榜"的出现，其负效应就是难免对百姓关注大医院进一步产生"推波助澜"的效果。我没有一一核实，但是想来这些入选医院不可能不是三甲医院，苟确是，则榜单上的妇产科、儿科、耳鼻喉科、眼科、口腔科、肿瘤科 6 个一级学科，还有呼吸内科、消化内科、心血管科、肾脏内科、内分泌内科、血液内科、神经内科、普通外科、骨科、神经外科、泌尿外科、心脏外科、胸外科 13 个二级学科，就几乎涵盖了绝大部分的患者需求。如此顶尖的医疗机构一目了然，患者在今后有没有可能按"榜"索骥，但有可能就首选这些医院就诊？前面所说"产生新的指挥棒作用"，道理就在这里。

笔者没有否定"首届中国最佳临床学科排行榜"的任何意思，只是想说，发布医院类排行榜宜慎之又慎，应当注意它可能带来的负效应。直接地看，它可能会轻易地消解为全社会正在为分级诊疗付出的种种努力，尽管它在主观上毫无此意，但客观上却很可能导致这样的效果。

（2015 年 5 月 28 日）

比毛坦厂“神树”更值得关注的

6月1日是今年高考前的最后一个农历十五。每逢初一、十五，安徽六安毛坦厂中学就会有家长到学校围墙外的“神树”那里为孩子高考烧香祈福。为了在当天凌晨抢到这最后一个“农历十五”的头炷香，近千名高三陪读家长更争相涌入“神树”所在的一个不足百米的狭窄巷子里抢拜。由于他们不停地把香扔进火堆里，引燃了“神树”下方的石棉瓦顶棚和百余根祈福带，火势一时间难以控制。闻讯赶来的10多名保安人员，用光了8支灭火器。

毛坦厂中学有“超级中学”“亚洲最大高考工厂”之谓，嘉名还是恶谥，留待他人评说。所谓最大，是他们2014年度的参加高考的学生即达12,000人！《舌尖上的中国Ⅱ》中的第七集《三餐》，聚焦的正是六安毛坦厂中学，学生们的一日三餐，蒿子粑粑、家常菜肉烧干子，等等。片子播出后，毛坦厂中学更名声大噪。然而，毛坦厂中学围墙外的这棵柳树不知从何时起成了“神树”。既曰“神树”，就是前人眼里具有某种超能力的树精了。《西游记》第六十四回，唐僧在荆棘岭上被四名老人摄去谈诗，后来给悟空识破，所谓老人“就是这几株树木在此成精也”。识破之前，唐僧曾问起“四翁尊寿几何”，结果四老要么“我岁今经千岁古”，要么“吾年千载傲风霜”，没有小过1000岁的。这样来看毛坦厂中学这棵，其“邻居”、70岁的童先生说，才不过几十年，比他本人的年龄都小，奇怪怎么就成了“神”？

比“神树”更值得关注的，首先是它何以成为“神”。

拜神，旨在向神祈求，恳切地希望得到。“神树”崇拜，无疑属于原始信仰的一种。在原始人看来，世界上的一切事物，无论人、动植物，还是无生物都有灵魂，后来的哲学家们据此发展出了“万物有灵论”。这不奇怪，原始人极度依赖于自然，但自然界却作为一种完全异己的、有无限威力和不可制服的力量，又使原始人对之产生了巨大的恐惧感。“万物有灵”的观念就是在这种情况下产生的。毛坦厂中学的“神树”，有可能也如此产生。学生及家长极度依赖于高考的成功，以期通过努力学习来改变家庭的命运，但几分之差往往决定究竟是进入学位含金量高的学校还是一无所获，使他们对高考的恐惧感不让原始人对自然的恐惧感。因此我们还看到不少与“神树”相类似的元素。比如考上清华大学的某名学生被视为“偶像”，他之前租住的房间被宣传为“状元房”。在赶赴考场的前一天晚上，学校侧门附近的一片空地都有考生家长燃放孔明灯，如果顺利地升上夜空，家长们便欢呼雀跃，如果被电线缠住就视为恶兆，好像高考分数真的“过不了线”……

那么，比“神树”更值得关注的，其次就是在这种背景之下培养出来的学生的“成色”如何。

从数据上看，这个位于大别山深处、用新华社报道说“偏僻得连在地图上都难以找到”的毛坦厂中学是成功的。近 10 年来，他们的本科升学率连续达到八成以上。但是，类似这种“高考工厂”制造出来的学生，在日后的生活中其精神上的承载能力如何，拥有健全的人格与否？从宏观处着眼，他们能对国家的发展贡献几何？有一名学生不是这样认为嘛：“我想有很多同学跟我一样，除了参加高考，对别的东西知之甚少。”毛坦厂中学一名退休老师看得更清楚：“总是这样学习，娃娃们的脑子都僵掉了。他们知道怎么应付考试，可是不会独立思考。”以高考分数作为唯一录取依据，从而对教育和人才培养产生的危害早已人所共知，必须打破这一“祖宗成法”。去年 9 月，国务院《关于深化考试招生制度改革的实施意见》正式出台。根据这一意见，高校招生将减轻对统一高考成绩的依赖，增强高考与高中学习的关联度，探索基于统一高考和高中学业水平考试成绩、参考综合素质评价的多元录取机制。

无论如何，引导教育彻底从分数的束缚中解放出来，回归教育的本质，已成当务之急！

（2015 年 6 月 2 日）

网络语言令人忧心忡忡之处

人民网舆情监测室日前发布了《网络低俗语言调查报告》。《报告》按照原发微博提及量，给网络低俗用语弄了个排行榜。我们看到，在25个（组）此类词语中，位列前三名的，是尼玛、屌丝和逗比。这个排行榜自然没有任何荣耀可言，可称“黑榜”，排名越靠前的，表明越粗鄙不堪。因此，“黑榜”不仅给我们带不来任何欣喜，而且只能令人忧心忡忡。

网络时代热衷于制造新词，哪怕没几天工夫就成过眼云烟，网友仍然乐此不疲。这是一种怎样的心理驱使，要交给专业人士去研究。笔者在这里忧虑的，是网络语言低俗化现象的愈演愈烈，如尼玛、草泥马、特么的等等这些被同音利用、原本在生活中彻头彻尾的脏话，仅仅几年前最多十几年前对于一个稍有文明素养的人来说还羞于出口，经过所谓网络便摇身一变地神气起来，竟然大摇大摆地登堂入室，挂在了大量手里攥着不低学位文凭的青年男女的嘴边。诚然，任何一种语言中都有低俗用语，都有脏话，但其出现的频率与人的文化素养呈正相关。我在不久前的一篇文章中说过，以《水浒传》为例，“屌”不离口的，都是李逵、孙二娘那些纯粹的粗人，而林冲、扈三娘这些稍有教养的人就不会。而当下网络语言中的脏话，显然抹平了吐出者的“身份”界限，可惜的是，这种抹平没有任何“进步”的成分可言。

网络语言低俗不低俗，对我这一代人来说尚能泾渭分明，因为我们有正常的传统文化的底蕴支撑。从一开始就深受网络影响的青少年呢？打个比方说，我们这代人就像曲波小说《林海雪原》中的杨子荣，杨子荣打入威虎山之前，要操练一通“天王盖地虎”“宝塔镇河妖”来应对座山雕，他很清楚那不是正常说话而是土匪黑话。网络语言的泥沙俱下，青少年有这种辨别能力吗？6 月 1 日，中国互联网络信息中心发布的《2014 年中国青少年上网行为研究报告》显示，截至 2014 年 12 月底，中国青少年网民规模达 2.77 亿，占整体网民的 42.7%，占青少年总体的 79.6%，60.1%的青少年网民信任互联网上的信息。这样一个庞大的群体，倘若从一接触“社会”开始，就你妹、装逼、小婊砸，在正常的人际交流中自然而然地娴熟运用之，将来怎么可能分得清什么叫脏话，什么叫低俗。

《宋书·袁粲传》里袁粲讲过一个故事：“昔有一国，国中一水，号曰狂泉。国人饮此水，无不狂，唯国君穿井而汲，独得无恙。国人既并狂，反谓国主之不狂为狂。”本来正常的国王，反而变成了异常。现在的网络语言正有此种倾向，运用低俗语言来表达成了正常，大家无不津津乐道，而使用本来的正常语言表达却成了“装逼”，正常与异常全然颠之倒之。可悲的是，《报告》在检索中文报刊媒体时发现，标题中使用最多的三个用词是屌丝、逗比和叫兽，全在“黑榜”那 25 个（组）之列。也就是说，一些传统媒体在为网络低俗语言推波助澜而浑然不觉。

识者以为，网络语言不仅反映着一个阶段的网民情绪、一个时期的社会心理、一个层面的民众素质，同时也反映了一个时代的文明风貌和一个国家的文明程度。其实，无论线上的网络低俗用语是否折射了线下的现实社会，单就对一种极其成熟的语言文字缺少敬畏之心、以“取其糟粕”为能事实则作践的做法，我们已足有忧心忡忡的理由了，这不是与辜鸿铭喜闻小脚之臭殊途同归吗？

（2015 年 6 月 4 日）

高考作文题目还是划一为好

报道说，随着2015全国各地高考作文试题的公开，不少人发现今年考题的一大特点：来源于现实。比如重庆卷的《等待》来自两年前的一条热门微博；而新课标全国一卷的“孩子举报老爸（材料作文）”也有新闻原型。然而，有道是艺术源于生活又高于生活，其中的“艺术”二字，换成“作文题目”四字也未尝不可。此番就是单纯地“源”而不“高”，给网友找到了乐子，让他们又动用了“人肉”这柄双刃剑。

“孩子举报老爸”说的是什么，已经众所周知，为了行文，容再赘言一回：父亲老陈在高速上开车打电话，女儿小陈屡劝不听果断报警，以此为内容，写一封800字的信，统一以“明华”为写信人。就是这个“小陈明华”，给网友揪住了。不过我觉得，此番“人肉”与此前那种纯属伤害性的“人肉”有些本质区别，虽然“小陈明华”今天中午被迫关闭了微博的评论。从网友留下的字句来看，貌似“恶语相向”，其实不妨视为恶作剧的一种。像“练了3年的议论文，就因为你举报你爸要写信”“自己用iPhone6就舍不得给你爸买个蓝牙耳机？还举报你爸”，等等，不是调侃的味道十足吗？连著名作家梁晓声先生也难免意气用事，认为“危害公共安全的事情没有争论的价值，而出题人意在引导争议性，明显是脑子进水”，到了凡事喜欢以娱乐方式解构的网友，大约就只剩恶作剧之一途了。

前教育部发言人、现语文出版社社长王旭明先生说，高考作文折射的，是我国学校语文教育在很多方面的苍白、软弱和无力。从这样的高度看问题，非我辈力所能及，唯有王先生曾经的和现在的身份得出结论才会锵然有声。但我在9年前也就是2006年高考之后写过一篇小文《高考作文题目可否划一?》，今天似乎还没过时。文章的核心观点是人们每年谈论高考作文题，大抵都是在谈论各地命题的得失，有喧宾夺主之感。我在结尾抛出了一个始终想不明白的问题：各地高考作文题目即便一模一样又有何妨？9 年过去了，“苏秦还是旧苏秦”。有资深语文老师说得更尖锐了，这些年来高考作文题变成了一场秀，每个考区都想着“题不惊人誓不休”，结果怪题偏题频出，高考题目严谨、准确、明晰，给每个考生以发挥空间的基本要求被弃之一旁。然而，一些精明的语文老师却早已看透了这些花拳绣腿的底牌，他们手持对立统一、量变质变、否定之否定三大辩证法宝器，再携相生相成、刚柔相济两样祖传短兵器，便无往而不利。当然了，我对这些法宝、兵器听起来仍是一头雾水，如何运用是门另外的学问吧。机械地掌握显然不行，赵括当年依靠书本打仗，就留下了“纸上谈兵”的笑柄。开玩笑。

高考作文题目是这样的“争奇斗艳”，吸引公众的目光及口舌便自然而然。就像央视春晚是否已经成为新民俗见仁见智，评论、吐槽春晚倒有成为新民俗的趋势。我们看到，有媒体已将近几年那些左支右绌的作文题来了个汇总，便是今年的，高速公路上打电话之外，别的也纷纷不能“幸免”。如安徽卷作文犯了常识性错误。题中称，原本色彩斑斓的蝴蝶翅膀在扫描式电子显微镜下竟然失去了色彩，显现出奇妙的凹凸不平的结构；原来，蝴蝶的翅膀本是无色的。然而专家指出，在“扫描式电子显微镜”下任何东西都是黑白的，不能推出“蝶翅本无色”的结论。与其类似纰漏防不胜防，何不集中精力命好一道题目？

高考作文题目何时能够划一，有无此类的时间表，甚至有无此类打算，我一概不知，但还是认为划一为好。这种认为，就像徐悲鸿先生那样“独持偏见，一意孤行”，虽然对他这句名言诞生的语境，我也一概不知。

（2015 年 6 月 9 日）

对“原名”应给予必要的尊重

4 月 28 日，教育部发函同意泸州医学院改名“四川医科大学”。这一更名旋即引起了四川大学华西医学中心海内外老校友的反对，但这还只限于民间层面。6 月 9 日，四川大学则正式向教育部发函，表态“不同意泸州医学院更名为四川医科大学”，反对声音就此上升到了官方层面。四川大学校长办公室有关负责人还透露，校方如今“已正式向教育部提起行政复议”。教育部的回应则称，此一更名符合某个法、某个暂行规定以及某个暂行条例，并无不妥之处。

即使事态没有这么“针尖对麦芒”，在下作为旁观人等也无意介入纠纷，更无意评判是非。然而语云“当事者迷，旁观者清”，在下虽不敢自诩清楚到哪里去，但有一点决不含糊，那就是我们应当对“原名”给予必要的尊重。因为已改的和要改的品种太多，改校名之外还有动辄备受瞩目的改地名，只好以“原名”来笼而统之了。我不知道神州大地上如此频繁的更名，是否中了孔夫子“名不正则言不顺”的余毒，但是我清楚诸多变更对原名而言，正缺少必要的尊重。早几年，北京有个本来威风八面的学院，改了的名字不是被讥讽像是“野鸡大学”吗？对原本的金字招牌弃如敝屣，就是缺少必要尊重的直接表现。

以我的有限观察，地名及校名的更改大抵遵循着两个规律。地名的更改往往是“直奔要害”，由地方土特产径直披挂上阵，目的是要一下子抓住大家的眼球，像我已经举了无数次例子的“思茅”成“普洱”、“徽州”成“黄山”等等。校名的变更呢？正相反，往往是要让你不明所以，刻薄地说是要“淆乱视听”。本来先前一目了然的工学院、农学院、商学院，已经给各地弄出了多少花里胡哨的名堂？去年笔者忝列某高校硕士研究生入学面试考官，一个惊讶的发现是对考生来自的不少高校极其陌生，甚至从校名判断不出位于哪个省市区，这当然与我的孤陋寡闻密切相关，但改校名把大家给改晕了，恐怕也难逃干系。比如，当“泸州医学院”成为“四川医科大学”，眼下作为关注的焦点我们是把它记住了，之后呢，当新闻退出公众视野之后呢，会不会想当然地以为它在成都？此一番，四川大学的表态也间接证实了我所发现的“规律”。他们这样解释为何反对：主要是因为“四川医科大学”的简称易与华西医科大学（2000 年 9 月已并入四川大学）历史曾用名“四川医学院”的简称“川医”混淆，而“川医”是社会对华西的公认品牌，更名后可能导致社会公众产生四川大学没有医学学科的误解。

不知怎么搞的，写着写着，思绪一下飞去了近 1600 年前的南朝刘宋。刘穆之给开国皇帝刘裕建议：“但纵笔为大字，一字径尺，无嫌。大既足有所包，且其势亦美。”那建议是针对刘裕的字实在拿不出手而说的，但后面的“大既足有所包，且其势亦美”，用于现今的更改校名上却颇能一语破的。纵观已经改定了的形形色色的新校名，无非是“升格”嘛，无非给人的感觉是我校无所不能，名头叮当作响嘛！不过，正像《围城》里那个路边的寻常旅馆也叫作“欧亚大酒店”一样，貌似“大”了，给方鸿渐他们一住进去，马上就露了怯。这种现象正如鲁迅先生所一针见血：皮袍下其实藏着“小”。

讲到学校历史，八竿子伸出去，呼啦啦冒出不少百年以上的“品牌”，但是讲到校名呢？校名不是更改不得，但像我们现在，根本没到非改不可的地步而一定要改，属于“司马昭之心”。种种做法归结到一起，表明对“原名”给予必要的尊重还有相当漫长的认知过程。

（2015 年 6 月 16 日）

暴雨是检验城市“里子”的一把标尺

国家防汛抗旱总指挥部办公室 6 月 15 日的通报显示，今年以来全国共有 17 个省（区、市）遭受洪涝灾害，27 座城市进水受淹。然而，算得上话音未落，这个数字旋即被刷新，因为一一罗列的那 27 个城市中并没有上海在内。而 6 月 17 日凌晨 2 时 46 分，上海中心气象台发布暴雨橙色预警信号，5 点钟又发布上海市强降雨消息，于是天亮之后，上海人或生活在上海的人发现上海正步先前那些城市的后尘，“循例”成了“威尼斯”。我在复旦大学当教授的那位同学发微信调侃说：今天上海的大学都是“上海海洋大学”。从澎湃新闻早些发布的图片看，至少在大街上划条小船完全没有问题。未几，又看到了真这么干的，不知是存心“添堵”还是出行必须。

一场暴雨便“攻陷”一座城市，这些年来在国人已经司空见惯。内涝的形成在于暴雨的突如其来而且降雨时间集中，这是不争的事实。但我们被“攻陷”的那些城市的地下排水系统捉襟见肘，同样是不争的事实。或者说正是这个“因”，导致了那个“果”。不过，如果套用“坏事可以变成好事”的思维逻辑，非要在暴雨袭击的灾害中找到可取的一面，那应该是它自告奋勇地代我们检验了城市的“里子”。

与“里子”对应的自然是“面子”。如今放眼任何一座城市，“面子”上的标志都很多，无须列举。但是彰显城市“里子”的标志其实也很多，下水道就是其中之一。“面子”上的东西，无论在哪，平地里往往也抬眼就能望到，一目了然；登高俯瞰，更可以尽收眼底。如下水道一类的“里子”如何，寻常百姓则无从知晓。正是这个时候，极端天气虽然说不上挺身而出，但在客观上充当了检验的标尺。殊为可惜的是，我们的城市一旦面临这种检验，大抵都要纷纷败下阵来。如今，“北上广”已经被“一网打尽”。可否极端地认为，今年以来那

27 座，不，28 座城市之外的城市尚且安好，全赖暴雨尚未光临之故？

一旦发生内涝，降雨量是多少年一遇，而下水道的排水标准是多少年一遇；换言之，城市地下管网设施如何不能应对暴雨袭击，都是耳边必然响起的话题。我们也不能排除这的确是主要因素、关键因素。问题在于，这样的声音我们听了有些年头了，为什么仍然不见改善？为什么某些年轻的都市同样不堪一击？为什么提高排涝标准的大动作一定要在自己遭到袭击之后？前面的人早说了，城市建设中不能只看重“面子”而罔顾“里子”，不能只热衷于打造夺人眼球的“形象工程”而漠视貌似看不见同样“功在当代”的下水道。类似的话前面的人不仅说了，而且不知已说了几轮，再说就属于嚼别人嚼过的馍，没有丝毫味道了。但是显而易见，城市排涝设施如果靠极端天气的表现来检验，而没有一套相应科学的标准，这话再没有味道也还是要说下去。

如今哪个城市因为暴雨而内涝，往往哪里就被调侃成“威尼斯”，甚至像上海此番这样，市民上街捉鱼取乐。这种达观的心态非常可取，但我们的城市规划者、管理者却不可因此而心安理得，不可用历史欠账太多而搪塞了事，不可胸脯拍得山响而于事无补。因此，我们在赞美德国人百多年前在青岛修建的至今发挥重要作用的下水道的同时，还得感到羞愧，还得知耻而后勇，拿出当代的作为赶上并超越他们。难道只有一味艳羡的份儿吗？难道我们今天反而办不到吗？

（2015 年 6 月 17 日）

余远辉的诗碑不必砸碎

广西南宁市委原书记余远辉任职梧州市长期间有一首叫作《夜登梧州允升塔》的诗作，新近引起了国人的关注。允升塔矗立在西江岸边，1988 年我曾经到过，可惜虽然并非匆匆一瞥，也早就忘了塔名。

但是余远辉显然不是这样，因为允升塔中的那个“升”字，令他兴奋不已，与自己的仕途紧密关联了起来。所以，他不仅诌了几句“难得苍天允，从此势欲升”，而且还将之刻在塔下的第一块碑上。此外，余远辉还在允升塔留有多处印记，此不赘述。

5 月 29 日，余远辉因涉嫌严重违纪违法被免职。《财经》记者近日在当地采访时发现，余远辉落马后这段时间，很多梧州当地人登山的目的之一便是“观摩”余远辉的手迹。不过，今天各大网站的消息都说，余远辉的这块诗碑已经被砸碎，但我早晨听“央广新闻”，却明明说是被油漆覆盖。不管怎样，官员落马之后抹去他们的痕迹皆为题中之义。从胡长清开始，喜欢舞文弄墨的官员，落马之后的这一结局几乎无一例外。

这倒不难理解，我们的传统文化从来都重视“德”。春秋时叔孙豹在与范宣子对谈，提出了著名的“三不朽”：“太上有立德，其次有立功，其次有立言。”把德摆在第一位。唐人孔颖达的解读是：“立德谓创制垂法，博施济众”，亦即树立高尚的道德；“立功谓拯厄除难，功济于时”，亦即为国为民建立功绩；“立言谓言得其要，理足可传”，亦即提出具有真知灼见的言论。钱穆先生指出，在历史上的不同时代，对“三不朽”各有所偏，如汉、唐人重立功胜过于立言，宋、明人重立言胜过于立功；然而，“立功与立言，仍皆以立德为本源”。他举例说，“中国文学界，通常认为李太白诗不如杜子美，柳河东文不如韩昌黎”，其实他们之间的“主要差别不在其诗文上，乃在自其诗文所反映出其作者所内蕴之德性上”。文人的文字尚且如此，何况“官德”全缺的落马者呢！

浏览历史还可以看到，不要说奸臣或贪官，便是被贬谪的官员，字迹被清除的命运也不乏见。比如东坡先生遭到厄运之时，朝廷下令天下尽毁其所撰碑文，连神宗皇帝题额的《上清储祥宫碑》也未能幸免。御笔怎么办？有办法：御笔保留，专除苏文。然而，从前对石碑文字的那种清除，并不是一砸了事。五代王定保《唐摭言》道出了一种方法，“覆碑于地，以牛车拽之磨去其文”。余远辉的诗碑，倘若被油漆暂时覆盖最好，还没砸的话就还是且慢动手，完全可以仿照前人那样，“长绳百尺拽碑倒，粗砂大石相磨治”（李商隐诗），来个废物重新利用。

在故宫收藏的宫廷家具中，有一件“紫檀框嵌染牙竹石图御制诗挂屏”，工整的隶书。诗是乾隆的，“青牛为石朱为竹，便与寻常意境殊”云云，字是谁的呢？和珅的。和珅不是贪官中的知名人物吗？没错，所以挂屏上原本的“臣和珅敬书”字样被挖去了，但痕迹现在却仍然依稀可辨。去年年初，沈阳故宫首次展出了和珅为乾隆特别制作并进献的玉如意，同样是御制诗下，小字署款“臣和珅敬书”，还刻有“和”“珅”篆书连珠方印。报道说，这是沈阳故宫唯一一件带有和珅题款的藏品。所以，落马官员的墨迹即便还能觅到，也只能是以这种小玩意或者私底下的方式存在了。

余远辉落马了，允升塔以“躺枪”的方式出名了。杭州西湖边岳王庙里跪在岳坟前的那四坨“白铁”，因为“铸佞臣”而千百年来蒙受“无辜”，但愿梧州这座建于清朝道光年间的允升塔，不会因为一个当代落马官员而罩上些许阴影。

（2015 年 6 月 25 日）

“汉服”拥趸们首要考虑的问题

在浙江卫视 6 月 27 日晚播出的《中国梦想秀》上，一组表演者在舞台上穿着“汉服”进行了表演，并做了中国传统礼仪方面的展示介绍。身为梦想大使的周立波，在他们表演结束后发问：“（穿上汉服）晚上九点半以后走出去，会不会吓到人？”随后又进行了调侃：“你们是哪个洗浴中心的？”话一出口，周立波立刻遭到网友的质疑，要求他公开道歉。有“服装史研究专家”站出来说：“汉服是我们民族代表性的服装，历史文化深厚，周立波作为一个公众人物这样评价汉服是不合适的，这反映出他对民族传统服装的不了解。”

我一直不大喜欢周立波主持的节目，包括他那个响当当的“一周秀”。他的台风我很看不惯，具体的还是不说了，免得因为不中听，他再让我来个公开道歉。但在“汉服”这个问题上，我倒是和他颇有共识，没他那么大胆而已。我不知道周立波对传统文化是何种态度，本人是非常热爱的，当然，热爱归热爱，与专家说的了解还不能画上等号。“汉服”的“历史文化深厚”毋庸置疑，仅仅这样认为就失之于笼统，实际上从亚当和夏娃知道用无花果叶遮羞的那一刻开始，注定了世界上任何民族的服饰都具备“历史文化深厚”的一面，不独“汉服”为然。在我们的权威辞书中，并没有收入“汉服”这个词条，因而“汉服”拥趸也未尝不是盲人摸象。既曰传统，总该有所本吧？但我们在历史上经历了那么多的朝代，除了北魏、西魏、元、清等少数几个，时人的服饰大抵都可以称为“汉服”，今天该视何时的为正宗呢？

新中国成立后在中国历史博物馆工作的沈从文先生一度专门研究中国历代服饰，连文字带插图，出了厚厚的一大本。不要说历代了，即使在同一代，不同阶层的服饰也大不一样。官员与百姓自然泾渭分明，就是读书人与市井小民穿的也大不同。比如明朝刚开始的时候，读书人穿的衣服“无异胥吏”，朱元璋便“凡三易，其制始定”。他把这种衣服命名为“襕衫”，其用料和形制在《明会要》里有详细记载，“玉色绢为之，宽袖、皂绿、帛绦、软巾、垂带”云云。朱元璋还亲自试穿一回，然而“颁行天下”。就以明朝而言，倘若谈弘扬或振兴“汉服”的话，该以哪个阶层的为蓝本呢？

周立波的“会不会吓到人”自是一种调侃，吓到人肯定不会，“突兀”是一定的。宋代著名书画家米芾，我们都知道他好洁成癖、拜石为兄，其实他还喜欢“冠服效唐人”，也就是明明生活在宋朝，偏要弄身唐朝的衣服穿上。这也可见，同是汉人政权的唐朝、宋朝，汉服也不一样。当然，李唐的民族成分也有胡人说，那是另话。说回米芾，他就是“所至人聚观之”，走到哪人们围观到哪。米芾有“米颠”之谓，如此穿戴被视为“癫”的一种也说不定。我估计，提倡“汉服”的人们大概是受到了“和服”“韩服”的影响。看日本或韩国的影视作品，在现代许多隆重的场合都有传统服饰在飘动。但我们也不难发现，他们的传统服饰基本上一以贯之地传承到今天，《大长今》表现的是他们15世纪的事情，其中的服饰和今天仍然盛行的传统服饰并没什么两样。在我们则不然了，要对传统进行打捞、发掘。

所以，无论是人家的传统比较单一，还是我们的传统丰富多彩，弘扬或振兴“汉服”的话，首先在形制上得给出明确定位。另起炉灶重新设计的话，不仅与弘扬或振兴了不相涉还要贻笑大方，但如果任意截取历史上的某一个点便属于挂一漏万，却又恰恰是对被“漏”了的属于“万”的那部分的不够尊重。这些问题，恐怕是“汉服”拥趸们首要考虑的问题，弘扬或振兴是好事，但自己首先要进行深入了解。

（2015年6月29日）

“毒驾入刑”完全可以预期

6月26日，全国人大常委会分组审议《刑法修正案九（草案）》时，十余名委员建议“毒驾入刑”。所谓毒驾，是指机动车驾驶员吸毒后，在身体状况不适合驾车的情况下，仍然驾车出行。而一旦在驾驶过程中发生事故，应当按危险驾驶罪负有刑事责任，这就是“毒驾入刑”。这个问题近年来本来就备受关注，全国人大常委会审议当天又适值“国际禁毒日”，关注便格外增添了一层。

由“毒驾”不免首先想到“酒驾”。通过持之以恒的打击，“酒驾”的危害已经渐渐远离了人们的正常生活，这是大家有目共睹的不争事实。“开车不喝酒，喝酒不开车”，这样的观念如今已深入人心。但对“毒驾”，人们显然还缺乏相应的认识，虽然“毒驾”已经不请自来，因之酿成的恶性交通事故也不乏见。在今年的全国两会上，全国人大代表、瑞昌市公安局肇陈派出所教导员周俊军正式递交了一份《关于“毒驾”入刑的建议》，建议国家进一步加快“毒驾入刑”步伐，以预防和减轻因“毒驾”带来的不良后果。在其他场合，我们也能够不断听到人大代表呼吁“毒驾入刑”的声音，表明已成大家的共识。

这个问题之所以变得日益迫切，是因为在司法实践中发现，吸毒人员驾驶机动车的危险性与醉酒驾驶相当，甚至更加严重。英国的一项研究表明，酒后驾车，驾驶员比正常反应时间慢了12%，“毒驾”则要慢21%。而在日前举行的“2015中国禁毒论坛”上，国家禁毒委副主任、公安部部长助理刘跃进透露，目前我国登记滥用合成毒品人员数量是2008年同期的6.5倍，年均增长速度超过40%。截至去年年底，全国累计登记的吸毒人员有295.5万名，估计实际吸毒人员超过1400万。吸毒人员和驾驶员之间，有着怎样的逻辑关联呢？公安部禁毒局专家分析指出，伴随着机动车保有量猛增和新型毒品吸食人数的急剧增加，机动车驾驶人和新型毒品吸食人员这两个社会群体之间的交集越来越大，即驾驶人群体中吸食新型毒品的人数越来越多，必然造成了吸食毒品导致交通事故的案例越来越多。明了这些前提我们就知道，“毒驾入刑”不仅十分必要而且到了十分迫切的地步。

虽然“毒驾”有很大的危害，但与“酒驾”相比，人们对前者造成危害的认识不仅如前面所说的不足，实际上还远远不够。不难想象，那些瘾君子如果在操作方向盘时出现幻觉或者精神亢奋，势必将导致动作协调能力下降，感知能力扭曲，也就不可能有效地控制车辆行驶速度、行驶车道等，可能的只是导致车辆失控。也就是说，他们随时随地都可能成为“马路杀手”，形成以危险方式危害公共安全的重大隐患。并且，与喝酒具有本质区别的是，吸毒本身已是一种违法行为。因此，“毒驾”不仅应当“入刑”，量刑的尺度还应当大于“醉驾”。那些了解情况的人说，“毒驾”在世界上很多国家都被“零容忍”。比如在美国，对酗酒、吸毒后的驾驶人员，不论是否造成交通事故，一律由交通部门先行羁押后交刑事法庭处理；在法国，吸食大麻等毒品后驾车一经查获，即被判处两年监禁并处以 4500 欧元的罚款；在德国，对吸毒驾车的最高刑罚为 1 年监禁，罚款最高达 5000 欧元并吊销驾驶执照，只要在汽车烟灰缸内发现有大麻的痕迹，就可以吊销驾车人的执照。

“毒驾入刑”的难点，据说与检测的难度较大密切相关。我们都知道，是否“酒驾”，吹一吹交警手中的仪器就可以明了大概，抽血化验更可以确凿无疑，然确定“毒驾”与否还没有这么简单。但是，显然不能因为操作的难度问题就搁置立法，更不能因为检测手段尚未完善成熟而“坐以待毙”，我们的一个立法原则不就是以问题为导向来回应社会关切吗？据报道，《刑法修正案九（草案）》在征求意见过程中，有 30 多个省区市和单位部门提出“毒驾入刑”，充分表明大家对“毒驾”危害的认识具有普遍性。因此，填补“毒驾入刑”这一我国法律空白，打通“最后一公里”，在人大代表以及法律工作者的共同努力之下，完全可以预期。

（2015 年 6 月 30 日）

12 岁工作与否还真不是个问题

陕西省铜川市印台区委书记延红岩的拟提拔公示，被眼尖的网友关注到之后，截图晒了出来。图片显示，延红岩拟提拔至省某部门工委委员、纪工委书记。网友从公示这种正常做法中看到了什么呢？这一段内容：“延红岩，陕西绥德人，1964 年 8 月生，1976 年 7 月参加工作，中央党校大学学历。”刻薄一些的就说了：“请问您是神童吗，12 岁就参加工作了？”有关部门就此回应称，延红岩 1976 年 7 月就在艺术单位参加工作，按照政策规定，这个时间就被算作“参加工作时间”，并没有问题。

究竟算不算，当然不能只凭这么一说，恐怕还得让那个“政策规定”在公众面前亮个相。退而言之，对延红岩的履历，没有人说一定就有问题，只是因为公示过于“言简”，而没有达到“意赅”；又因为12岁参加工作不大合乎我国的逻辑，人们就难免发出疑问。比如说12岁参加工作，连我国《劳动法》明确的“未成年工”也还不是，因为《劳动法》第五十八条说：“未成年工是指年满十六周岁未满十八周岁的劳动者。”再根据《未成年人保护法》第三十八条，更麻烦了：“任何组织或者个人不得招用未满十六周岁的未成年人，国家另有规定的除外。”所以，对延红岩何以12岁参加工作，你一声不吭，就是干巴巴的几个年份摆在那里，人们又如何不发出疑问？

如果把事情说清楚的话，12岁工作与否还真不是个问题。“甘罗发早子牙迟，彭祖颜回寿不齐。范丹贫穷石崇富，八字生来各有时。”《水浒传》第六十一回里，吴用对宋江夸口把北京城里的土豪卢俊义弄上梁山“如探囊取物，手到拈来”，于是便扮成算命先生，在卢家附近一边“摇着铃杵”，一边嘴里嘟囔这几句。吴用叨咕的甘罗就是12岁，战国时的秦人，人家在那个年岁不仅参加了工作，而且因为工作中的上佳表现还被拜为上卿，那待遇相当于丞相。大家同是12岁，我的事情就被质疑，你的事情就可以传为美谈，借用范伟小品里的话说：“区别咋就那么大呢？”无他，人家有事迹作后盾，尽管少不了穿凿附会，夸大其词。甘罗出使赵国时怎么说的，秦国的十几座城池是怎么无需出动一兵一卒而从燕国得到的，《战国策》《史记》里均有记载。不同的是，《战国策》里光有甘罗出使的过程，《史记》里还有出使收效之后带来的结果：“甘罗还报秦，乃封甘罗以为上卿，复以始甘茂田宅赐之。”司马迁在卷末作结说：“甘罗年少，然出一奇计，声称后世。虽非笃行之君子，然亦战国之策士也。方秦之强时，天下尤趋谋诈哉。”太史公除了在“道德”层面对其稍有微词，“出一奇计”显然还是极高的评价，这也是甘罗不仅能不受质疑而且能“声称后世”的根基所在。延红岩的12岁呢？在干什么总得交代一下吧。

干部任前公示早已成为一项制度，公示的目的，就是为了及时发现问题。类似延红岩身上的年龄质疑，近年来我们已经看到了不少，没到他这么“极端低龄”就是。究其原因，还在于公示内容中“工作简历”这一项失之于过简。这个现象不大好理解，因为在许多时候，我们的一些公文往往“语太繁而无领要”，而在应该多说两句的时候，却偏偏来了个“敬惜字纸”。公示拟提任干部仍在继续，以延红岩之事为教训，今后的公示内容何妨多着一点儿笔墨。以延红岩本身而言，其履历何妨点明 1976 年 7 月他参加工作的那个艺术单位叫什么名称，在哪里。何必等到人家质疑了才仓促出面回应，而所谓回应不仅没能释旧疑，反倒又添新惑？诸如此类，实际上对干部公示制度的完善提出了新课题。

（2015 年 7 月 2 日）

土司制度的非遗一面同等重要

7 月 4 日，正在德国波恩召开的第 39 届世界遗产大会尚未结束，已经传来好消息：我国湘鄂贵三地联合申报的“土司遗址”获准列入《世界遗产名录》。申办成功的意义，我觉得不在于我国项目又增加了多少稳居世界多少位，也不在于哪个省份实现了世遗零的突破，而在于土司制度进入公众视野之后，可能被了解、被认知。

“土司遗址”是土司制度的物质遗留，但什么是土司制度，不少人恐怕闻其名而未必知其实。有权威媒体报道说，这一制度见证了古代中国作为统一多民族国家，对西南山地多民族聚居地区独特的管理智慧。恰巧本次联合申报的三处遗址分别是湖南永顺老司城遗址、湖北恩施唐崖土司城遗址和贵州遵义海龙屯土司遗址，地理方位正在西南，所以不明就里的人会以为土司制度只存在于西南。实际上土司制度还存在于西北，《清史稿·土司列传》中就有“甘肃土司”这一卷，用乾隆时大臣杨应琚的说法：“西宁土司计十六家，皆自明洪武时授以世职……迨至我朝，俱就招抚……今已百年，输粮供役，与民无异。”

土司也称“土官”，正式出现于元朝。《元史·职官志》在说到“诸蛮夷长官司”时这样记载：“西南夷诸溪洞各置长官司，秩如下州，达鲁花赤、长官、副长官，参用其土人为之。”说白了就是“以土官治土民”，按等级分为宣慰使、宣抚使、安抚使等武职和土知府、土知州、土知县等文职，且官职世袭。这里的“土”，对应的不是“洋”，外国的或外国来的，而是“流”，流官由中央政府委派，有一定任期，期满调任，所以废除土司制度的政策叫作“改土归流”。

我国现存百余处土司遗存，本次申遗成功的三处遗址仅仅是其中的缩影，但它们的类型、规模、价值内涵最具代表性，相互间的整体组合又体现出了土司职级体系、土司管理特点等社会文化完整背景。而土司制度所覆盖的地域要广泛得多，《明史·土司列传》中，分湖广土司、四川土司、云南土司、贵州土司和广西土司，其中云南土司、广西土司各有三卷，四川土司也有两卷。以我目前的视野所及，三处遗址中的贵州遵义海龙屯土司遗址，经历最为惨烈。遵义在明朝叫播州。《明史·神宗本纪》载，万历二十五年（1597）七月，播州宣慰使“杨应龙叛，掠合江、綦江”。贵州巡抚江东之屡遭败绩，直到万历二十八年（1600）六月，总督川、湖、贵州军务的李化龙率八路大军才攻克海龙屯，杨应龙“与二妾俱缢”。结合《明史·李化龙传》，可以还原不少战斗的细节，甚至连杨应龙的对白都有，活灵活现，如其顿足叹曰：“吾不用（孙）时泰（应龙军师）计，今死矣！”《明史纪事本末》中的“平杨应龙”说得更神，应龙“提刀自巡垒，就四面火光烛天，傍徨长叹”，不知给谁看到了；甚至其泣语妻子曰“吾不能复顾若矣”，也不知给谁听到了。不过，无论如何，从唐僖宗开始就控制播州的杨氏家族，历经“二十九世，八百余年，至应龙而绝”。假以时日到海龙屯一游，或能对杨应龙何以敢于自诩“百万雄兵”“半朝天子”有相应的感性认识吧。

当然了，去旅游的前提，是它别像我们的某些世遗那样一味做票价文章，令人望而生畏、却步。国家文物局副局长童明康在世遗大会上代表中国政府的发言中表示说，“土司遗址”申遗成功以后，中国政府将恪守《世界遗产公约》及其操作指南的规定，让中国各民族传统文化得到继承和发展。申遗的实质意义，本在于此。这三处遗址均是土司制度鼎盛时期的物质遗存，反映了土司制度作用下特殊的山地城堡式聚落形态和社会组织特征，而土司制度还有它的“非遗”一面。正是通过土司制度，“齐政修教，因俗而治”，中央政权实现了对西南、西北地区长期有效的管理，既保证了族群文化多样性的传承，也推动了各族群对统一国家的理解和认同。“非遗”这一点恐怕同等重要，不能因为申报世遗成功而忽略。

（2015 年 7 月 6 日）

双重内涵令卢沟桥永垂史册

今天是卢沟桥事变 78 周年纪念日。1937 年 7 月 7 日，日本军队在北平（今北京）城郊的卢沟桥悍然向中国军队发动进攻，炮轰宛平城，挑起事端，中国守军第二十九军三十七师二一九团奋起还击。因而这一天，既成为日本帝国主义全面侵华的开端，也成为中华民族全面抗战的开始。卢沟桥，这座原本造型优美、独具艺术价值的石拱名桥，在历代文人墨客的凭吊感怀之外，又赋予了中华民族奋起抵御外寇的新内涵。

《金史》中明确记载，卢沟桥建成于金章宗明昌三年（1192），今年已经 823 岁了。卢沟桥下的永定河，原来叫作“卢沟河”。为什么叫卢沟？我特别喜欢的林斤澜先生的小说《一九三七和十三》中，也有此一问。《清稗类钞》提供一种说法：“沟本桑干河故道，因其水浊而黑，故曰卢沟，又曰浑河，国朝改名曰永定河。”卢，一个义项正是“黑”。从前的人玩儿樗蒲，要掷骰子，倘若掷出五子全黑就叫

“卢”。这是最高的采，谁都希望如此，所以掷的人一边动手往往一边叨咕，这就是所谓“呼卢”。南宋孝宗乾道六年（1170），以《桂海虞衡志》名世的范成大出使大金，一路上边走边记，写下了《揽辔录》这部史料价值甚高的日记，今天我们还能读到。陆游在阅读时，至“中原父老见使者多挥涕”这一段颇有感想，作了一首绝句：“公卿有党排宗泽，帷幄无人用岳飞。遗老不应知此恨，亦逢汉节解沾衣。”我疑心，他的名篇“王师北定中原日，家祭无忘告乃翁”亦由此而衍生。范成大在书中提到了“过卢沟河”，且有“草草与梁枕水低，匆匆小驻濯涟漪”的诗句。

作为“使旅往来之津要”，南方的学子进京赶考、外省官吏来京述职、商贾运送货物，都过卢沟桥入京。行走其间的，还有意大利著名商人和旅行家马可·波罗。卢沟桥在西方世界的闻名，端赖马氏之功。若干年前我到过卢沟桥，桥下早已干涸，当年，卢沟河水势一定是相当凶猛的，从附近规模宏大的河神庙可以推知，庙比桥的历史还早。《金史》就说了，世宗大定十九年（1179），有司言：“泸沟河水势泛决啮民田，乞官为封册神号。”惹不起，供起来，哄它。然礼官一翻簿子，“祀典所不载，难之”。不过朝廷马上进行了变通，“特封安平侯，建庙”。此后，“奉旨，每岁委本县长官春秋致祭，如令”。当然，河神并没那么好哄，明朝人的《帝京景物略》里，有不少卢沟河“溃岸”的记载，“溃八百二十丈”“溃百丈”不等，而卢沟桥本身安然无恙，于是人们传说“桥有神焉”，以万历三十五年（1607）的那次大水传得最神。是年，“阴霖积旬，水滥发，居民奔桥上数千人，见前水头过桥且丈，数千人喧号，当无活理。未至桥，水光洞冥间，有巨神人，向水头按令下伏，从桥孔中去”。这一神话，实际上佐证了卢沟桥的固若金汤。也正是卢沟桥的“神性”，像全国各地巧夺天工的建筑一样，人们归为“鲁公输班神勒也”。

卢沟桥成之后，“敕命名曰‘广利’”，所以它曾经叫过广利桥。有意思的是，桥建好后，“有司谓车驾之所经行，使客商旅之要路，请官建东西廊，令人居之”，章宗说：“何必然，民间自应为耳。”颇有今天不断强调的“政府的归政府，市场的归市场”意味，然马上有人担忧：“但恐为豪右所占，况罔利之人多止东岸，若官筑则东西两岸俱称，亦便于观望也。”从“遂从之”来看，卢沟桥一带在当年是相当繁华的，《帝京景物略》说：“桥北而村，数百家，己巳岁虏焚掠略尽。村头墩堡（碉堡），徇河婉婉，望去如堞。”这里的己巳岁，即崇祯二年（1629），这年冬天，清军曾兵临北京城下，“虏焚掠”，说的就是他们了。

卢沟桥的历史内涵已经熠熠生辉，现代又增添了中华民族同仇敌忾赢得民族独立和民族解放的新内涵，更足以使之永垂史册！

（2015 年 7 月 7 日）

熊艾春砸电脑事件的三点教训

怒砸社区网站办公室电脑的耒阳市文联主席熊艾春被耒阳市委停职处理了，意料之中的事情。耒阳是湖南省衡阳市下辖的一个县级市，熊艾春的级别只是正科级。这样一个过去连“芝麻官”都算不上的人物如果也可以无法无天到这种程度，该是对“法治耒阳”（当地网站名称）的辛辣嘲讽。

与此同时我们还从报道中知道，砸了电脑之后，“医院方面初步诊断熊艾春是精神狂躁症”。他有这个病史，并非突发，“大概在1998 年和 2000 年左右先后发过两次病，也是由于精神方面的问题”。这就怪不得了。因为自己的诗作在网上得了差评，就冲冠一怒，就跑到人家那里去寻衅滋事，正常人一般是干不出来的。不过，有道是“乌鸦与喜鹊同行——未知吉凶祸福”，如果熊艾春真的有精神疾病，社区网站那台电脑可能要白白送命，不是说精神病患者连杀人都不用负刑事责任吗？并且，搞不好，社区网站可能还要倒赔他钱。那天熊艾春在派出所算过账了：网站的电脑值 2000 元，网站损毁他的名誉值10万元，所以还要赔偿他98,000元。说到这儿，又让人狐疑熊艾春到底有没有精神方面的问题，账能算得很精明嘛；或者，砸电脑的时候的确犯病了，砸完了，恶气出了，不治而愈了？

别看这个文联主席连即席留言时还要问人家“砸”字怎么写，但想来对传统文化还是有些了解的，至少读过或听过《水浒传》。这是他留下的那张“熊艾春怒砸社区电脑。熊艾春，2015年7月3日”字条，给我的直观感觉。读过或听过《水浒传》的人都知道，武松武二郎在鸳鸯楼杀了仇人，在白粉壁上写下八个大字：“杀人者打虎武松也!”这种主动行为，完全是“好汉做事好汉当”的架势。张顺则属于栽赃，为了挟持安道全上山，杀了安的姘头之后也是在墙上大书，却是“杀人者安道全也!”且连写数十处，逼得安道全乖乖就范。熊艾春的潜意识中，这些显然都是美谈，所以但遇机会，他也付诸实践了一回。可惜，那是“丛林社会”中草莽人物的“英雄”作为，熊主席没弄清楚时代背景，更不知今夕何夕，当然，也可能那个时候他的病正犯着。

熊艾春的教训是深刻的，我想，有这样三点值得有一定职位的后来者借鉴。首先是要懂得藏拙。还拿《水浒传》说事的话，熊主席需学晁盖。晁盖刚上梁山的时候对寨主王伦这样表白：“晁某是个不读书史的人，甚是粗卤；今日事在藏拙，甘心与头领帐下做一小卒，不弃幸甚。”晁盖自然是自谦，但藏拙有时确是“掩藏拙劣，不以示人”。像熊主席这样的诗句，“所有技师服务好，所有顾客心里欢。今日高兴洗脚后，明日健步去爬山”云云，在小小的微信朋友圈里孤芳自赏足矣，拿到公众面前不让人笑话太难了。其次，不欲藏拙就需有足够的抗压能力。谁都知道网络发言的门槛很低，而且网友具有相当的隐蔽性，不要说总会有逆反或者别有用心的了，就熊主席那些句子，再举一例，“身在福中要惜福呀，惜福才会福多多啊。舞文弄墨文人事呀，吹毛求疵很不好啊”，稍有一点儿文化的网友恐怕都发自内心地说不出好话，你那是想起了从前夯土的时候喊号子吗？第三，如果既不欲藏拙又不具抗压能力，索性就像砸电脑之后那样，发表诗作也“行不更名坐不改姓”。但熊艾春把那些顺口溜一概署名“耒阳小竹子”，就是这把小清新玩儿坏了，否则肯定不能排除有人一看是主席大人的大作，跟帖里大赞“公有异才”。

文联的全称是“文学艺术界联合会”，事关文化。那么我就很想知道，像熊艾春这种文化水平，究竟是怎么当上文联主席的。我甚至敢武断地认为，很多人都同样想揭开这个谜团。往大了说，这也应该是公众知情权的一种吧。

（2015 年 7 月 15 日）

向传统经典中注入什么

今年春晚以“女汉子”形象示人的贾玲女士，因为在上海的一档电视真人秀节目中演绎国人耳熟能详的花木兰，又一次引起了关注。但是，此番显见是弹多于赞，说是声讨也不为过。

关于木兰代父从军，海峡两岸已有电影、电视剧、戏剧等多种版本，连好莱坞前些年也拍了部动画片，在我们这里上演时轰动一时。各种版本的木兰虽形象各异，然先前的都“万变不离其宗”，这一点连好莱坞也并不例外。尽管他们添加了木须龙，甚至注入了爱情元素，但电影的主题所表现的，仍然是木兰如何在艰苦的训练中磨炼坚强意志，如何以自己的作为感动身边的战友。反观贾玲版的“花木兰”，又是以何种形象出现的呢？不仅“离其宗”，而且离大了，离谱也离大了。用宣称自己是“木兰故里”的河南商丘媒体发表的一篇文章说，木兰“被颠覆成了贪吃、不孝、花痴、贪生怕死的傻大妞”。贾玲演出的那段视频我特地找出来看了两遍，觉得文章用“深度恶搞”进行定性还是比较准确的。

我们今天认知的花木兰形象，主要得自于是南北朝时期北方的叙事民歌《木兰辞》，我读书那阵是收进中学课本的，不知今天如何，想来应该还在，这么优美的文学作品没有理由不从少年儿童开始就入脑入心。“唧唧复唧唧，木兰当户织”，对相当多的国人来说，纵然全诗背不下来，开头这两句也可脱口而出。《木兰辞》篇幅不大，脍炙人口的句子却俯拾皆是。我最欣赏的，是“万里赴戎机，关山度若飞。朔气传金柝，寒光照铁衣。将军百战死，壮士十年归”那几句。每当读到这里，都感受到一种凛然之气，进而由衷地生出一种敬仰之情。《木兰辞》的主题也就是“宗”，借用豫剧里的一句唱词，叫作“谁说女子不如男”。父亲要被征从军，而“阿爷无大儿，木兰无长兄”，所以木兰“愿为市鞍马，从此替爷征”。而贾玲版“花木兰”的主题呢？却是不断挂在嘴边的“吃亏是福”，何其南辕北辙！

“爷娘闻女来，出郭相扶将。阿姊闻妹来，当户理红妆。小弟闻姊来，磨刀霍霍向猪羊。”《木兰辞》中也有相当欢快的一面。“开我东阁门，坐我西阁床。脱我战时袍，著我旧时裳。当窗理云鬓，对镜帖花黄”。《木兰辞》中也有相当温情的一面。明末贺贻孙认为，“出门见火伴，火伴皆惊忙：同行十二年，不知木兰是女郎”那几句，“又是绝妙团圆剧本也”。贾玲版的呢？嘴里啃着烧鸡上场，被父亲骗去从军，贪生怕死不敢上战场，看到健硕战友胸前的肌肉流了鼻血……诸如此类，注入的所谓元素便相当低俗、无聊，无异于是在玷污木兰！因此，对贾玲版木兰形象的声讨几乎是必然的、可以预料的。

任何传统经典得以保持旺盛的生命力，都经过了时代的传承。以经典为蓝本，在传承之中都难免经过时代的演绎，也就是或多或少地注入时代的内涵。问题的关键在于注入什么，是否背离经典的本意。我们当然不会认为贾玲的演绎就此颠覆了花木兰的形象，这样的话就是低估了经典形象的抗压能力，但是如此恶搞，令木兰的形象受损却是必然的。周星驰们在电影《唐伯虎点秋香》中“塑造”出的江南四大才子，演绎得越是生动，我认为产生的影响越是恶劣。那些对木兰尚未形成认知的少年儿童，可能因贾玲的节目先入为主；现场的那些成人观众，不是也发出了阵阵廉价的笑声吗？

如今的恶搞经典，已经成了一种顽疾，前两年，杜甫、关汉卿不是“很忙”吗？这种所谓“解构”貌似娱人娱己，实则黔驴技穷。脑袋里空空如也，除了不着边际的插科打诨，挠一下别人的胳肢窝，还能有什么？不会有别的什么。

（2015年7月16日）

权当奥数负美是一件正常事情

7月4日至16日在泰国结束的第56届国际奥林匹克数学竞赛上，因为一道几何题输给了美国队，中国队获得亚军。好几天过去了，因了7月18日《美国队21年来首夺奥数冠军，中国队以4分弱势屈居亚军》一文的作用吧，胜负这种原本属于竞技场上的“兵家常事”，似乎余音未了。酸溜溜者有之，不忿之情溢于言表也有之。唯其如此，我们需要防止这次“屈居”带来的副效应。

国际奥林匹克数学竞赛，开宗明义属于竞技，且其亦有“数学世界杯”之称。在我看来，如果说四年一届冬季、夏季奥林匹克运动会展示的是运动的“脱如狡兔”之美，而一年一届奥数赛事展示的则是智力的“静如处子”之美。资料上说，国际奥林匹克数学竞赛创办于1959年，目的是发现并鼓励世界上具有数学天分的青少年，为各国进行科学教育交流创造条件，增进各国师生间的友好关系，由参赛国轮流主办。中国自1985年起参加该项赛事，我数了数，整整30年来共有18次总成绩排名第一。也就是说，我们这一项目并非像乒乓球那样处于绝对垄断地位，罗马尼亚、伊朗、保加利亚、俄罗斯、韩国等等，他们都拿过冠军，2012年的冠军就是韩国的。为什么以前冠军旁落，我们的人没有现在这么大的反应呢？我想，一个是因为输给了我们不愿意输的美国（如果是输给日本恐怕更不得了），再一个是一些人借此要为奥数扬幡招魂。

数学，古希腊学者视其为哲学之起点、学问之基础，它是研究数量、结构、变化、空间以及信息等概念的一门学科。伽利略说，数学是上帝用来书写宇宙的文字。高斯说，数学是科学之王。类似的溢美之言，前辈大牌人物说过不少。总之，数学的思维之美、理性之美、逻辑之美，曾令无数科学家为之倾倒。奥数赛事的举办，旨在呈现这些“之美”。因此，奥数赛事本身无可非议，可非议的是“奥数热”在我们这里与竞赛的主旨渐行渐远，与升学挂钩。曾几何时，无论中学还是大学，奥数证书成为选择优秀学生的“硬件”，成为进入名校的“硬通货”和“敲门砖”。不少省市都规定，高中阶段在中学生学科奥林匹克竞赛全国决赛或在省赛区竞赛中获得有关奖项的，具有高考加分甚至保送资格。这种倾向性极强的政策导向，使得奥数在我们这里具有非常功利和“实用”的价值。

正是因此，在我有限的视野中，这些年来对中小学校开设奥数班的公开诟病从来没有停止过。2012 年 21、22 日两天，《人民日报》还连续发表评论：《疯狂奥数，为何屡禁不止》和《我们为什么反对“奥数热”》。综合两篇文章的观点，一个层面的意思是“全民学奥数”绑架了中国学生和家长，奥数被看作丈量学生素质的唯一尺度；再一个层面的意思是，这样的教育不仅使奥数失去了数学之美，失去了科学精神，而且使不少原本喜欢数学的学生变成了做题机器，泯灭了独立思考的能力，失去了对数学的兴趣。有研究指出，只有大约 5%的智力超常儿童适合学习奥数。那么，参加奥数竞赛与学习数学，其区别正该像竞技体育与大众体育的区别一样。在体育那里，那些身体条件优秀且具备运动天赋的人去挑战运动极限，一般大众就是强身健体。在奥数这里，那些对数学有兴趣、有特长、有天分的学生，甚至不妨去摘取哥德巴赫猜想那颗“皇冠上的明珠”，而对多数学生而言就是作为通识教育的一种。

这届的奥数竞赛我们屈居亚军了，当然说不上是件好事，但也说不上是什么坏事，它只是一件正常发生的事情。防止奥数负美带来的副效应，就是要防止借此片面发力，让各种奥数班堂而皇之地卷土重来，重新陷入功利主义的泥潭和应试教育的误区，就是要防止一些地方已经取得的治理成效功亏一篑。

（2015 年 7 月 20 日）

秦人金饰片回归虽然是好消息

7 月 20 日，曾经收藏于法国国立吉美亚洲艺术博物馆的 32 片春秋时期秦人金饰片，在甘肃省博物馆完成了交接。值此，流失海外 20 余年的这批大堡子山文物终于回归了祖国、回归了故乡。这是我国第一次向外国主动追索文物并取得成功，意义非比寻常。

这样的好消息如果仔细琢磨，让人心里其实挺不是滋味的。因为这些秦人金饰片不像圆明园里的那些兽首，被人家当年凭借坚船利炮给强抢去的，而是我们的不肖子孙为了一己之利而偷偷贩卖出去的。就像余秋雨先生《道士塔》中的王圆箓，因为“口袋里有了一些沉甸甸的银元，这是平常化缘时很难得到的”，便把敦煌藏经洞中的那些珍贵卷子形同拱手相送。从报道中我们知道，这些秦人金饰片之所以能追讨成功，“中法两国政府和友好人士通力合作”是其中一个方面，重要的另一个方面还在于它们本身具有相当的特殊性，甚至是唯一性。也就是说，在大堡子山遗址被盗之前并未有类似文物面世，而在该遗址被系统发掘之后也未在国内外其他遗址发现过。这样的话，由于一些金饰片依然带有出土时的土壤，有的还有残留的朱砂，以及金饰片工艺的高度相似性，中法两边一比对：同宗同源。

然而，证据链没有这么完整的呢？说句丧气的话，多数恐怕都没有这么完整。据一项不完全统计，我国王侯级墓葬的被盗率达 90% 以上。而据一项确切统计，在全球 47 个国家的 218 个博物馆中，中国文物有 163 万件，这个数字还仅仅是全世界所有私人收藏量的十分之一。而在中国的所有流失文物中，盗墓的获得比例接近百分之百。

以目前已知的大堡子山流失文物而言，有线索的即有 81 件，发现确认的国家有英国、比利时、日本等，还有很多在私人收藏家手里，文物回家之路依然漫长。因此，我们在下大气力对流失文物进行“追”的同时，还要下更大的气力对盗墓行为进行“打”，对文物流出国门进行“堵”。我国打击盗掘、贩卖文物犯罪行为的力度都在不断加大，但是从文物流失的状况来逆推，力度显然还不足够大。如今的盗墓行为更趋隐蔽，作案手段更趋专业化、链条化。那些有实力的盗墓团伙，会在需要时动用卫星定位仪和雷达；有的甚至会在墓地上方砌起高墙，建座烟囱，伪装成工厂的模样。相应的打击，也要“魔高一尺道高一丈”才行。

盗墓的危害性不只造成文物流失，正如业界人士所指出的，利欲熏心的盗墓贼拿着探铲到处打洞，就像拿着一根针在人的身体上扎来扎去一样，一个探铲下去，往往不仅对一个墓穴，而是对整个遗址都会造成严重破坏。他们钻探之后并不回填，一旦下雨或者农民灌溉，渗进去的水还会对地下文化遗产的保护环境造成二次破坏。这意味着，鲜活的历史虽然通过埋藏记录了下来，但是盗墓贼轻而易举地就删除了那些记录。大堡子山这些金饰片便失去了相关的历史信息，它们究竟出自哪一墓葬的哪个方位，现在都难以判断。怎样加大打击的力度呢？唐朝的法律已经规定：“诸发冢者，加役流；已开棺椁者，绞；发而未彻者，徒三年。”现行《文物法》第六十四条对“盗掘古文化遗址、古墓葬”，只说了句“构成犯罪的，依法追究刑事责任”。现行《刑法》第三百二十八条，对“盗掘古墓葬罪”情节严重的最高“处十年以上有期徒刑或无期徒刑”。是否威慑的成分偏弱了些？

文物作为一定历史时期人类文明的载体，是凝固的历史，但凡被盗墓分子所觊觎、所掠夺的文物，往往都具有极高的科研、艺术和欣赏价值。从源头上对盗墓进行“打”对文物进行“堵”诚然很难，但是较之长而艰辛且未必屡屡奏效的流失文物追索，也许还是要容易得多。

（2015 年 7 月 21 日）

“敕封状元”，听着有点儿耳生

7月25日，山西晋城皇城相府举办了“2015年全国高考状元敕封典礼”。来自甘肃、吉林、内蒙古、山东、河北、河南、山西7省区的10名高考“状元”，骑着高头大马接受“康熙皇帝”敕封。敕封他们为“第一甲状元赐进士及第”，每人赏“诏书”一册、人民币1万元、《康熙字典》一函。对这样的活动，清华大学肖鹰教授认为完全没有必要搭理，因为这并非是政府部门的行为，而是景区在哗众取宠，无非是为了拉门票。

我不认同肖教授的这种态度，事件本身已经成为公共话题，且有相当多的网民批之为低俗，如何看待，专业人士便不妨贡献观点。倘若此种低俗果真属于“谬种”的话，懒得搭理或者不屑于搭理，就可能会使“谬种”流传。小子不敏，像“敕封状元”这类说法就听得耳生，此前听到的一般都是“钦点状元”。这就需要专业人士来释疑一些基本文化概念。你不吭声，我也只有自己琢磨了。

敕，虽然也是道士用于符咒上的命令，但更多的还是关联皇帝。白居易《卖炭翁》里的“手把文书口称敕，回车叱牛牵向北”，是说皇家要征用这车炭。《红楼梦》第三回，林黛玉见一府第，“正门上有匾，匾上大书‘敕造宁国府’”，表明宅院是奉诏令建造的。然而敕封，一般是皇帝颁诏书封赐臣僚爵号。山西那里上演的清代戏码，复原的话应该是“金殿传胪”，那是非常隆重的典礼，金殿即太和殿。想要简明扼要了解的话，可阅读王道成先生的《科举史话》。文武各官、诸贡士如何站立，皇帝如何升座，鸿胪寺官如何唱名，状元榜眼探花如何行礼，交代得清清楚楚。显然，这样隆重的典礼不会举办在景区里，状元也不会骑马而来。状元骑马，可能是受了白居易“春风得意马蹄疾”的影响吧，即使实指，也应该只是之后的某日骑马。吴宗国先生的《唐代科举制度研究》告诉我们，唐朝进士放榜之后，大家要去雁塔题名、曲江游宴。至于骑马游街、小姐楼上抛绣球一类，前人早已指出，大抵属于小说或戏文的臆想，真正的“登科后”并没这套程序。

所以我想，今天的人打定主意要做高考“状元”文章的话，就不要戏说，就不妨认真起来，讲究一点儿原汁原味。比如打算要扮康熙皇帝，那咱们就照猫画虎清朝的那套程序；打算要扮演李世民，就照猫画虎唐朝的那套程序。玩儿就玩儿得像一点儿。苟如此，对于文化史知识的普及不仅算是一个贡献，而且也能堵住刻薄的网友们的口，什么“弥漫铜臭味”“低俗商业闹剧”“对主流价值观的轻蔑”之类。你瞧现在弄的这玩意，除了不屑的教授，屑的人谁又能说出好话来？充其量也就是该省区的第一名，非要“敕封”为全国才配的“第一甲状元赐进士及第”，笑话不是？

从前的状元一般三年才出一个，叫作“凤毛麟角”。按道理来说，高考不应该有“状元”。全国根本不是一张卷子，每年的各地作文题就让大家弄了个眼花缭乱，题目出得水准如何都要被讨论一番，这个前提下产生的虽然精确到个位的考分自然也就并不具备可比性。然而，高考“状元”不仅有，而且认真地数起来的话，一年有3000甚至3万恐怕不止，恰似“过江之鲫”。省里有省里的，市里有市里的，县里有县里的，各科还有各科的，一言以蔽之，弄了“第一名”就是高考“状元”，管它的参照物是啥。如此混淆概念，且一定要“攀龙附凤”，此殊为不可理喻之处。

科举状元因为是大魁天下，所以必然荣光得很。而纵观现在的高考“状元”，只是小魁于本地、某科，却也格外热闹，且有越来越热闹的趋势，此又殊为不可理喻之处。看起来，非得肖教授等专业人士站出释疑不行了。

（2015年7月28日）

故宫文创产品应该把握的底线

今天看到一篇“老故宫有了新玩法”的报道。这个新玩法，其实已经玩儿了一阵了，就是故宫开设了官方销售网店“故宫淘宝”，在微博和微信公众号中以“本公”的语气实时与网友互动。此举在露出顽皮一面的同时，也创下了不少营销奇迹。8 月 5 日，仅仅一个多小时的工夫，1500 个“御前侍卫手机座”就宣布售罄，4500 个“八旗不倒翁娃娃”也在开售 8 小时内各自有了买家。总计起来，一天内共有 1.6 万单故宫文创产品在他们的聚划算平台成交。

一名 90 后在收到“故宫淘宝”卖出的“御前侍卫手机座”后，先网上评价“已完全被萌哭了”，再打算入手一个“容嬷嬷针线盒”。这个“容嬷嬷针线盒”令我比较反感，如果他不是调侃，故宫真的开发出来这类产品的话，就属于戏说了。谁都知道，容嬷嬷不过是电视剧《还珠格格》中的一个反面角色，可能是根据什么提炼出来的吧，但“容嬷嬷”毕竟子虚乌有。此外，“故宫淘宝”常用的一种方式，是将产品关联到历史事件中。如报道所云有篇“朕生平不负人”的微信公号文章，用新媒体语言讲述了雍正皇帝与大臣年羹尧之间的故事，借此推销“朕亦甚想你”等雍正笔迹的折扇。我没读到那篇文章，不过，“朕亦甚想你”诚然是雍正说的，但以史书上记载的年羹尧及其家人的悲惨命运来看，现在推广这句话未免太讽刺了些。这种推销法就难免有误导公众的嫌疑，与戏说基本上属于“五十步笑百步”。

故宫是一座货真价实的文化宝库，因此它的文创产品不必戏说，也无需戏说。虽然自 1948 年底至 1949 年初，南京国民党政府挑选出 2972 箱文物运到了台湾，但是 1949 年后对故宫的文物重新进行了整理编号，“故”字号文物仍有 78 万余件，加上新入藏的“新”字号文物21万余件，总数近百万件。从中筛选出适合文创产品的题材，可以说俯拾皆是，取之不竭，得来全不费功夫。仅仅他们现在编纂的并不算厚的《紫禁城》月刊，每一期介绍的藏品也都能令人目不暇接。这本杂志的成功之处，是它不仅介绍“镇馆之宝”，而且也介绍寻常藏品，当然，那只是相对于故宫藏品的寻常。

今年是故宫博物院院庆90周年。那志良先生在《我与故宫五十年》中，生动地记录了1925年10月10日，故宫博物院正式成立并对外开放第一天的情景：“不到八时，神武门外，已站满了人，九时开门，一拥而入，真是万人空巷，拥挤不堪”。“展览室中的拥挤，更是不堪，想进去的进不去，想出来的也出不来……有一位参观人衣着颜色别致，引我注意，我看他一进门，便被后面的人与前面的人夹在当中，作了‘夹馅饼干’的‘馅子’，夹了许久，徐徐移动，然后被夹了出去，在室内虽看他时时伸伸脖子，但他什么也没有看到，挨夹一个多小时，又转向其他展览室去了。这种情形的参观人，恐怕不在少数”。这种情形，恐怕令今天黄金周时的人头攒动，也要“俯首称臣”。比较可惜的是，这座文化宝库散发出的魅力直到近些年才开始融入民间。北京故宫的文创产品也许是受到了台北故宫的启发，因为在我们游览北京故宫除了明信片一类还不知可以带走什么作为纪念的时候，台北故宫的文创产品已经琳琅满目。前两年我到那里去参观过一回，简直惊呆了。

让文物遗存与当代人的生活、审美、需求对接，显然是一种极好的创意。故宫的文创产品没有迎合最好，千万不要迎合，为了迎合而萌，应该把握住这样一条底线：与戏说的影视剧永远隔着鸿沟一道。也就是说，不屑于从那里获得什么，我行我素可也。

（2015年8月10日）

佛山喜宴“勿带礼金”值得推广

《南方日报》日前一则《佛山喜宴不收红包羡煞多地网友》的报道，引起了公众的强烈关注。在该报微信号“佛山微观察”随后发起的调查中，截止到8月11日22时30分，共有89%的网友支持在全国推广佛山“不收红包”习俗。

喜宴不收红包，不要说在全国，就是在广东的多数地方，听起来也颇似天方夜谭，但在佛山一些地方则确实存在。根据报道所引用的“最为流行的一种说法”，20世纪90年代，顺德乐从一些做生意发财的个体户在办喜事时，事先在请柬上注明“勿带礼金”。随着生活水平逐步提高，不少市民开始效仿，摆酒不收礼的风气也逐渐在顺德其他镇街流传起来。大约从2004年开始，不管是婚宴、寿宴、满月酒都不收礼金了。毫无疑问，在婚宴请帖成为“红色炸弹”，令相当多的人“压力山大”的背景之下，这个习俗好得用难以名状来形容也不为过。

带礼金去参加喜宴，是我们文化中的一项传统。研究欧美国家的人说，在他们那里，礼物通常被理解为一种纯粹的、无利益因素的、非强制性的赠礼，它仅仅是一种真实的内在自我和内在情感之自发、自愿的表达。在我们显然不然，在我们的社会交换体系中，人情是一个核心性的概念，而人情伦理中的一个重要概念是面子。所以，有专家煞有介事地指出，婚宴红包多少钱为宜，应依自己的经济实力来考量。这简直是一句废话。面子概念在我们的文化中，向来是作为一种道德约束扮演着一个决定性的角色。对社会脸面的追求，促使人们积极参与礼金交换的博弈，而道德脸面的约束则规范着所有参与者的行动。因此，古往今来，随礼的道德原则往往都要超过经济考虑，成为一种培养、维持和扩展人际关系网的基本方式，或者说是维护和扩展人际间关系网络的关键手段之一。

上面的若干议论，有对阎云翔先生《礼物的流动》生吞活剥的成分。阎先生那本著作是“中国人类学田野考察系列”的一种，作者通过对黑龙江省双城县下岬村的人类学考察，探讨了“一个中国村庄中的互惠原则与社会网络”。这本书虽然是2000年3月出版的，窥的亦是礼物在乡村流动之一斑，但其中一些规律性的东西往往也揭示了社会各个层面礼物流动、礼物所以流动之全豹。比方关于请帖，“由于拒绝邀请等于是终止它所基于的社会关系，请帖本身造成受请者必须参加仪式并随礼的义务。因此，发送请帖时的轻率被认为是不负责任和贪婪，即，他们为了敛财而试图迫使别人参加庆典”。阎著中提到某个老年村民每年都办生日宴，村民颇有闲话。但是，“似乎是被一种看不见的强制力所驱使，而自愿地去履行他们在其交换网络内部馈赠礼物的义务”。阎著最后概括了人情伦理体系的三个结构性维度——理性计算、道德义务和情感联系，认为人情在行动上的复杂性和弹性，源于这三个结构因素变动不定的组合。像这样一些理论，我觉得就超越了时空，可以作为公式诠释喜宴的礼金。

新近还有一则消息，有网友发帖说他在外地的大学同学结婚，给他发了电子请柬，吊诡的是同时附上了银行卡号。这种“人不到礼到就行”的做法，让那名网友感觉很别扭，他觉得同学之所以通知他结婚的事，完全是为了那点儿礼金。这个帖子同样引来了网友的极大关注。套用阎氏理论，如果喜宴礼金不能用以表达个人情感，情感在馈赠行为中并不存在，就只有理性计算之后的道德义务之一途了，附有银行卡号的电子请柬之类正是如此。佛山人喜宴“勿带礼金”，诚然有经济的因素，但更重要的应该是观念的因素。口袋已经鼓鼓的地方不少，喜宴未必就不看重礼金。正是在这个意义上，佛山人的做法非常值得推广、普及，再过若干年，真的作为文化遗产来申报亦未尝不可。

（2015年8月12日）

让公众对阅读真正产生兴趣

一年一度的南国书香节明天开锣了，本届以“阅读无处不在”为年度口号。这是个在其他场合也常能听见的说法，该是为书香节所借用。按我的理解，这话的意思大抵说读书不用那么小资，非要与什么慵懒、午后阳光、泡壶茶或冲杯咖啡之类为伍，而应该是件比较随意的事情，就像唐朝的李密一样，趴在牛背上也能津津有味地阅读《汉书》，而且读得入迷。也就是说，不用因为书籍的神圣而使读书变得矫情。

阅读诚然无处不在，但阅读所能带来的成效更无处不在。有一套歌诀不是叫“书中自有”什么嘛，然而正像一部二十四史不仅仅是某个权威人物定义的“贪污史”而是古代社会的百科全书一样，书中也不只有“千钟粟”“黄金屋”“颜如玉”那几样。比如晋朝有个痛改前非的典范叫作周处，这个人从小横行乡里，乡邻将他与当地的南山猛虎和长桥恶蛟并称为“三害”。周处发奋改过自新，就是从“折节读书”开始。又比如对于官员而言，还可以避免出丑。张之洞 55 岁大寿时收到不少贺词，其中以周锡恩的最为他所青睐，“大为激赏”到什么程度？来个客，张之洞“必引观此屏”。谁知一个显然是读过不少书的机要文案说那篇东西眼熟，很像龚自珍的文字。张之洞便翻检龚自珍集，果然找到一篇《阮元年谱序》，“两两比对，则全抄龚文者三分之二，改易龚文者三分之一，而格调句法，与龚文无以异也”。张之洞感慨道：“周伯晋（锡恩字）欺我不读书，我广为延誉，使天下学人，同观此文者，皆讥我不读书，伯晋负我矣，文人无行奈何。”

张之洞 27 岁时就中了探花，被授翰林院编修，自云不读书显然是受骗之后的自嘲，但现代很多人恐怕是真不读书了。上半年进行的第十二次全国国民阅读调查结果告诉我们，2014 年成年国民人均纸质图书阅读量为4.56本。留心一下就会发现，几年来的这个数字都是4本到5本之间波动。而与之相映但不成趣的是，韩国是11本，法国是20本，日本是40本。当然，我这是转引的数字，不知道其中有没有“崇洋媚外”的成分。一年365天，取最高值来平均，意味着73天也就是两个半月才看一本书。账可能不该这么算，加上网络阅读也算阅读，不一定非得读传统的纸质书，但是这个数据还是忒可怜了些，毕竟像我这种不那么适应新媒体阅读的，全国也还有好几亿人吧。所以，书香节的主要使命，在我看来未必是着重推介读什么书，而更应该强调如何读书，读书的方式方法，让公众对阅读真正产生兴趣。

当然，无论怎样的外力推动，读不读书、读多少书，完全在于个人的自觉和刻苦，自觉的程度同时决定了刻苦的程度。古人因为读书有“头悬梁，锥刺股”的，有“凿壁偷光”的，有“囊萤映雪”的，用《三字经》的概括叫作“彼不教，自勤苦”，阐释的就是这层道理。当代有一些人看不出这层道理，在古人的行为上钻牛角尖，嘲笑他们真是愚笨得可以，脑袋既然都耷拉到拿锥子扎大腿了，困成那个样干脆就睡，硬撑着干什么呢？对这样的所谓“新解”，甭跟他废话，告诉他不要自以为比古人聪明足矣。荀子的《劝学》我们都熟悉，其中的“不积跬步，无以至千里；不积小流，无以成江海”，更是耳熟能详的名句。倘若我们把荀子揭示出的浅显道理付诸实践，会发现如何受益无穷。今人每视二十四史为典籍大山，以为读了有多了不起，实际上瞿兑之先生早就说了：“能看毕二十四史殊不为难，然肯用此功者殊不多见。”想一想，中华书局的标点本二十四史，不过区区240余册，每一册还不算厚，读一遍有何难哉？

“骐骥一跃，不能十步；驽马十驾，功在不舍。”在读书面前，尽管自认为是“骐骥”，也还是应当摆出“驽马”的姿态。无他，读书没有半点儿捷径可走，尤其是在新媒体时代，不要以为依赖搜索引擎就可以弥补读书不足的底气。

（2015年8月13日）

七夕节因何要伤害萤火虫？

后天是农历七月初七，也就是传统的七夕节。“两情若是久长时，又岂在朝朝暮暮”，秦少游的句子是对七夕最精辟的概括。然而今天却看到这样一条被普遍转载的消息，说是一到夏季，全国各地就会刮起一股萤火虫热潮，临近七夕，网络萤火虫贩卖也愈演愈烈。江苏青环志愿者服务中心调查就发现，今年网络销售萤火虫的数量已经超过千万只，比去年同期翻了十多倍。

萤火虫我们都不陌生，当年生态普遍比较自然的时候到处都能见到。萤火虫与其他昆虫不同的奇特之处，在于它的尾部能发出黄绿色的荧光，夏夜中盘旋舞动，催生了诗人的浪漫遐想。当然，现实中总不免带些残酷。《三字经》列举家贫而不废读书时提到“如囊萤，如映雪”，前一个说的就是晋代车胤夏天以练囊装萤火虫，借那点儿微弱的光亮来读书。最残酷的，莫过于如今的捉之贩之了。但是，七夕因何与萤火虫关联在一起，又是从什么时候开始关联在一起的，我一概百思不得其解。要说牛郎织女相会的媒介，那是鹊桥，喜鹊搭成的桥，萤火虫“躺枪”的因由何在？

在传统七夕的文化内涵里，我们也觅不到萤火虫的踪影。爱情因子之外，七夕还有乞巧的一面，“望月穿针”嘛，妇女们向传说中的织女学艺求巧，所以七夕节又称乞巧节。宋朝七夕过得非常热闹，根据孟元老《东京梦华录》里的描写，“七夕前三五日，车马盈市，罗绮满街，旋折未开荷花，都人善假做双头莲，取玩一时，提携而归，路人往往嗟爱。又小儿须买新荷叶执之，盖效颦磨喝乐。儿童辈特地新妆，竞夸鲜丽”。与此同时，人们还“以小板上傅土旋种粟令生苗，置小茅屋花木，作田舍家小人物，皆村落之态，谓之‘谷板’。又以瓜雕刻成花样，谓之‘花瓜’。又以油面糖蜜造为笑靥儿，谓之‘果实'，花样奇巧百端"。倘若现代人真心弘扬传统文化的话，该有多少发力点？

传统节日诚然需要推陈出新，需要注入时代内涵，但是可惜，许多人对七夕的所谓"另辟蹊径"，做的却是祸害萤火虫的文章。有记者调查也发现，网上不少贩卖萤火虫活体的商家，都是针对七夕节推出的活动。每只萤火虫的售价大约四五元，有的还弄出一套俗不可耐的讲究，推出所谓"萤火虫套餐"：装 20 只，表示爱你；装 55 只，是我爱你；装 99 只，是天长地久；装 199 只，表示海枯石烂。由于萤火虫在寄送过程中容易死亡，有的卖家还多送 20%。好端端的七夕节，就这样无端端地给异化成了萤火虫的"七夕劫"。如果说打萤火虫的主意就是在拓展七夕外延的话，我要说，真亏得那些叫作人的人能想得出来、做得出来！

萤火虫是益虫，水生萤火虫捕食金螺，能控制血吸虫的数量，陆生萤火虫则能控制蜗牛残杀植物。前两年看过一部日本关于萤火虫的动画片，记不起片名了，但不是《萤火虫之墓》，那是讲日本战败后一对战争孤儿如何生活的，我看的这个是讲和平年代因为一条河流改造，导致了萤火虫的数量锐减，当地老师和学生如何尽一己之力来保护生态环境。但我们许多人，显然还意识不到这一点。在七夕之外，我们看到一些城市在搞所谓"萤火虫主题公园"，不管萤火虫水土服不服，但求捉来满足游客的兴致。有识之士已经指出，这种大规模捕捉，对捕捉地的萤火虫将带来不可预计的伤害。由此看来，生态文明岂能只在保证天蓝、山青、水绿上发力？

"万叶敲声凉乍到，百虫啼晚烟如扫。箭漏初长天杳杳。人语悄。那堪夜雨催清晓。"七夕之夜，没事可干的话，诵一诵欧阳修们这些关于七夕的句子，横竖要比伤害萤火虫浪漫得多吧。

（2015 年 8 月 18 日）

由“最丑蜡像馆”暂时闭馆而感

四川华蓥山“最丑蜡像馆”昨天闭馆维修了。这个“最丑蜡像馆”也算是这些天来的一个新闻热点，热在“全球最丑、史上最土”这一点上。事情想必大家了解了，恰如“刻薄者”所云，那些蜡像“充满着浓浓的乡土味”，名曰“章子怡”“巩俐”的，都身着过时运动服装，“章子怡”的发际线还羞涩地退到了后面。报道说，蜡像制作者并非草台班子，而是“中国蜡像制作第一人”和中央美术学院的一帮“老艺术家”。那么“巩俐”怎么给弄成“旧社会贫苦农妇的雷人模样”呢？制作者说，“明星卸妆就是那个样”。

明星卸妆之后什么样，我没有见过，估计人家见过，但现在的问题是，见过没见过都很次要。这个蜡像馆诚然因为“最丑”而出名，即便它能够跻身“最美”之列又能怎么样？在我这个非四川人眼里，提到华蓥山，首先跳入脑海的是“双枪老太婆”，然后想到那里的大熊猫生态区；作为川中丘陵和川东平行岭谷的天然界山，华蓥山“一山三岭二槽”的地貌形态该是怎么回事。此外，再了解一些先前所不了解的东西。假如我要是到那里去旅游的话，肯定会是这样。总之，横竖弄不清楚自己为什么千里迢迢地要去看那些即使制作逼真的蜡像。这个“最丑蜡像馆”大名叫作中外名人蜡像馆，全馆有 107 尊蜡像之多，据说只有“刘德华”的模样还说得过去。好在他们还懂得节制，多弄一尊，就该放到水泊梁山去了。这个蜡像馆号称西南地区最大、全国第三，下了很大本钱，但是为什么要下这个本钱，这些中外名人与华蓥山可有干系？

国人旅游尚处于极其低端的档次，旅游者的文化素养有待提高是一个方面，旅游景点展示出来的文化内涵含量不能为旅游者所自觉接受则是另一个方面。尤其是历史遗迹，大抵都有一些蜡像类的情景模拟。比如关于包公的，旁边摆个可能是纸糊的铡刀。好一些的，狗头铡、虎头铡、龙头铡俱齐，什么铡铡什么人有个介绍，算是普及了文化史知识。绝大多数形同图解，如同看一本小人书，还不是贺友直《朝阳沟》《山乡巨变》那种水准。至于所谓“声光电”演示，无非配上亮光闪上几下，配上背景音乐响上几声而已。这种做法，对于满足于“上车睡觉，下车拍照”，单纯地纪念“到此一游”的人来说，可能也足够了，但是对于旨在借助旅游增长知识、陶冶性情的人，则远远不够。这就像国内众多博物馆一样，单调的陈列、干巴巴的说明，指望它通过“纵令百姓男女往观，所以佐读书之不逮，而广见识”，完全是奢望。

旅游带来的乐趣，《淮南子》有过一个层层递进的比喻：“穿隙穴，见雨零，则快然而叹之，况开户发牖，从冥冥见炤炤乎！”在黑屋子里挖个小窟窿，能看见外面的雨点，人都会快乐地笑起来，何况敞开房门打开窗户，看到光明世界呢！“从冥冥见炤炤，犹尚肆然而喜，又况出室坐堂见日月光乎！”看到光明世界都喜不自胜，何况从黑屋子里走出来到敞亮的厅堂上，看到日月的光辉呢！“见日月光，旷然而乐，又况登泰山，履石封，以望八荒，视天者若盖，江、河若带，又况万物在其间者乎！”见到日月的光辉都心情开朗快乐，何况登上泰山，站在石封上眺望八方极远的地方，仰望车盖似的天穹，俯视彩带似的江河，万物尽收眼底呢！

今天走出家门的游人早就如恒河沙数，景区得引导游人提升档次，为此必须在自身的文化内涵发掘上下功夫，而不是弄一些不着边际、不着四六的东西来糊弄游人。如“最丑蜡像馆”这种做法说得极端一点儿，未尝不可视为景区“坑蒙拐骗”的一种，闭了就闭了，不要再开了。

（2015 年 8 月 20 日）

愿《三体》获奖成为转折点

在美国华盛顿州斯波坎市举行的第73届世界科幻小说大会22日宣布，我国作家刘慈欣凭借科幻小说《三体》获得了雨果奖。这是科幻文坛的最高荣誉。在世界科幻界，雨果奖是被公认为最具权威和影响力的两项世界性科幻大奖之一。当然了，此雨果不是名著《巴黎圣母院》的作者，那个是维克多·雨果，法国文学家；这个是雨果·根斯巴克，美国科幻作家。并且，这两个雨果，一个是名，一个是姓。

这也是中国人乃至亚洲人首次获得这一奖项，其意义与苏炳添站在世界田径锦标赛百米决赛赛道上属于同一性质。《三体》系列（又名“地球往事”三部曲），由《三体》《黑暗森林》《死神永生》三部小说组成，故事视角宏大，从中国视角讨论科幻的一个基本问题，即人类和宇宙的命运。此前，识者以为，中国本土的科幻小说，从来没有机会发展成为一种独立的类型小说，而仅仅附属于儿童文学之下。在我看来，科幻电影更是我们电影品种的一个缺项。搞人类学的童恩正先生曾经写过一部《珊瑚岛上的死光》，好久以前的事了。那部电影的科幻成分究竟如何姑且不论，倘若我们果能“知耻而后勇”，就要承认在《侏罗纪公园》《E. T. 外星人》《盗梦空间》等等面前，我们在科幻领域还没有丝毫的话语权。

现在，刘慈欣的获奖，有可能成为一个转折的契机。

科学幻想，首先需有幻想。这一点，我们的前人从未缺失，故事情节等“无一不奇”的《西游记》就不用说了，根据孙大圣、哪吒来演绎的电影，到现在也还是票房保证。《庄子》里的鲲鹏，展一下翅，“扶摇而上者九万里”，多大的家伙？《晏子春秋》里的焦螟，“巢于蚊睫，再乳而飞蚊不为惊”。在蚊子的睫毛上做窝，飞来飞去蚊子不知道，多小的东西？唐玄宗的时候，月亮都上去过，逛“广寒清虚之府”，默记仙女的优美舞曲，玄宗还依其声调整理出著名的《霓裳羽衣曲》。开玩笑说，美国人到月亮上去才是四十几年前的事嘛。比较可惜的是，我们这些幻想中少了点儿科学的成分，玄宗凭借道士“掷手杖于空中，即化为银色大桥”，连走带飞上去了，失之于简。

这种失之于简的幻想，西方其实也同样如此，他们普遍流传的女巫骑把扫帚就能飞行，又有何种科学道理可言？但电影《哈利·波特》搬了过去，照样风靡全球。我们也有这类故事，却至今藏诸深闺。比如《太平广记》卷四六〇载，户部令史家有匹骏马，“恒倍刍秣，而瘦劣愈甚”，饲料不可谓不好、不足，马就是肥不起来，搞不清是怎么回事。邻居告诉他，你家的马根本不闲着啊，你每次值夜班的时候，你老婆都骑出去。令史乃在某一天暗中观察，果然，“一更，妻起靓妆，令婢鞍马，临阶御之。婢骑扫帚随后，冉冉乘空，不复见”。有一天，令史又在看，“妻顷复还，问婢何以有生人气”，让她把扫帚点着当火把，“遍然堂庑”，弄得“令史狼狈入堂大瓮中”。一会儿骑马又走，然扫帚烧了，婢女骑什么呢？令史妻云：“随有即骑，何必扫帚？”婢女“遂骑大瓮随行。令史在瓮中，惧不敢动”。则我们的传说，显见比单纯地骑扫帚还更发展了一步。

前人的大胆奇想，如今真的可能只归入儿童文学的范畴了。就如刘慈欣在得奖之前接受采访所说，中国科幻现在根本不是走不走出去的问题，因为内部还没有成长起来。因此，刘慈欣得奖绝对是一件好事，有可能使国人借此对科幻是什么有了一个明确的概念，对科幻小说乃至科幻电影产生了一种情怀。苟如是，则刘慈欣获奖更超越了获奖本身。

（2015 年 8 月 24 日）

单纯校门相像倒也没什么

近日有人在途经武汉航海职业技术学院东湖校区的新大门时发现眼熟，觉得很像清华大学的“二校门”；接下来进行比对，果然，不论是建筑样式还是雕刻、色彩等细节，二者都“何其相似乃尔”。对此，学院的负责人称他们这个是独立设计的，没想到一模一样。当然，人家又说，也不完全是一模一样，他们那个是大理石的，我们这个是钢架的；并且，这个比那个要大。

对于清华的“二校门”，关心时事的国人想必都不会陌生。当年它轰然倒塌之际留下了照片和影像，一旦涉及相关年代的历史叙述，就都能看到它的样貌。有一年我在清华校园里逛了一阵，“闻亭”“自清亭”那么小的建筑都看到了，愣是没有看到想来应该较大的“二校门”。不过，“二校门”的模样其实我很清楚，我只是想看下实物而已。武汉航海职业技术学院的校门设计师们想来不会是闭目塞听，一句“没想到”肯定不够客观。欧式建筑风格难道只有清华“二校门”这一种吗？有学者认为，大学校门往往是一个学校文化的浓缩和体现。这倒未必，可能只是拍板人的文化体现。

有道是“一石激起千层浪”，旋见各路网友发现了不少相互间并无血缘关系但模样非常相似的校门，湖北工业大学新校门 VS 武汉大学牌坊校门、石家庄花都艺术学校 VS 河南工大校门、东莞北大学园博雅外国语学校 VS 北大校门，等等。尽管这个单子大可继续罗列下去，我还是觉得单纯地只是校门相像倒也没什么，这毕竟只是“面”上的东西，值得引起关注的，应该是我国高等院校“里子”层面的趋同。比方把你空降到某个大学城，不看招牌，你未必说得出身处哪个省份。又比如专业设置上“你有我有全都有”，办学理念上都要“创建一流大学”，校训中大量的“求实”“创新”字眼，被央视曝过光。

诸如此类，论起来得要相当大的篇幅，这里只想就“感觉”来说说高校那些津津乐道或者说吸引公众眼球的趋同事情。当然，我的感觉也许不对。

如今，我国高等院校在公众视野中大抵热闹在两头：学年开始与学年结尾。学年开始是开学典礼的致辞，学年结尾除了毕业典礼的致辞，再加上各校毕业生如何大拍特拍毕业照。两种致辞所以热闹，是因为大抵都有惊人之语，极个别的是因为内涵深刻足以发人深省，但相当多的只是因为“说人话”而没有“说官话”，或者径直借用了时尚语词。学年结尾的毕业照号称如何创意，然而定睛看去同样惊人相似，这两年校校皆吹或皆刮的不就是所谓“民国风”吗？不就是蓝衫黑裙的姑娘摆出各种造型吗？无论是开学典礼还是毕业典礼，致辞似有为热闹而比拼之势，不知可有学子咀嚼与否。换言之，除了当时被点赞，不知日后收效几何。现在的人们喜欢比对官场人物风光时和落马时的言论，严重不一致的，名之曰“两面人”。有一天网友们把这种兴趣移师到教育领域，有些学校恐怕要面临尴尬。高等院校的平时呢？似乎只有出名的校友、出位的教授、出格的学生在晃来晃去，花边类、噱头类的东西，过度地占据了公众的眼球。

开过眼界的人说，比对世界很多大学会发现一个非常有意思的现象：越好的大学其大门和校名铭牌越小，有的甚至没有校名铭牌和大门，比如哈佛大学、耶鲁大学、东京大学等等，与国内一些高校的校门追求“高大上”“傍名校”，形成鲜明对比。对这种现象，我觉得只能从文化层面来去解释。在太多的领域，我们都是对属于“面”上的东西过于发力，至于催生了臭名昭著的“面子工程”，校门这种真正的“门面”又焉能例外？

（2015 年 8 月 25 日）

对大树也要心存敬畏

长沙市麓山路因地铁站点建设对拟移栽树木进行修枝的情况，近日引起了媒体和网民的关注。报道说，麓山路人行道上需移栽樟树192棵，截至目前已完成剪枝91棵。看着那些原本枝繁叶茂的樟树成了光秃秃的那副模样，连我们这些无缘“乘凉”的人也有些心酸。

追溯来看，大家的担心就更是不无道理了。我们都还记得，季建业主政南京之时，也是因为地铁建设要“移植”1700余棵法国梧桐，引发了南京市民自发组织“散步”活动，表达强烈不满，概因那些被移走的梧桐有去无回，大多数都没有存活下来。与两地地铁建设“移走”相对应的，是不少城市急于见到绿化功效而进行的“大树进城”，也就是“移来”。别看时间已经进入21世纪，现在的“移树法”与古人的并无二致。显而易见，古人也移大树，只是以我目前的视野而言，不知道他们“移动”的目的为何。

宋代陈师道《后山谈丛》就明确记载了“晁无咎移树法”，虽然非常简略，但是假如移树成为一个行业，行业又仍有祭祀的话，那么晁无咎就应该作为行业神崇拜起来，祭祀的对象不仅应该有他，而且未尝不可视之为鼻祖。晁无咎的方法是：“其大根不可断，虽旁出远引，亦当尽取，如其横出，远近掘地而埋之，切须带土，虽大木亦可活也，大木仍去其枝。”看看，长沙那里先剃光头的做法与之如出一辙吧？晁无咎即晁补之，北宋著名的文学家，无咎是他的字。《宋史·晁补之传》记载，他“十七岁从父官杭州，稡（汇集）钱塘山川风物之丽，著《七述》以谒州通判苏轼”，本来东坡也想写这么一篇，看了晁无咎的文章后感叹地说：“吾可以搁笔矣！”还赞赏他文章“博辩俊伟，绝人远甚”，评价非常之高。可惜，该传中并没有提及他的“移树法”，否则就是进入正史了。

我国移大树的历史究竟可以上溯到何时，要交给学者们去考证。就笔者的浏览，至少三国时候就已经开始。曹冏曹元首有名篇《六代论》，虽然是政论，但在结尾处间接谈到了移大树，这么说的："譬之种树，久则深固其根本，茂盛其枝叶。若造次徙于山林之中，植于宫阙之下，虽壅之以黑坟（营养充分之意），暖之以春日，犹不救于枯槁，何暇繁育哉。"接下来是他的引申，也就是他所要表达的本意："夫树犹亲戚，土犹士民，建置不久，则轻下慢上，平居犹惧其离叛，危急将如之何？"把官民关系，比成树土关系。从逻辑上推断，若当时并无"大树进宫阙"之举，则曹元首不大可能产生这一联想。

我从曹元首这篇文字中，看到的还有移树之不可造次，今天的人们理当鉴之再鉴之。不可造次，就是要慎重，移还是不移，移多少，要经过充分论证。8 月 25 日晚，长沙市副市长黎春秋在考察麓山路香樟树移栽现场后召开紧急会议，明确尽最大可能减少树木移栽，能不移栽的坚决不移栽。像这样的工作，有关部门如果做在头里，断不至于引起这么大的风波。而这样的工作，也完全可以做在头里。那些香樟树胸径最小的有 15 厘米，胸径最大的有 70 厘米，说是见证了几代市民的生命历程，毫不夸张吧？

晁无咎虽有"移树法"，但没有告诉我们依据此法大树的存活率几何，以今天的状况去逆推，不会乐观。在本月就还有一条消息，南京中国绿化博览园移植的大树死了许多，超过 1000 棵，目前正在进行大规模的换栽补种，让人看了心痛。看起来，我们对大树得在观念上有个根本改变，不要轻易地"移走"或"移来"。对待大树的态度，某种程度上该是对待生态文明的态度。

（2015 年 8 月 26 日）

小学生开笔礼并非复古

从今年开始，广州市越秀区小学一年级新生增添了一个隆重的入学仪式——开笔礼。全区有 10,300 名一年级新生参加了各自学校各具特色的开笔礼活动。日前在当年的番禺学宫亦即“毛泽东同志主办农民运动讲习所旧址纪念馆”，来自越秀秉正小学的 300 名一年级新生参加了这一仪式：游泮、点朱砂、开笔写“人”字。报道说，古时候学生入学的第一天，由州府县官率领绕泮池一圈，叫游泮，寓意开始入学读书。

这些年来，不少地方都在搞类似的“开笔礼”。这种“开笔礼”是有点儿意思的，属于古为今用。但我们不要以为这是古代相关仪式的复苏，也就是说，倘若以为古代小学生入学即是如此，就混淆了古今“学生”和“入学”的概念。因为游泮的虽然也是学生、也是入学，但他们不是小学生，以明、清的所指来说，那些学生是秀才，并非一张白纸，而是在功名的阶梯上已经登上了一级的人。从前的学校不是为小学生开办的，小学生读的是私塾。那种入学要经过什么仪式？鲁迅先生的名篇《从百草园到三味书屋》可以作为参照。在讲到自己第一天到私塾上学时，鲁迅先生说：“从一扇黑油的竹门进去，第三间是书房。中间挂着一块匾道：三味书屋；匾下面是一幅画，画着一只很肥大的梅花鹿伏在古树下。没有孔子牌位，我们便对着那匾和鹿行礼。第一次算是拜孔子，第二次算是拜先生。第二次行礼时，先生便和蔼地在一旁答礼。”这就结了，并没有所谓开笔礼。鲁迅先生入读的时候还是封建社会，古代的样子与之差不了多少。

事实上，从前的“开笔”并不是针对未成年人的，时间也不是在新生入学之际，而是在元旦；又不是今天的元旦，而是当年的，即农历大年初一。清朝人写的《养吉斋丛录》说，开笔之典始于雍正皇帝，仪式过程如下：元旦子时——也就是半夜11点到凌晨1点，皇帝来到养心殿，先“握管薰于烛上”，然后“濡染挥翰”，用完朱笔，再用墨笔，“各书吉语数字，以祈一岁之政和事理”；写完了，还要浏览一通本年的历书，“以寓授时省岁之意”；之后，“诸物用毕，手自料简，饬所司收藏”。这就是皇家的开笔礼。

民间自然有民间的做法。再看清朝人梁章钜写的《浪迹续谈》所云，那个时候无论士农工商，“于每年元旦作字，必先用红笺庄书两语”，比如“元旦开笔，百事大吉”之类，这是广东文化中的求个好意头了。梁说他小的时候，父亲让他写“元旦开笔，读书进益”；大一点儿后，让他写“元旦开笔，入泮第一”——凑巧那年梁也真得了第一；到该应举的时候，父亲又说，干脆写“元旦举笔”吧，一语双关；同样凑巧的是，那年梁果真又中了举人。这些凑巧的事情聊作谈资可也。道光年间梁章钜拟以疾辞江苏巡抚，同僚都想劝他请一段病假算了，何必因此连官都不要了？但那年元旦他们来到梁家，看到梁的案头上有楷书“元旦开笔，归田大吉”的字样，知道他去意已决，不劳大家多费口舌了。总之，开笔礼存在于成人世界。

报道还说，今后越秀区的开笔礼将遍及全区，活动每年8月底至9月初举行，以番禺学宫为全区性入学开笔礼活动的主会场，设计了开笔礼的十大流程：游泮入学、点智破蒙、击鼓奋进、名师开笔，等等。我一向认为，传统文化需要注入新的内涵，小学生的开笔礼未尝不可视为这样一种创新，值得普及开来。

（2015年8月31日）

经典之所以具有无穷魅力

为纪念抗战胜利70周年而重印的“百种经典抗战图书”，我一直没有看到目录。相关的消息很多，通稿的缘故吧，列举出的书目都是

《少年英雄王二小》《狼牙山五壮士》《烈火金钢》《红灯记》《吕梁英雄传》《敌后武工队》《夜幕下的哈尔滨》《中国抗日战争史》等。这当中，看到了非常熟悉的冯志的《敌后武工队》，那是当年令我爱不释手的书；进而推想，"百种"之中应该还会有刘知侠的《铁道游击队》，那也是当年我的挚爱。

喜欢那两本小说，不仅因为故事的情节关联打仗，主人公尽皆赵子龙式的英雄豪杰，而且因为惊异于小说文笔的优美。尤其是《敌后武工队》，里面的许多片段我都可以背诵下来，至今还可以脱口而出不少。我们不是老讲入脑入心嘛，这恐怕就是最好的诠释。今年"南国书香节"期间，国内首份中国城市阅读指数研究报告在中山市发布，其中一些数据值得引起关注。比如，报告在国内首次推出"阅读指数"，然而除了北京、广州、上海之外，其他城市的阅读指数普遍偏低，体现出我国整体阅读氛围的欠缺。当然，报告也告诉我们了，从中国城市网民阅读指数看，手机作为新兴移动阅读方式，其影响力已经远远超过了纸质图书。虽然如此，我还是认同清华大学新闻与传播学院教授沈阳的分析，国人人均阅读量走低，主要原因之一是"好书仍然不够多"。也就是说，缺少传世经典。

对"小人书"还有记忆的人会清楚，丁斌曾、韩和平绘制的一套10册连环画《铁道游击队》同样也是经典，如同贺友直的《山乡巨变》、顾炳鑫的《渡江侦察记》一样，载入了中国连环画创作的史册。那是以艺术水准来衡量的经典，而不是像有些作品那样，号称经典实则只是混了个脸熟。1979年春节，在通县也就是今天成为北京行政副中心的通州，我买到了这套小人书，那种喜悦心情至今清晰记得。李天心绘制的《敌后武工队》自然也拥有一套，只是以我非内行的眼光，也看出画面在表现张力上稍逊《铁道游击队》一筹。有这样的载体，这些经典成为终身记忆不也是完全可能的吗？

弹指间手机阅读成了一种趋势。对这样的趋势，如我这种于纸质书"顽冥不化"的人有些五味杂陈，未知是否像当年恪守"线装书"的前辈一样。无论如何，执着于纸质书，跟辜鸿铭脑后留的那根辫子肯定是有本质区别的吧。况且，首份中国城市阅读指数研究报告也同时指出，“浅阅读”取代“深阅读”的趋势明显，按我的理解，这其实是对手机阅读的间接证否。纸质书还远远没到退出历史舞台的那一天，尤其是古籍，电子版的错漏百出，还非得看纸本的不可，非得看权威出版社的不可，以为赶上了阅读流行趋势的国人，得弄清楚这一点。

经典的魅力是无穷的。重印“百种经典抗战图书”必要与否，毋庸我来置喙。然而，重印归重印，不能忽视“出新”，重印的作品毕竟属于前一代人的集体记忆，新一代人需要他们的。但就近几年“抗日神剧”的集体表现来看，显然还不能乐观。何以至此，需要调查研究才能给出答案。老一辈的人写书拍电影，都有体验生活这一环，现代人却什么都突出“快”了。比如两个月拍出来的电影有多大的生命力，还用时间来检验？看看《敌后武工队》《铁道游击队》为何能赢得读者：冯志本人即是武工队出身，当过小队长，“魏强”的角色；刘知侠乃至丁斌曾、韩和平与真正的铁道游击队队员、“芳林嫂”都曾面对面地接触。毫无疑问，任何脱离了生活的所谓创作，都只剩下胡编乱造之一途，指望这些货色弘扬正能量，也是缘木求鱼了。

（2015 年 9 月 1 日）

看《清明上河图》之前该做足功课

今年是故宫博物院建院 90 周年。为了纪念，故宫方面推出了一系列精品大展。其中的重量级首展——“石渠宝笈特展”昨天在武英殿书画馆和延禧宫展厅同时开幕，因为有公众熟知的《清明上河图》，新闻报道自然对之格外高看一眼。《清明上河图》有好几个版本，比较著名的还有仇英本和清院本，与宋本相比，这些“孪生兄弟”不是像众多大家临摹的《兰亭序》那样力求形神兼似，而有再创作的成分。清院本中的虹桥就完全是石拱桥，且正在通过的货船所遇到的场面也远远没有呈现出惊心动魄。报道没有交代展出的是哪一个版本，从“中国第一画”的名号来推断，显见是公认张择端的那幅。

报道说，首日有 8500 人进馆参观，很多观众几乎趴在展柜上，一厘米一厘米地观看。在现场工作人员一次次提醒中，队伍缓缓地往前移动。我不清楚他们在看什么，但是如果从 ABC 开始，就显然对不起这幅难得一见的真迹了。就是说，观赏之前得做足功课。如今，无比高清的《清明上河图》不难见到，事先完全可以预习。

首先应该知道，《清明上河图》画名中的“清明”其实指向不明，是指清明节这个节气、清明坊这个地方，还是指社会到了清明盛世？历来都颇有争议。比方，说是节气呢，应该在 4 月初，可是画卷右首有五匹驴骡各背驮着两篓木炭，而同时代孟元老的纪实著作《东京梦华录》说每年农历十月，汴京始“进暖炉炭，帏前皆置酒作暖会”；且画面上有多处酒肆，酒旗上写着“新酒”二字，《东京梦华录》又说：“中秋节前，诸店皆卖新酒。”当然，任何一种说法都能找出相应的证据，这个问题也许没有弄清楚的可能，但了解一下不失为一种欣赏趣味。

其次应该知道，这幅北宋风俗长卷虽是画家的创作，但与《东京梦华录》相互印证，会发现它相当纪实。比如，《东京梦华录》里几处提到了成行成市的香药铺，像马行街北段，“香药铺席，官员宅舍，不欲遍记”云云；《清明上河图》中正有“刘家上色沉檀拣香”的幌子。《东京梦华录》里提到了好多知名的酒楼，白矾楼、会仙楼什么的，《清明上河图》中的“孙家正店”，正让我们看到了彼时东京大型酒店究竟是何种模样。《东京梦华录》里提到了好多名医药铺，“李家生菜小儿药铺”“孙殿丞药铺”等，《清明上河图》中正有“赵太丞家”和“杨家应症”。如此等等。

第三还应该知道，即便画作高度纪实，其与现实也不可能完全等同。比如首都中的小贩占道经营，宋仁宗时就有人指出非整治不可，因为“河桥上多开铺贩鬻，妨碍会笪及人马，车乘往来，兼损坏桥道”，应当下发禁令，“违者重置其罪”。未几果有诏曰：“在京诸河桥上，不得令百姓搭盖铺占栏，有妨车马过往。”但无论我们看哪个版本的《清明上河图》，虹桥的上面仍然都充斥着大量摆卖，甚至还搭着棚子，显然不是走鬼。是张择端出生得晚，那诏令已经作废，还是诏令只管了一阵子，随后便故态复萌？在今天我们仍然屡屡遇到这种情形，有的法规出台之后甚至根本就没起到过作用。

张择端《清明上河图》的真迹，无比珍贵，已经 10 年未曾完整露面了。而故宫顶级珍贵书画文物只在春、秋两季展出，每次展出时间不超过两个月，且每次展出后要“静养”至少 3 年。这样难得的一睹机会，还是不要辜负了它。看相关画册，得到的体验停留在信息层面、知识层面；面对之，得到的则是感性层面、心灵层面。就像打电话聊天和面对面聊天，或者相亲之前虽然对方情况已了如指掌，还是要见上一面。原作的感染力，任何即便极其精美的印刷品和照片也远远不能望其项背，它的神韵无法被复制。有幸到现场的人，要把握此幸。

（2015 年 9 月 9 日）

虚假广告代言人将承担怎样的法律责任？

国家工商总局日前公布了 2015 年涉嫌违犯《广告法》的十大典型案例。侯耀华、李金斗两个知名艺人“榜上有名”，均为“涉嫌虚假宣传”。这种曝光方式不算是“破天荒”，这些年时不时地会有一回，比如早几年集体“补钙”的那一帮。但此番究竟有些不同，因为自 9 月 1 日起施行了新版《广告法》。

所谓新版，其实就是修订。因为亮点多多，无论在修订过程中还是正式施行后，都引起了舆论的强烈关注。针对这一轮公布的十大典型案例，至少就印证了其中的两个亮点：新版《广告法》在第二十八条明确，“以虚假或者引人误解的内容欺骗、误导消费者的”，就是虚假广告。在第五十六条明确，“广告代言人，明知或者应知广告虚假仍设计、制作、代理、发布或者作推荐、证明的，应当与广告主承担连带责任”。就这两个亮点，运用于如何看待侯耀华、李金斗代言，已经绰绰有余了。

侯耀华代言的是“国宝十绝——中国十大传世名画”广告，经工商部门调查核实，所谓的“传世名画”只是浙江某工艺品厂生产的丝绸制印刷品。那么他的代言行为便属于误导消费者并进行虚假宣传。李金斗代言的手串套组就更邪乎了，“中国最有价值的五大文玩投资手串套组；中国第一套最昂贵的红木手串大全；世界前几位的顶级材质；中国第一套正规发行带有国家检测手串套组”，完全是绝对化的用语不算，手串而已，居然还赋予了治病的功能，说什么“该手串套组中的紫檀对于呕吐和气喘等病症有一定的帮助”。不仅虚假，虚假到了何种程度已经不言而喻。侯耀华、李金斗两人的代言既然完全符合第二十八条，那么曝光之后，该轮到第五十六条出场了。也就是说，曝光仅仅是第一步，曝光之后的“连带责任”理当如影随形。

关于虚假广告“法律责任”这一点，如前面所引述，《广告法》中并没有空白，违犯了哪条罚多少钱都清清楚楚，包括对“承担连带责任”的广告代言人也不是语焉不详。比如第六十二条就是这么说的：“广告代言人有下列情形之一的，由工商行政管理部门没收违法所得，并处违法所得一倍以上二倍以下的罚款。”这里所说的“之一”都包含哪些情形，用不着我在这里赘言，大家翻一翻就知道了。新版《广告法》并不长，连头带尾，我粗略计算了一下，大约就在12,000字以内，兼且文字并不艰深、晦涩，通读几遍也不是什么难事。尤其是那些欲为广告代言的人比如早就混了脸熟的明星，更需要认真对待。瞧，像我这种不可能为广告代言但关心该法施行效力的人，不都认真地研读了一下吗？《广告法》要进一步增强公众的信心，正需要它的第五章亦即“法律责任”得到落实。在侯耀华、李金斗代言问题上，我们要看《广告法》第五十六条如何发威。某种程度上说，第五十六条才更加重要，落实了，则“惩前毖后，治病救人”的功能才能够充分凸显。

消息同时告诉我们，国家工商总局提醒消费者，如果在生活中遇到了违犯广告法的案件，请及时举报。这个提醒当然有其必要的一面，然而既曰广告，它就从来不会以藏着掖着的面目出现，目的就是要广而告之嘛，这一点跟腐败分子要由发动群众监督的状况截然相反，因而更需要职能部门的积极作为。打开电视或者电脑，那些喋喋不休或信誓旦旦，还用得着消费者去举报吗？

（2015 年 9 月 28 日）

倘若“致远”舰能重见天日

在丹东黄海海域发现的“丹东一号”沉船，日前被确认为中日甲午战争时沉没的“致远”舰。在出水的文物中，除了船载武器等等之外，还有一组瓷器碎片，上有篆书的“致远”二字。“致远”舰和其姊妹舰“靖远”都是由英国公司设计建造，配备的全套餐具也为特别定制，此前已经发现出自“靖远”舰的一组餐具，也是在盘子中央部位标明船名。进一步的确认当然有待新的证据呈现，如果“丹东一号”果真就是“致远”舰的话，则其意义便远远超越找到一艘有价值的沉船，而是为了解甲午战争提供了生动的载体，使后人能够产生切身感受。

甲午海战已成历史，去年是它的 120 周年纪念日。那场战争我们战败了，北洋水师全军覆没，此一国殇的影响相当深远。直接地看，伴随而来的是《马关条约》的签订，台湾等大片领土被迫割让。这一丧权辱国的条约，进一步破坏了中国主权的完整，加深了中国社会半殖民地化的程度，同时也刺激了列强瓜分中国的野心。间接地看，留下了诸多后遗症，比如严重影响中日关系的钓鱼岛问题就有甲午战争的因素。1895 年 1 月 14 日，日本感到“日清战争”自己胜券在握，便强行将觊觎已久的钓鱼岛划归己有。2010 年 12 月 17 日，其冲绳县石垣市议会通过的《制定尖阁群岛开拓日的条例案》，就是为了纪念这一天。而实际上，据 1744 年出版的《大清一统志》记载，中国至迟在 1403 年（明成祖永乐元年）就已经发现并利用钓鱼岛及其附属岛屿。两个时间点放在一起一目了然，钓鱼岛及其附属岛屿作为我们的固有领土完全毋庸置疑。

甲午战争中，中方参战的是北洋水师。按照当年《美国海军年鉴》的排名，北洋水师的实力是东亚第一、世界第九。在北洋水师定远、镇远，经远、来远，扬威、超勇等众多舰只中，无疑以“致远”舰最为著名，称得上是一个标志性符号。“致远”舰之著名，不在于它是当年北洋水师向英国定制的最为“新式”的舰只，而在于其管带（舰长）邓世昌的壮举。“开足马力，撞沉吉野！”上一点儿年纪的人都会对电影《甲午风云》中的这句台词、这组镜头留下深刻印象，扮演邓世昌的演员李默然因此拥有了“邓大人”的雅号。电影诚然是艺术化了的作品，但据学者考证，《甲午风云》中不乏历史的真实细节。比如电影中，日舰“吉野”号上一名军官向上级报告，北洋水师“排了一个奇怪的队形”，也就是横阵。这不是电影的虚构，现实中，北洋水师提督丁汝昌因为不谙海战，不仅平时训练缺乏针对性，而且战时指挥失误，论者当时已经指出：“我军完全败北……原因虽多，要以横阵之不良为最大失策。”又比如电影中，邓世昌责备炮手王国成“为什么不开炮”，王国成用颤抖的双手捧起一把炮弹里倒出来的沙子。这也不是电影的虚构，现实中，日军旗舰“松岛”号多次被北洋水师击中，到了千疮百孔的地步却没有被击沉，令日本人也大呼“意外”，原因正在于清军发射的炮弹火药不足。

北洋水师以超越日本海军的实力却如何会战败，已经探讨了两个甲子，无论何种观点，问题的实质都超出了武器本身。去年，甲午国殇两个甲子之际，相关出版物更是汗牛充栋。前几年我到过山东威海刘公岛——北洋水师的创办地，见到甲午海战纪念馆的外观即是战舰的形状，心中顿然一凛；倘若沉没海底120余年的“致远”舰能重见天日，触目惊心的程度完全不难想见。届时，触摸“致远”舰，无疑等于是在触摸那段活生生的历史。

（2015年9月29日）

奖励拾金不昧是正视社会现实

日前通过的新版《广州市拾遗物品管理规定》有一条颇为引人注目，那就是明确：遗失物自发布招领公告之日起六个月内无人认领的，归国家所有；处理无人认领的物品后，公安部门按拾获财物价值百分之十的金额对拾得人给予奖励，奖励金由同级财政预算安排。任何举措都难免众说纷纭，何况貌似挑战了传统“三观”的那些？有一种观点就认为，拾金不昧本是应该大力推崇的优良道德品质，如果用金钱奖励是一种倒退。此言貌似有些道理，但非此即彼的思维，也有片面理解的嫌疑。

捡到财物而上交，如今叫作拾金不昧，从前叫作路不拾遗。“国无盗贼，道不拾遗”，韩非子的观点，代表了古人心目中的一种理想社会状态。《史记》中说，孔子56岁的时候才当上官，在鲁国干了三个月的大司寇，“行摄相事”。就是在这么短暂的时间内，孔子干得仍然很有成绩，杀少正卯一类的大是大非问题这里不去理会，成绩之一就是鲁国做到了“涂不拾遗”。举凡“路不”“道不”与“涂不”，表达的都是同一个意思：东西掉在路上，不是自己的就不会据为己有。毫无疑问，这是一种相当良好的社会风气。理想社会中的理想道德，是“拾金”之后人人能够自然而然地“不昧”，问题在于理想社会在任何时候恐怕都只是一个愿景，一个努力方向，实在是因为现实社会毕竟有其现实的一面。

“我在马路边捡到一分钱，把它交到警察叔叔手里边。”有点儿年纪的人对这首儿歌都耳熟能详。必须承认的是，世易时移，这种情况已经非常乏见了。记得前些年曾经讨论过究竟地上掉了多少钱，一块两块还是五块十块，人们才肯去捡起的话题。讨论这个话题其实没什么实质意义，因为分币还在流通、还具备一定购买力的时候，那歌词也只是一种比喻，表达的核心意思无疑是拾金不昧，跟究竟掉多少并没有半毛钱的关系。拾金不昧还是拾金而昧，理论上是个无须探讨的问题，欲昧或已昧的人，也会像贪官讲廉政一样出口成章，不能靠说得好，究竟如何须由事实来检验。比方前几天，吉林长春某位先生在银行取出两万多元现金准备去看望医院的朋友，路上不慎掉落；在他身后几米远的一个买菜大妈淡定地全部捡走，整个过程仅仅几十秒时间。这一切，逃过了人眼却没有逃过“天眼”——监控视频。这就是拾金而昧者。这种例子并非个别，现在的搜索功能很强大了，搜一搜可以发现，拾金而昧者的新闻数量不让拾金不昧者的新闻数量。当然，这只是感觉上，真实状况还要由专业人士借助大数据来进行分析才能定论。

失主就在自己的面前，提个醒就可与道德为伍，且这种提醒远非“挟太山以超北海之类”；明目张胆地昧为己有，就是德行的欠缺了。道德与缺德之间，可能是一念之差的事，也可能是“习惯成自然”。社会既然存在诸如此类的因子，远未达到“路不”“道不”或“涂不”拾遗的理想状态，对拾金不昧予以一定的奖励，至少代表着社会的正面价值取向。并且我们看到，广州市的《管理规定》也不是捡了就奖，而是“无人认领”的那些财物。这一点大家一定得弄清楚，否则捡了钱物的人就要抽水百分之十，不仅达不到领奖的目的，而且也歪曲了《管理规定》的本意。

拾金不昧，在任何时代都势必能够赢得道德褒奖，但与此同时给予一定的物质回报，以当下的社会现实来衡量尽在情理之中。如同广州市公安局副局长骆振辉所言，有一些人拾获了物品千方百计找到失主，耗费了不少时间和精力。符合情理之事由法理来肯定，未尝不是正视社会现实的一种表现。

（2015 年 10 月 13 日）

拒绝“二郎腿”之所以成为话题

“文明乘坐地铁，拒绝车厢‘二郎腿’”，杭州市政府新闻办公室官方微博“杭州发布”发布的这条消息即出，便引发了大家的热议。偏激者认为：“难道坐地铁的姿势也要管了？”倘若别这么一触即发，平心静气地把消息看完，也许能多几分理解。

为什么会有这种倡导？他们这么解释：杭州地铁里跷“二郎腿”的人不少，但在人多或拥挤的车厢里，这是不合时宜的。车厢空间有限，请多换位思考，以免影响其他乘客。看，完全是从公共场所的个人行为是否影响他人来提出这个问题的，如果说“管得太宽”，那也是代那些潜在或正在受到影响的出行者说话。何况，他们还有个温馨提醒：跷“二郎腿”不利于血液循环，时间一长，对健康有影响。

“二郎腿”是一种怎样的坐姿，大家都很清楚，就是一条腿弯着搁在另一条起支撑作用的腿上，不拘左右，事实上也是来回互换。从命名上看，应该与“二郎”有关，哪个排行老二的男子。“太师椅”就和蔡京有关，“东坡肉”就和苏轼有关。“物随人名”是我们的一项传统，坐姿一类想来不会例外。据说，流沙河先生曾有一篇《“二郎腿”的解释》，没有拜读过。想当然的话，最有名的二郎该是二郎神了，就是《西游记》“小圣施威降大圣”里，居然把大闹天宫的孙悟空给收拾了的那个小圣。《朱子语类》里说他是修了都江堰的李冰的次子，《封神演义》里说他名叫杨戬，《宝莲灯》里又说他是三圣母之兄，不管二郎神究竟是谁吧，必须承认他发明了一种比较舒服的坐姿，至于与血液循环是否存在相互关联，不是我等非医学专业的人所能判断出是与否的。就“杭州发布”的本意来说，焦点也不在这里。

有人爬梳出，在地铁里倡议不要跷“二郎腿”的地方已有不少。今年 9 月，昆明地铁官方就倡议“为了创建良好的乘车环境，请避免在车厢内跷二郎腿，多让出一些空间”。去年，在西安地铁运营公司公布的“十大不文明行为”中，“在座位上跷二郎腿或把腿伸得很远，挡住或踢到乘客”排名第四。并且，韩国首尔的乘坐地铁注意事项中，也有“在座位上不要跷二郎腿，以免影响其他乘客通过”。印象之中，这些“二郎腿”在问世之际和之后都没有形成话题，何以杭州这里就成了“管得太宽”？我是无法解释，但何以形成话题却不妨再说几句。

“杭州发布”的本意，归根到底是乘坐公共交通的规范问题，关键在于是否需要这么具体，这是有待商榷的。地铁里的不文明现象，显然不为“二郎腿”独有，其他的就不列举了，只挑性质相近的。比如我在广州地铁里，就经常发现一些“双肩背”的年轻人，车厢里乘客稍多一点儿的时候就非常妨碍他人；而他们晃来晃去的时候，基本上完全无视他人的存在。这种行为文明吗？不文明吧；应该拒绝吗？应该吧。但是否某日再来个“文明乘坐地铁，拒绝车厢‘双肩背’”呢？即便可以的话，地铁里没有列举出来的那些不文明行为，是否每一种都来个倡议“拒绝”呢？不大可能。

因此，有一个网友的观点我很赞同，倡议应该这样来表述：“请地铁乘客尽量只占用合理位置，为他人让出空间。至于这个‘让’是把行李尽量收拢，把孩子抱到膝盖上，还是收起二郎腿，相信在意‘文明’的人有自己的考量和行动。”之所以这观点引起我的注意，在于早几年，我在论及各地竞相出台反腐败细则的时候有过类似说法，那些对干部命令要求的“不准”不可过细，如果每一项“不准”都对应着一种具体行为，那将举不胜举；而一旦没有举到，就总要留下空子可钻，应该在“本”的方面做足功夫。

这条“杭州发布”被网友围绕“管得太宽”做起文章，应该说正落入了过细过实的窠臼。一旦如此，不仅令发布本身成为揶揄对象，而且也使发布完全失去了倡导公共文明的本意。这是今后的“××发布”所应引以为戒的。

（2015年10月15日）

什么才是真正的文化传承?

10 月 16 日，民间环保组织中国生物多样性保护与绿色发展基金会收到了一份来自河南省郑州市中级人民法院的“受理案件通知书”。今年 4 月，有“中原第一文物古村落”之称的郑州上街区峡窝镇马固村，因为当地政府一个名为“智能电器产业园”的开发项目而全村整体迁移，导致村内 7 处不可移动文物中的 5 处遭到了灭顶之灾。“中国绿发会”以“破坏不可移动文物就是破坏生态环境”为名，状告了包括村委会、区镇政府在内的四个部门。

各地破坏文物的事情，“至今已觉不新鲜”，太多了，目不暇接了。这次能提起关注的动力是：当事者、管理者被状告了，法院也受理了、立案了。算是为之一振吧。我特别不能理解的是，当代人为了一时的经济利益，为什么和祖先留下的物质遗存就那么过不去，完全是一种水火不相容的态势。寻常的“智能电器产业园”建在哪里不成，非要争夺这个“三朝枢密院，九子进士公”的所在？该村村委会主任说，被拆的几处文物淹没在平房中和普通建筑无异。话虽是个村干部说的，但是耳闻目睹，这类看法具有相当的代表性，用之他处亦然。而通过比对人家的做法，可窥我们的文保概念所处的档次和水平。

到过意大利首都罗马游览的人都知道，在比比皆是的宏大建筑之外，还随处可以看到真正的“废墟”：或者是一处面积不小的基址，或者是一堵断垣残壁，或者就是几根孤零零的石柱。总之，凡是古罗马的东西就有一概保留的态势。在我们，古迹至少要评定了相应的级别才有保存价值。这还只是理论上，实践起来照样不分青红皂白。马固村不可移动文物的遭遇，就是一个新鲜案例。两种文保思路导致的直接结果，就是所谓“历史文化名城”的样貌全然不同。打个比方，人家的此类城中，“历史文化”成分灿若星河，举目皆是，不需要刻意找寻，并实实在在地承载着生活；反观我们的，历史文化要素早已寥若晨星，成了一种点缀。举个具体的例子。拍摄于 20 世纪 50 年代的电影《罗马假日》，记录的是 60 年前罗马的城市风貌，今天漫步其中会发现，罗马还是那个罗马，甚至连男主人公租住的简陋房子，也还一模一样地呈现在那里。我们呢？任何一座城市的面貌都已经发生了沧海桑田般的变化。这当然不能说是一件坏事，但对一座历史文化内涵深厚的城市而言，却也绝对算不上是一件好事。

正如“罗马不是一天建成的”一样，罗马遗迹的保护也不是一天完成的。位于罗马市中心的维托里安诺意大利统一纪念堂落成于 1911 年，从市区的许多角度都可以看到这座规模宏大的建筑。然而紧贴着它，就有一处明显无论从气势还是颜色都明显“不协调”的遗迹存在，看上去并无任何实用价值。然而，我们今天仍然看得到“地面”上的古罗马，无疑正是他们世世代代接力保护的结果。大斗兽场始建于公元 72 年，相当于我们的东汉初期，然而不要说那个时候，唐宋元的，除了为数极其有限的塔、庙之类，在我们的地面上还能见到什么？一睹实物要仰仗地下考古了。难道仅仅是古罗马的建筑石质、我们的建筑木构使然吗？肯定不是。我们的各级决策者都是出过国、开过眼界的，透过罗马的物质遗存应该认识到，什么才是真正的文化传承。

据说，“中国绿发会”的状告是国内首起人文遗迹（文物）保护公益诉讼，也是人文遗迹（文物）首次被纳入环境公益诉讼的范围。当下我们保护文物的法律法规已经不少，必欲在现实中发挥威力，或正需要在法律层面解剖一个典型麻雀。那么，一旦状告方胜诉，对我国人文遗迹（文物）的保护或将具有里程碑式的意义。有这种可能。

（2015 年 10 月 19 日）

“N 克灰尘”与“N 只苍蝇”

有报道说，近期郑州市因空气污染指数频频爆表，乃针对道路扬尘出了一个狠招：给单位面积的灰尘称重，“以克论净”。具体来说，一条路上选三个点，放置一个一平方米的木框，清扫木框内的尘土和石子称一下，“规定每平方米不超过 10 克”。在新闻的配图中，果真也可以见到两名检查人员拿着木框在马路上比画，不了解的还真不知他们在干什么。10 月 15 日《郑州晚报》公开报道称，“十一”期间，郑州对多条路段的尘土进行了“按克计量”，其中惠济区三全路尘土最多，每平方米达 150 克。这意味着，狠招已然付诸实践。

看罢这则新闻，相信许多人会哑然失笑，在下便不免流俗。失笑之余又蓦然想到早两年，一些地方规定的公厕里不得超过多少只苍蝇的那些做法。记得北京是规定每间公厕的苍蝇数量不得超过两只，南昌不超过 3 只，南京不超过 5 只，三亚干脆要求没有。那种是“以只论净”，与这种“以克论净”至少在工作思路上存在逻辑关联吧。想到这个前提问题之后，不免又模仿网络语言来“弱弱地问一句”，问什么呢？那些规定了不超过“N 只苍蝇”的要求还健在否？检查人员还会去厕所里“清点视线所见范围内的苍蝇数量”否？如果还是，在下无话可说，理当闭嘴。但如果不是，不幸已经偃旗息鼓——实际情况正貌似如此，那么对“以克论净”恐怕也就不能寄予期望，遑论厚望。

“N 只苍蝇”与“N 只苍蝇”所以值得议论，在于它们并非孤立存在，而有成为模式加以推广的可能。“N 只苍蝇”那个我们已经看到了，不少地方都定了自己的标准。“N 只苍蝇”始自宁夏中卫市，他们在 2012 年 11 月 1 日起实施的环卫深度清洁管理办法，规定“每个责任区地面尘土，人工清扫每平方米不得超过 25 克，机械洗扫每平方米不得超过 15 克”。接着，北京加以借鉴，每月抽检 60 条城市道路。再接着，南京参考北京做法予以引入。今年 7 月 25 日全国城市环卫保洁工作现场会在中卫召开后，河南、江苏等地也纷纷开始效仿……

“N 克灰尘”与“N 只苍蝇”的标准可能非常必要，但这个时候，即便“甲乙丙丁，开中药铺”也应在所不惜，把道理讲清楚是根本，说得啰嗦一些又何妨？可惜的是，除了干巴巴的标准，该说的变成了“沉默是金”。

系统论如今不怎么讲了。记得在 20 世纪 80 年代，其与信息论、控制论一道，是被大家挂在嘴边的，运用得宛如“我的朋友胡适之”一样娴熟。系统论的核心思想是整体观念，强调任何系统都是一个有机的整体，它不是各个部分的机械组合或简单相加，系统的整体功能是各要素在孤立状态下所没有的性质。用系统论来看“N 克灰尘”与“N 只苍蝇”，会看到问题的性质还不是舍本逐末，而很可能是方向性的偏差。暨南大学大气环境安全与污染控制研究所吴兑教授说了，对于扬尘的治理，可以减少大气中的粗粒子，改善空气质量，然而“对灰霾影响比较大的，是光化学烟雾形成的细颗粒物即 PM2.5，是二次气溶胶”，那么，“如果一个城市的主要污染类型是 PM2.5，还在重点解决粗粒子污染的话，就是对象搞错了”。至于厕所的苍蝇指标，倘若全城环境卫生一概尽如人意唯独公厕欠缺，这样要求就没有错，反之则无异于苛求。

苍蝇有翅膀，会飞；尘土没有翅膀，却也会飞。治理公厕卫生和大气污染这样一项系统工程，方方面面要做的本质方面的事情太多，纠结于苍蝇的几只或尘土的几克，等于把主要责任归咎环卫工人工作的不够用心、用力，不仅有欠公允，而且只能为市井徒添谈资乃至笑柄。今后打算出台类似指标的地方或领域，首先应考虑到出台的后果，不计后果的话就要考虑如何回应公众的质疑。

（2015 年 10 月 28 日）

由艾宝俊落马说“热官冷做”

中央纪委机关报就上海市委常委、副市长艾宝俊涉嫌严重违纪目前正接受组织调查，有这样一个分析，党的十八大以来为数不少的省部级以上干部落马，他们之所以身处高位却从高处摔了下来、手握重权却栽了大跟头，一个重要原因是不懂得“热官冷做”的道理。“热官冷做”，堪称由来已久的话题。

就字面的对应来说，南宋陆游已有“仕宦五十年，终不慕热官”的诗句。再据笔者所见，清朝龚丽正“以部曹直枢廷，屏绝华侈，退直辄闭户读书，时人有热官冷做之诮”。同朝沈鲤在家书里说自己“虽做热官，自处常在冷处”，冷处是指“不张气焰，不过享用，不作威福”。在前人眼里，热官正是手握重权的官。何为热官冷做？用龚丽正的被诮最能说明问题。清之部曹为各部司官之称，枢廷乃政权中枢或内廷。那么那段话的意思无疑是说，作为部的长官到朝廷去当值的龚丽正，崇尚节俭，下了班就把自己关在家中的书房“充电”，有权不用，实在是太可惜了。

按照诮龚者的逻辑，热官冷做的反面自然是热官热做。热做，无疑就是利用职权大捞一把。

历史上很有一些风光无限的热官，同时也热到了极致，看看他们被抄家时的财产：元载家光胡椒就有八百斛（1斛＝10斗），蔡京家光蜂蜜就有三十七称（1称＝15斤），王黼家光腌制的黄雀就堆满了三间屋子，贾似道家果子库内光白糖就有好几百瓮；最奇的还是张居正家，连围棋、象棋都各抄出了好几百副，当然那不是普通棋具，围棋双色分别是碧玉、白玉，象棋双方分别是金和银。吃不了，也用不了，但热官热做的结果必然是大张着贪婪之口，而这无限欲望的满足，肯定又是以践踏国家的制度原则为代价。比如蔡京，“营进之徒，举集其门，输货则童仆得美官”。不过，后人同前人一样，有目共睹了热官热做者的下场。

热官热做者不计其数，热官冷做者亦不乏其人。以“先天下之忧而忧”闻名的范仲淹，每晚睡觉之前都有“自计”的习惯，就是给自己做个当天总结。不是像魏晋间王戎的那种，和老婆在灯下拨拉算盘计算一天的进项，而是“自计一日食饮奉养之费及所为之事”，算一算自己拿的俸禄和自己一天所做的事情是否相称，亏不亏心。用他自己的话说，如果相称呢，“则鼾鼻熟寐”，觉也睡得安稳；反之，“则终夕不能安眠，明日必求所以称之者”。那么，范仲淹的“自计”，无异于扪心自问，实际上是他作为一名官员修炼而成的责任感、道德感，是制度约束之外的良心发现。

明朝还可以举出这样一例。广西总帅府有个叫郑牢的老差役，“性鲠直敢言”，很有名望。新到任的都督山云问他，“世谓为将者不计贪”，况且咱们这地方“素尚货利，我亦可贪否？”郑牢打了个比方：“大人初到，如一洁新白袍，有一沾污，如白袍点墨，终不可湔也。”白袍沾了黑墨，洗得干净吗？山云再问，人家都说当地人馈送礼物，要是不收，“彼必疑且忿”，怎么办呢？郑牢反问：“居官黩货，则朝廷有重法，乃不畏朝廷，反畏蛮子耶？”别人都贪得，风气又如此，那么我也贪得；不是我贪，别人要送，我没办法拒绝，那么就可以心安理得地收。这是山云原来的逻辑。实际上，山云在广西呆了十多年，“廉操终始不渝”，郑牢的比喻和反诘应该是起了一定作用的，前人亦云：“固不由牢，而牢亦可尚。”其实类似这些自律，不仅适用于当热官的人们，即便是普通职位或者所谓冷官，又何尝不该如此？

“平生不做皱眉事，天下应无切齿人。”冷官也好，热官也好，既然设定了职位，总要有人去做，而且人们总希望不是由那些让人戳戳点点的人来做。位置使人变坏，往往主要是自身的因素使然，因为监督不健全而滥用权力，不过是堕落的一个借口。做人如此，做官、做热官也不例外。对待热官的态度，如陆游般不慕，如龚丽正、沈鲤般冷做，则足矣。

（2015 年 11 月 11 日）

“表哥”们的名表应该有个交代

11月10日，有媒体报道称陕西榆林市府谷县委书记马治东被曝在多个场合佩戴不同的名表，并发布了若干张照片，专门把腕部圈了出来为证。11月11日下午，西部网记者了解到，榆林市纪检委目前已介入调查此事。欲知后事如何，未几当见分晓。及早介入很有必要。俗话说得好，不要冤枉一个好人，也不能放过一个不好的人。至少有一个佩戴多块名表的人已经被证实不好，正是陕西的，安监局原局长杨达才。众所周知他还因此得到了“表哥”的诨号。

手表本是计时工具的一种，异化成腐败的载体，悲哀并不在它自身，它只是“铸佞臣”的“白铁”，无辜得很。在表或钟问世之前，我们古代的计时工具基本上是漏壶、日晷等等。壶漏是利用水的均衡滴漏原理，日晷则是利用太阳投射的影子来测定并划分时刻。北京故宫的大殿门外往往都立有日晷，前些年兴建的中华世纪坛，主体建筑也正是日晷的形状。研究认为，壶漏的起源上溯商周，日晷的可靠记载则出现在隋代。这些计时方式诚然体现了前人智慧的结晶，缺陷亦显而易见：壶漏，水流速度与壶中水的多少相关，影响准确度；日晷，则阴天夜晚没有太阳就不行。明朝的谢肇淛就因此认为：“今占候家时多不正，至于选择吉时，作事临期，但以臆断耳。烈日中尚有圭表可测，阴夜之时所凭者漏也，而漏已不正矣，况于山村中无漏可考哉？故知兴作及推禄命者，十九不得其真也。”他进而现身说法：“余于辛亥春得一子，夜半大风雪中，禁漏无声，行人断绝，安能定其为何时？”在他看来，依靠生辰八字来推测什么，也就成为扯淡之事。

钟表大家都知道是明朝的时候由意大利传教士们引进的，计时方式也因之出现了革命性的变化。再用谢肇淛的话说；“西僧利玛窦有自鸣钟，中设机关，每遇一时辄鸣，如是经岁无顷刻差讹也，亦神矣。”清朝学者赵翼的结论尤为值得重视，在“钟能按时自鸣，表则有针随晷刻指十二时，皆绝技也”的基础上，他认为“今钦天监中占星及定宪书，多用西洋人”，诚乃自然而然，“盖其推算比中国旧法较密云”。其值得重视的结论在于：“西洋远在十万里外，乃其法更胜，可知天地之大，到处有开创之圣人，固不仅羲、轩、巢、燧已也。”在自以为天朝至尊、穷尽一切的那个时代，这样的见解可谓振聋发聩。

讲到“表哥”，最早的当推乾隆皇帝吧，因为他授意购买、制造、改造钟表的谕旨比比皆是。如乾隆二十二年（1757），粤海关总督李永标、广州将军李侍尧进贡“镶玻璃洋自鸣乐钟一座，镀金洋景表亭一座”，乾隆传谕：“此次所进镀金洋景表亭一座甚好，嗣似此样好的多觅几件，再有此大而好者亦觅几件，不必惜价。如觅得时，于端阳贡几样来。”乾隆小舅子傅恒家，甚至仆从“无不各悬一表于身”。乾隆大臣和珅死后抄家，在钟表一项也不得了，计有“大自鸣钟十九座；小自鸣钟十九座；洋表一百余个”。皇帝之外，他们的表都是哪儿来的？你应该懂的。那么，这两人可称为杨达才类“表哥”的祖师了。

杨达才因犯受贿罪、巨额财产来源不明罪，两罪并罚获刑 14 年。其受贿赃款 25 万元和 504 万余元来源不明赃款被依法没收上缴国库，然印象之中，他那至少被网友扒出的 11 块名表，似乎没有交代，敢是属于 504 万余元之列？其实，在这个问题上不妨多着些笔墨，杨达才诚因不合时宜的微笑引起网友的关注，但众多名表毕竟是拿下他的突破口，哪能不了了之呢？因此，在马治东这里，不论“后事如何”，都还是给个明晰交代吧。

（2015 年 11 月 12 日）

也说落马官员的绰号

有媒体新近盘点了一批落马官员的绰号，引发大家议论的浓厚兴趣。这些绰号，包括云南省原副省长沈培平曾被称为“拆迁大佐”，安徽省原副省长倪发科曾被称为“玉痴省长”，证监会原副主席姚刚曾被称为“发审皇帝”，等等。当然，绰号并非问题官员案发后才被“馈送”，而是之前，官员落马之前，在当地或某领域就已经广为流传，先前不好公开或不可能公开而已。

绰号，众所周知是人的外号。其所得来，或因人的外观，或因人的技艺，或因人的行为，三者总居其一。在我们的历史上，大宋朝代大约有给人起绰号的癖好。《水浒传》留给我们的一个深刻印象，就是一百单八将个个都有绰号，玉麒麟卢俊义、入云龙公孙胜什么的。不仅如此，在忠义堂石碣上没留下姓名的，大抵也都有绰号，比如晁盖叫“托塔天王”，王伦叫“白衣秀士”，鲁提辖三拳打死的猪肉佬郑屠也叫作“镇关西”。别以为那只是文学作品里的描写，现实生活中也是一样，历史上的好多官员就都有绰号，像“拆迁大佐”之类一样，非常传神。

就拿好起绰号的宋朝为例。刘随为成都通判，“严明通达”，人们叫他“水晶灯笼”，这是正面的。王珪被称为“三旨相公”，则是反面的。因为王珪自执政到宰相干了十六年，“无所建明，率道谀将顺”，口头禅就是三句话：上殿进呈，云“取圣旨”；皇帝有了批示，云“领圣旨”；下来传达，云“已得圣旨”。把视野放开，明朝大臣刘吉的绰号是“刘棉花”。软弱可欺吗？不是。因为棉花的加工曰弹，弹的遍数越多，棉花越雪白、松软。刘吉总共当了十八年的阁臣，历成化、弘治两朝，《明史》对他的评价是“多智数，善附会，自缘饰，锐于营私”。但他所以一直能把官当下去，在于他有着与棉花一样的特性，“耐弹”，耐弹劾。面对成化皇帝严重“失德”，刘吉他们仍然“无所规正”，因而人们在奉送“刘棉花”的绰号之外，还弹他们那个班子是“纸糊三阁老，泥塑六尚书”。

那么，官员的绰号实际上正是民意的一种。东汉杨震暮夜却金，告诫行贿者“天知地知子知我知”，人们乃称之为“四知先生”。包拯、海瑞、况钟，为官清正，有口皆碑，百姓乃有包青天、海青天、况青天之谓，称颂他们的功德。唯绰号有折射民意的功能，尤需引起职能部门的注意。从前有专门的机构负责采风、采诗，所谓“古者天子命史采诗谣，以观民风”，就是通过采集民间歌谣，从中观风俗、知得失。我国最早的诗歌总集《诗经》，在朱熹老先生眼里动辄是在“言后妃之德”，或“后妃自作”，充满了贵族气，而在今天的多数研究者看来，其中的“国风”，大部分就是民间歌谣，反映了当时社会各个方面的状况。东汉吏政中更有“举谣言”一项，通过民谣，来倾听百姓对州郡长官的臧否以及“人所疾苦”。概那个时候的人，“心之忧矣，我歌且谣”，借助之，自然可以了解民间对政事得失的申诉，以及反映出的喜怒哀乐。如光武帝时渔阳太守张堪惠民，百姓歌曰：“桑无附枝，麦穗两歧。张君为政，乐不可支。”因而官员的绰号，未尝不可视为精简版的民谣，自然亦可窥见民意。

落马官员“赢得”近似恶谥的绰号，并非新鲜事情，早几年便有安徽省原副省长王怀忠的“王三亿”、山西省绛县法院原副院长姚晓红的“三盲院长”，等等。这个话题重拾起来所以还有意义，在于官员东窗事发之后对之进行总结是必要的，毕竟那是他们造孽之时或之后为自己挣得的盖棺定论，但是，职能部门更应该在了解到绰号之后便高度重视起来。不能像耐弹的“刘棉花”一样，如何处置不是制度在起作用，而是一旦说了算的人喜欢他，别人弹不弹的都无关紧要。

（2015 年 11 月 24 日）

电视剧中的“穿越”问题

电视剧《大汉情缘之云中歌》最近被网友挑出了不少“穿越”之处。大汉嘛，自然是刘邦开辟的那个江山，但据说剧中屡有千年后的物品和食品出现，如不锈钢的酒具、玉米、金针菇等。这些东西诞生于什么时候我还真不知道，但霍光对孟珏的一句台词——“你心中的鸿鹄大志，最后就只能是南柯一梦了”——稍有了解。当然，指出者也已经说了，“鸿鹄大志”尚可，“南柯一梦”到唐朝才问世。

不错，“南柯一梦”出自唐传奇《南柯太守传》，李公佐的作品。说的是游侠淳于棼常与朋辈豪饮于宅前古槐之下，有一天喝得大醉，梦见到了大槐安国，被招为驸马不说，还拜为南柯郡太守。官一当就是二十载，而且还甚有政绩，大受宠任……醒了之后，淳于棼发现槐树下有一个蚂蚁洞，恍然大悟所谓大槐安国之梦，应该就是由这个蚂蚁洞引发的。淳于棼“感南柯之浮虚，悟人世之倏忽，遂栖心道门，绝弃酒色”。南柯一梦，就此用来比喻空欢喜一场，与卢生的“黄粱美梦”一样，对后世的影响非常之大。前者略带中性，后者基本贬义，常为后人乃至今人挂在嘴边。

虽然“南柯一梦”有这样大的影响，对电视剧中的这种“穿越”也不必一概嘲之贬之。我们今天站在前人所创造的文化的肩膀之上，对那些物质文明和精神文明的成果尽情享用，至于前人何时创造了什么，除非如四大发明一类，其他是很难辨清年代的。尤其是今天早已用得烂熟的词语，一不小心，就可能穿越，有防不胜防的意味。这一点，谁也不敢拍胸脯，“高手”也不例外。

四大名著里，我最喜欢的是《西游记》，隔两年就重读一遍，每读一次都有每一次的收获。《西游记》里就有颇多穿越之处。第九回描写袁守诚的“卖卜之处”，其中说到“两边罗列王维画，座上高悬鬼谷形”，就是一种。鬼谷子是春秋时人，像陈涉说“鸿鹄之志”一样，时间逻辑上没问题；问题在于王维是唐玄宗时代的人，而《西游记》故事发生在唐太宗时，中间差了百把年呢，太宗时怎么会有玄宗时的王维的画？第三十五回，孙悟空降服太上李老君金、银炉童子化身的妖魔，解救了师傅，唐僧例牌来了个“谢之不尽”，连说悟空辛苦了，悟空这回也一点儿都不客气：“诚然劳苦。你们还只是吊着受痛，我老孙再不曾住脚，比急递铺的铺兵还甚，反复里外，奔波无已。”急递铺，又穿越了，因为在元朝才正式出现急递铺，供职的叫作铺兵。第八十七回，唐僧师徒四人到了大天竺国，孙悟空不明白人家榜文上的“郡侯上官”是什么意思，八戒就笑他了，说“哥哥不曾读书”，因为“《百家姓》后有一句‘上官欧阳’”，明明写着嘛。然而，《百家姓》的公认作者无论是浙江宁波的王应麟也好，还是广东顺德的区适子也好，却都是宋朝人。如此等等。

《西游记》有这么多穿越之处，丝毫不妨碍人们对它的喜爱。所以，对于“穿越”，钱锺书先生有两句话说得十分精辟，一句是：“后世词章中时代错乱，贻人口实，元曲为尤。”这是批评元曲动辄穿越的，那里面的例子不胜枚举。另一句是：“时代错乱，亦有明知故为，以文游戏，弄笔增趣者。”这是由汤显祖《牡丹亭》感慨的，柳梦梅欲发杜丽娘之墓，石道姑云：“《大明律》：开棺见尸，不分首从皆斩哩。你宋书生是看不着皇明例。”《西游记》多少也属于这一种。因此，厘清电视剧中“穿越”的“性质”还是有些意思的，究竟是无心之失还是懵然无知。电视剧《大清御史》里，乾隆大臣钱沣家里的墙上，竟挂着毛泽东龙飞凤舞的自家词作《卜算子·咏梅》，该算是后一种吧。

其实，无论是哪一种，当作笑料调侃调侃未尝不可。进一步的，辨析辨析，借机普及一些历史知识。至于有专业人士认为电视剧这么一来能“模糊历史”，夸大其词了。

（2015 年 11 月 30 日）

“无谓的证明”才是“奇葩证明”

近日，国务院办公厅印发了《关于简化优化公共服务流程方便基层群众办事创业的通知》。其中，“坚决砍掉各类无谓的证明和繁琐的手续”这一条，备受公众关注。也就是说，凡没有法律法规依据的证明和盖章环节，今后原则上一律取消。这些“无谓的证明”，就是民间所说的“奇葩证明”。

吐槽“奇葩证明”，犹如吐槽中国足球一样，这几年已经成了隔三岔五便会出现一次的独特“风景”。今年早些时候，有人曾经对媒体公开报道的28起“奇葩证明”新闻进行了梳理，发现证明亲属关系的便有11起，除了著名的“你妈是你妈”，还有“我爸是我爸”“我女儿是我女儿”一类，涉及了15个单位，包括房产、土地、民政、公安、社保、计生、气象等部门。按照当下职能部门的共性，再按前人“以所见知所不见”的逻辑推理，则所谓“奇葩证明”很可能是个全方位的存在。

当“奇葩证明”千夫所指之后，相继有一些领域的职能部门明确宣称自己今后不再开具，此举曾经引来舆论的一片欢呼。但在欢呼之际我就有过疑问：他那里不开了，并不等于取消了、不要了，只是他那里不管了而已，说不好听的是当了甩手掌柜，不肯背负怨名。然而如此一来，再开“奇葩证明”的话，群众反而不知所措了，到哪儿去开？因此，必欲从根本上加以杜绝“奇葩证明”，还必须在源头上做文章。现在，国务院的《通知》正有这种意味。

有一点我以为应该明确，那就是证明的“奇葩”与否，不能望文生义，不能为了一时口快而将必须提供的证明随意简化为“××是××”，应当分清法律要求与无事生非的原则界限。所谓法律要求，就是按照法律程序所必须的证明，尽管听来可能颇为怪异，但如此要求往往正是从保护公民切身利益的角度出发。非如此而不可，就不能视为“奇葩”。就说那个著名的“你妈是你妈”吧，到一些国家和地区旅游，必须要明确一名亲人为紧急联络人，一旦发生意外，这个紧急联络人要全权参与善后处理与接受保险公司理赔，因而其与当事人之间的关系在事前确认则非常重要。这种要求本身实际上是对当事人认真负责的一种表现，当事人可曾意识到了？意识到了的话，为什么非要把自己在老家的母亲搬出来？严格地说，此例本来不必弄得“剑拔弩张”，颇有哗众取宠的意味。

所谓无事生非，正如4月8日《人民日报》的盘点，单位录取新人，需要“人品”证明；去银行换残币，需要“非故意烧毁钱币”证明；医保报销，需要“自己扭伤脚脖子”证明。诸如此类，才可归入“奇葩”的范畴。还有就是，职能部门通过信息联网就能轻易解决的证明，却为了彰显权力的存在而把群众折腾得七荤八素，使“奇葩”的不是证明本身，而是办理的过程，无论主观上还是客观上都对群众构成了一种刁难。吊诡的是，往往又可以花钱了事。还想说“你妈是你妈”，当事人最后向旅行社交了60元钱就无需再去证明，旅行社不知运用怎样的神通去搞掂。如果说“你妈是你妈”的证明属于“奇葩”的话，“奇葩”之处在这里。只能悲叹，旅行社对“你妈是你妈”的证明功用，同样不明所以，稀里糊涂。

还有一点必须看到的是，国务院的《通知》不是要专项治理“奇葩证明”，而是要求职能部门为公众提供优质高效便捷的公共服务，按照服务便民利民、办事依法依规、信息公开透明、数据开放共享的总体要求，全面梳理公共服务事项，简化优化办事流程，改进创新服务方式。因此，“奇葩证明一律取消”作为新闻标题没有问题，作为职能部门则仅仅是他们今后作为的一个方面，重要的是记住根本。

（2015年12月1日）

别国拔河申遗成功的提醒

韩国文化财厅（文物局）12 月 2 日发布消息，当天在纳米比亚首都温得和克举行的联合国教科文组织政府间保护非物质文化遗产委员会第 10 次会议通过决议，正式将韩国、越南、柬埔寨、菲律宾 4 国联合申遗的“拔河”列入教科文组织人类非物质文化遗产名录。由此，拔河成为韩国第 18 项人类非物质文化遗产。

拔河成了别国的文化遗产，相信我们一些人会感到诧异，还有些人会惊诧无比。在国人的意识中，拔河应当是我们的，要申遗也该由我们来。

从源头上来看，可能的确是我们的。文献记载，春秋战国时期就有拔河了，只是那时不叫这个名字，叫“牵钩”。像许多后来演变为体育或游戏活动的品种一样，牵钩或拔河也是因为实用而起源。《隋书·地理志》讲到南郡、襄阳风俗，在说完二郡极为盛行龙舟竞渡之后，又说那里“有牵钩之戏，云从讲武所出，楚将伐吴，以为教战，流迁不改，习以相传”。就是说，拔河是从春秋战国时楚国和吴国的作战中演变而来的。韩国是如何考证拔河起源的，本人不得而知，但他们的早期历史文献把箕氏朝鲜作为韩国第一个王朝，箕氏即箕子，名胥余，殷纣王的叔父，最早从中国移居到朝鲜半岛。这意味着，我们都殷末了，真正意义上的文化才刚刚抵达他们那里。当然，按照文化人类学的观点，文化的产生既有传播的结果，也有原创。韩国的拔河属于哪种，不便贸然给出结论，但按照他们的说法，拔河作为祈愿丰收的一种农耕游戏在包括韩国在内的稻米文化圈广泛流行，而《隋书》中正有“俗云以此厌胜，用致丰穰”，同源性还是显而易见的。

拔河是怎样的一种角力型的体育或游戏活动，大家都相当熟悉：在地上画两条线为河界，由人数相等的两队，各执绳的一端，哨响之后用力拉绳，以把对方拉过河界为胜。这种活动从唐朝开始已经非常普及，而且正式有了“拔河”之名。用具呢，唐人笔记《封氏闻见记》说：“古用篾缆，今民则以大麻絙，长四五十丈，两头分系小索数百条，挂于前。”篾缆，竹索；麻絙，麻绳。然后“分二朋，两朋齐挽。当大絙之中，立大旗为界，震鼓叫噪，使相牵引。以却者为胜，就者为输，名曰拔河”。朋者，群也。我们看到，除了大麻绳“两头分系小索数百条，挂于前”，唐朝的拔河与今天的已经并无二致。

唐朝的皇帝们非常喜欢这种游戏，也许正是因为他们喜欢才推动了拔河的勃兴。唐中宗曾在清明时驾临梨园球场，“命侍臣为拔河之戏”。当时对阵的双方是：七个宰相、两个驸马在东边，三个宰相、五个将军在西边。东边人多，西边不干，认为违背了基本规则，然而“请重定，不为改”，结果“西朋竟输”。由“仆射韦巨源、少师康休璟年老，随絙而踣，久不能兴”来推断，这两位一定是西边的，摔倒的往往是负方嘛。看到俩老臣半天爬不起来，“上大笑，左右扶起”。唐玄宗时更喜欢看拔河，“数御楼，设此戏，挽者至千余人，喧呼动地。蕃客士庶观者，莫不震骇”。进士薛胜还专门写了《拔河赋》，“其词甚美，时人竞传之”。蕃客，老外无疑了。联系到《拔河赋》中“超拔山兮力不竭，信大国之壮观哉”的句子，玄宗借拔河在向他们宣示国威也说不定。由此亦可窥见，国人凡事惯于打造极其宏大的场面，也有源头可寻。千余人同时拔河，好家伙。

即便像韩国的“端午祭”与我们的“端午节”内涵并不完全等同吧，他们申遗成功，“端午”二字毕竟便夺去了锋芒。拔河作为竞技游戏，双方真的是一模一样也说不定。因此，别国拔河申遗成功提醒我们，对司空见惯的各种文化遗留也要高度重视起来。我们可能不觉得什么，其实都可以“注册”，都可以成为人类文化遗产。那些应该也理该属于我们的“专利”，不要让人家给蚕食掉。

（2015 年 12 月 3 日）

给年度汉字评选提提建议

12 月 8 日下午，海峡彼岸的“2015 代表字大选”票选结果公布，“换”字从 50 个候选字中脱颖而出，获选为今年的年度代表字。在我的有限视野里，这应该是本年出炉的第一个年度汉字。这种评选首先提醒我们，岁末到了；其次发出预告，日本、韩国以及我们这里不同主办方评选的年度汉字又要“你方唱罢我登场”了。每个当选的年度汉字必然都有其当选的理由，宝岛那个“换”，与其“大选”显然不无关系。

以一个汉字来对全年的事情提纲挈领或曰“以偏概全”，据说是日本人先搞起来的，这令人相当遗憾。因为性质相类的这种做法，早就屡见于我们的前人，堪称我们的一项文化传统。

比如做人的准则，孔子推崇的是个“恕”字，司马光强调的则是个“诚”字。子贡问孔子：“有一言而可以终身行之者乎?”孔子回答：“其恕乎。”司马光沿用了这种句式：“有一言而可以终身行之者，其诚乎。”又比如从前的皇帝或重臣死了，根据其生平往往要给予谥字，作为一种“盖棺论定”，因而谥字便美恶咸备。有的嘀里嘟噜一大串，像为清朝奠定政权基础的努尔哈赤，谥字多达 25 个，创了历朝谥字字数之最，但对绝大多数的人而言，谥字只是一个。颜真卿其实早就说过：“少不以为贬，多不以为褒，虽众美所归，可一言而尽矣。”一个就足够了，堆砌再多的虚词、形容词有什么用?且看隋朝那一“文”一“炀”两个皇帝，《谥法》是这么约定俗成的，“道德博闻曰文”“慈惠爱民曰文”“好内远礼曰炀”“逆天虐民曰炀”，足以说明问题了吧?有意思的是，杨广把“炀”这个恶谥先送给了陈朝皇帝陈叔宝，断不会想到李渊同样拿来评价他。当然，现在有种声音要给隋炀帝平反，说他干这个有多伟大，干那个有多了不起，你有你的新视角，却不可能改变前人的认知。

倘若今年评选与往年一样热闹，或者评选的部门、机构有增无减，我就想提两个建议。

一个建议是年度汉字要让人一目了然，不要附加大堆的解释。不记得某年哪里评出的那个“具”字，就颇有些莫名其妙。当然了，“圈子”里的人会心一笑，他们连“火星文”都懂，自然不足为奇。问题是年度汉字不是评给小圈子里的人的。需要详加说明才能让别人明白，正如钱锺书先生批评的一种文风，叫作“字约而词不申”。简明倒是简明，但不知说的是什么。钱先生举《诗经》为例，以为“语每约省太甚，须似曲之衬字，始能达意”。如《小宛》之“壹醉日富”，需要郑玄解释那是“饮酒一醉，自谓日益富”的意思；《谷风》之“无草不死，无木不萎”，需要孔颖达解释那是“无能使草不有死者，无能使木不有萎者”的意思。所以钱先生对这部传世经典褒贬参半。唐朝著名诗人元稹喜欢用四言韵语记事，然后“另以散语作注申意，多兹一语”，钱先生也认为真是“作茧自缚”。

再一个建议不知该提给谁人，但觉有必要一提。年度汉字评选正有方兴未艾之势，我们是不是搞个权威版本的，不要随便哪里拉个班子就评一个？或者，仍然可以拉个班子就评，但给“年度汉字”前来个修饰语、限定词，不要鱼目混珠，明明是自己的，要让人当成全国的。总之，继续各行其是的话，五花八门的年度汉字评选，真的可就用“乱哄哄”以蔽之了。在我的记忆中，只有2007年的那个“涨”字还印象深刻，其余的早就还给了评选者。

重要的还在于，这种评选太多的话，不仅令公众眼花缭乱，而且究不知年度汉字为何了。评选还有意义吗？

（2015年12月9日）

期待“悟空”一路上圆睁火眼金睛

12月17日8时12分，我国在酒泉卫星发射中心用长征二号丁运载火箭成功将暗物质粒子探测卫星发射升空。此次发射任务圆满成功，标志着中国空间科学研究迈出了重要一步。这颗卫星的使命是探索暗物质。资料上说，暗物质是一种比电子和光子还要小的物质，不带电荷，不与电子发生干扰，能够穿越电磁波和引力场，是宇宙的重要组成部分。在不远的将来，关于暗物质的知识也许会科普到千家万户，然而现在，我们这些外行未免还云里雾里，关注的便不免偏门。比如我，就觉得卫星的名字很有趣味：悟空。

相信所有人看到这名字，本能地都会马上想到齐天大圣孙悟空。卫星拥有的这个名字，得之于发射之前的征名活动，“悟空”属于脱颖而出，中选者还因此获得了亲临发射现场观看的机会。据他自道，当时的灵感正得自于此，他觉得孙悟空有着无所畏惧的勇气，而且那双火眼金睛能看穿一切黑暗，正契合暗物质粒子探测卫星探测暗物质的发射初衷。诚然如此。但是我想，此番命名又何必仅仅拘泥于此，何不借机拓展“悟空”的外延，比方注入“悟知太空”一类的新内涵？

熟读《西游记》的人都知道，“孙悟空”这个名字是菩提祖师给他取的。悟空从石头缝里蹦出来之后，一直没有名字，因为是猴子，胆子大，敢第一个钻进吉凶未卜的水帘洞探险，因而径直就叫猴王，时不时还在前面缀个“美”字。后来拜了菩提祖师，当徒弟了，就要在人家门下排字辈，“颖悟圆觉”，轮到他是“悟”，祖师就不仅简化了“猢狲”给他取了“孙”姓，还给他取名“悟空”，所谓“鸿蒙初辟本无性，打破顽冥须悟空”，也不知他理解了没有。不过，唐朝还真有个名僧的法号叫作悟空，俗名车朝奉。唐玄宗天宝年间，他作为

“俗人”护送罽宾使者返回西域，留在那里了，然后便落发为僧。回来时已是德宗继位，被赐法号“悟空”。这么来看，车“悟空”与孙悟空之间应当存在某种关联。举后世为例，便有将古人名字搬来当作作品人物名字的做法。比如《围城》里有方鸿渐，很可能是因为唐朝有“茶圣”陆鸿渐、《聊斋》有名士张鸿渐。至于金庸小说里头面人物的名字，相当之多都可以在古人那里找到对应。

孙悟空最风光的履历是“大闹天宫”，偷吃蟠桃、盗饮御酒、窃走仙丹，“搅得周天寒彻”，但那是前人的大胆奇想，尤其是如何去，一个跟头，驾起筋斗云了事。如今的“悟空”才真正将人类步入天宫化作了现实，它是以第一宇宙速度稳健地飞入。但是，我们不能因为所谓科学来抹杀前人的奇想。看报道，第一位也是目前为止唯一一位获得雨果奖的中国科幻作家、《三体》的作者刘慈欣也受邀观摩发射，则“悟空”此番进入苍穹，即将以探测方式“大闹天宫”，能否激发中国作家的科幻灵感，进而带动中国科幻作品的勃兴？我一向认为，至少在影视领域，这还是我们的一个缺项，连弱项都谈不上，近30年来干脆一部也没有。

落笔之际，“悟空”已经跃过金星，顺利地遨游着它的太空之旅。暗物质无法直接观测得到，但它能干扰星体发出的光波或引力，其存在能被明显地感受到。报道说，“悟空”是中国科学院空间科学战略性先导科技专项中首批立项研制的4颗科学实验卫星之一，是目前世界上观测能段范围最宽、能量分辨率最优的暗物质粒子探测卫星。愿“悟空”一路上圆睁着它的火眼金睛，在茫茫苍穹中拨开暗物质和暗能量这两朵被科学家们称为“笼罩在21世纪物理学上的乌云”，从而为我国探测暗物质带来重大突破，圆满完成它的太空使命。

（2015年12月17日）

“剧情反转”伤害新闻公信力

一则《中国女子泰国珠宝展上吞食钻石被抓后狂飙日语》的新闻，刚了解未几又被辟谣了：假的。首先，新闻不新，今年9月的旧闻，且张冠李戴；其次，所谓女子“日语道歉”情节只是某个微博营销号当时的一句调侃，却被转发的媒体当成新闻事实；第三，三张配图全部属于移花接木，从三个不同场合集合而来。《红楼梦》回目有“尴尬人难免尴尬事”，如今的这种事情绝对属于尴尬事，人则未必属于尴尬人，本来应该尴尬的他们有一个用得渐渐烂熟了的词语，叫作“剧情反转”。

一段时间以来，我们见识了好多“剧情反转”。起自何时大约已不可考，但至少是从成都“路怒”的那个男司机暴打女司机开始，便格外引人注目。那件事一开始，舆论无不以为男司机的举动令人发指；然而，随着行车记录仪等信息的逐步披露，人们看到的却是女司机违规变道、别车挑衅在先，“剧情”于是就此“反转”。也就是说，人们指责或同情的对象来了个180度大转弯，从谴责男司机到转而声讨女司机，甚至人肉后者。此后，但凡后来的真相与开始的披露迥然有异，新闻的炮制者非但均无歉意，反而津津乐道起“剧情反转”。像轰动一时的“广东22岁女生离奇失踪”“援藏志愿者遭慈善豪车队围殴”“北京女司机辱骂的哥”“三亚城管欺负厅官”等等，概莫能外。有的反转来反转去，事件的真相究竟如何倒让人如堕雾中了。

“剧情反转”虽然热得有烫手之势，我们却不难发现，无非也就是两种：一种是恶意炒作，再一种是报道草率。恶意炒作的根本不必理他，什么时候都会有一些人为了达到自己的目的而深谙“无所不用其极”之道。值得议论的是后一种，这样的“剧情反转”，主要是因为信息掌握得并不充分便草率地下了结论，因而“剧情”既不必“反转”，也不该“反转”。目前的这些“剧情反转”，完全是在现实生活中演绎寓言故事里的“盲人摸象”。声明一下，这里全无冒犯盲人朋友之意，只是以为这个著名的寓言故事用来概括“剧情反转”的始作俑者最恰当不过。寓言故事中，“其触耳者言象如箕，其触头者言象如石，其触鼻者言象如杵”，归根到底，就是“仅得一肢，以为全体”。所谓“剧情反转”的新闻不正是这样吗？他们还没有弄清楚究竟是怎么回事，便来了个“先下手为强”，误导公众的判断，消费公众的情感。毫无疑问，“剧情反转”伤害了新闻公信力。这类的新闻越多，对新闻公信力的伤害越深。

这是不难想象的。伊索寓言里有“狼来了”，历史教训中有“烽火戏诸侯”，说的都是既然不尊重别人，也就会失去别人对自己的信任，所谓“假作真时真亦假”。衡之以新闻，一旦再有受到关注的社会事项，人们如果本能地先问一句“真的假的”，把屈原《离骚》中“欲从灵氛之吉占兮，心犹豫而狐疑”的前半句，换成“欲辨新闻之真伪兮”完全适用，新闻的公信力不就是被严重伤害了吗？

所以，今后再出现所谓“剧情反转”的新闻，始作俑者、不假思索的传播者要反思、要检讨、要被追究责任，一句“剧情反转”就来了个华丽转身，何其轻描淡写！显而易见，唯其轻描淡写，也就不能指望“剧情反转”的再次发生，甚至接连不断地发生。

（2015 年 12 月 28 日）

第二部分

体育人、体育事

余向来喜欢体育。苟有直播赛事，加上时间许可，都会学一学“葛优瘫”。体育人、体育事，或者体育人的其他事、其他人的体育事，拉拉杂杂，聚拢一起。宋人胡安国说：“事之大者无不起于细微，今以小事为不必言，至于大事又不敢言，是无时可言也。”

宋老师，你退了吧

早些时看过一篇《宋世雄，你慢些讲》的文字，作者是位老先生，他说他受不了宋老师那种刺耳的连珠炮式的语言。看罢亚特兰大奥运会各类转播，我倒是觉得宋老师如今所面临的，已经不是说话快慢与否的问题，也不是声音尖锐刺耳与否的问题，而是知识结构以及语言运用的更新换代问题。

不客气地说，今天的宋老师对体育常识的了解不会超过一名普通的体育爱好者。他的长处仅在于他熟知不管哪个国家的运动员的姓名、年龄、身高和体重，但不知是烂熟于胸，还是照本宣科。宋老师似乎从未意识到今天的观众已经达到何种档次，因而也就谈不上反躬自问，也就是说，他的解说内容是否应该成为交代给观众的主要话题。改革开放以来，我国的体育事业取得了突飞猛进的发展，光是奥运就已经参加了四届，更有数不清的国际大赛早已把观众锻炼得趋于成熟，人们对于体育比赛的兴趣已经不再是单纯的画面刺激，更需要画面之外的背景资料，对技术动作的释疑解难，对场上风云变幻的纵横驾驭。遗憾的是，以宋老师为代表的我国体育讲解员远远不能胜任这一点。于是，该说的不说，人们一目了然的，比如乒乓球比赛时轮到谁发球，比分现在是多少，却又喋喋不休，令人心躁。面对世人瞩目的女子万米决赛，人们很想知道王军霞竞争对手的情况，她们的历史成绩如何，能够构成怎样的威胁，王军霞应当运用怎样的战术，但宋老师偶尔开口，只是王现在跑在第几位。

宋老师是与中国女排一起出名的，“背飞”“落果”“短平快”之类的名词我们是从他的口中得知并熟悉的。提起那时的宋老师，没有不佩服的。但是，十几年过去了，女排队员已经脱胎换骨了几代，宋老师却一如既往，以不变应万变，刺动我们耳膜的仍然是“赛出风格，赛出水平”“好像在说，对，就这样打”之类的“小儿科”。一位大人物说得好：“不要吃老本，要立新功。”吃别人嚼过的馍固然没有味道，吃自己嚼过的馍不过卫生些而已，性质是一样的。

在泱泱大国的电视台，找几位优秀的体育讲解员不会太困难吧？体育讲公平竞赛，强上弱下，那么体育讲解为什么不能来点同样的竞争精神呢？

（1996 年 8 月 27 日）

光荣的后面是职责

邓亚萍委员极其健谈，完全可以用出口成章、滔滔不绝来概括。提起她，人们都知道她乒乓生涯时的无比辉煌，也知道她于去年年底被英国诺丁汉大学正式授予文学硕士学位，完成了从运动员转型为学子的传奇历程；但是人们却未必知道，邓亚萍对于履行政协委员职责所同样富有的激情。昨天上午，在全国政协十届一次会议体育界别的小组讨论会上，笔者聆听了她关于做好退役运动员安置工作的见解。

邓亚萍达到了自己运动事业的巅峰，但是她并没有忘记那些默默无闻的同伴。用她自己的话说，我们是踩在这些人的肩膀上升起了五星红旗。冠军毕竟只是少数，在运动员队伍中，更多的是那些同样也在进行超越身体极限的训练而没有取得相应成绩的人，不应该否认他们做出的贡献。邓亚萍认为，国家现有的关于退役运动员安置的文件太过笼统，地方的可操作性不大，长此以往，现行的机制能否激励多数家庭的独生子女从事高风险的运动项目，是个未知数。而这个问题如果得不到解决，关系到后续力量的补充问题，更关系到我国竞技体育事业的未来。

邓亚萍的一番议论，让我想起了三天前歌唱家吴雁泽委员在小组发言时说过的一句话："当一个政协委员，光荣的后面是职责。"是的，当上全国政协委员的确是一种荣誉，但是不应该仅仅视作荣誉，因为它更代表着一份责任。政协委员来自社会各个领域，都是各界别的骨干、精英和知名人士，是经过郑重推荐协商进入政协的，他们是政协工作的主体。政协委员作用发挥得如何，职责履行得怎样，直接关系到所在界别的意见能否得到充分反映，进而关系到政协工作的成效。而政协工作的成效如何，说到底就要取决于政协委员的积极性和创造性。

邓亚萍在阐述自己的见解时，一会儿脱口而出具体的数据，一会儿又迅即征引国外的相关做法，对于退役运动员应该如何安置，也有自己的提案。看得出，如果不是经过了大量调研和认真准备，不可能掌握这么多有价值的材料，对问题分析得这么透彻。从邓亚萍身上，我们看到了她是怎样地珍惜着自己的荣誉，又是怎样切实地履行着自己参政议政的职责。那是为国家体育事业前途发出的肺腑之言。

（2003 年 3 月 8 日）

输球不是坏事是什么？

世界女排大奖赛开赛的头两天，中国女排连续打了两场，也连续输了两场。先是 2∶3 输给古巴，再是 0∶3 输给意大利。比赛场上固然没有常胜将军，但女排输球之后，令人反感的是他人阿 Q 式的聊以自慰：输球不是坏事。

上个星期天，7 月 10 日，大奖赛香港站比赛最后一战，中国女排 0∶3 输给意大利，8 连胜的脚步被对手终结。赛后，中国队主教练陈忠和首次承认"自己笑不出来了"。但国家体育总局排管中心的官员却认为：输掉这场比赛并不是坏事。他的逻辑很简单：以比赛为镜子，更可以让队员从中找到自己的不足，以获得提高。话说得不错，问题是，还不到一周时间，此一番对意大利又输了个稀里哗啦，前两局看上去根本不是同一档次的队伍较量，从上一次的输球中究竟找到了什么不足，究竟获得了哪些提高呢？没有人给出答案。相反，倒是又看见陈昭先生在老调重弹：输球不是坏事（7 月 15 日《人民日报》第 12 版）。

我们都知道他们为什么这么说。上一次说不是坏事，是因为有这一番的再次碰头，“复仇”有可能成功；而“复仇”一旦成功，女排就自然而然地完成了心态转换，套用一句陈词滥调，叫作从“保冠军”实现了“拼冠军”。现在，预期的目标没有达到，接着还说不是坏事，是因为有 2008 年奥运会在后面顶着，“当前，我国各个运动项目的备战目标都十分明确，就是准备在北京奥运会上创造出好成绩”，因此可以不计较一城一地的得失，“中国女排将收获明天”。那意思，对世界女排大奖赛颇有些不屑的意味了，让你们赢了的球队先乐和几天，反正“重要的”冠军终究是我的。听上去，此番输球很像是经过深思熟虑的战略部署，“将欲取之，必先予之”。

可惜，至少给我的感觉是：这些说话的人就像赵树理小说《三里湾》里的那个“常有理”！

孔夫子夸赞自己的弟子颜渊“不贰过”，是说同样的错误颜渊不会犯两次。我们中国有句老话，叫作“事不过三”；还有一句类似的是，“有再一再二，没有再三再四”。在一个来月的时间里，中国女排“先取两局、再丢三局”的尴尬，先后在意大利、巴西和古巴三支队伍身上上演，不仅有了“贰过”，而且有了“再三”，我以为只用一个队员“心态”调整得不好是不足以说明问题的，强调这一点的言外之意，透露出的仍然是一种凛然“在上”的高傲姿态。说到这里，大家既然都有自己的逻辑，不才如笔者也试着鼓捣了一个：输球不是坏事，赢球就更不是坏事了，而比赛结果非赢即输，并没有“第三条道路”可言，那么，中国女排的表现横竖就都不是坏事了。连我自己也知道，这个逻辑跟前面的那个一样，根本说不通！

输了就输了，没有人强求女排一定要赢。输得不服气归不服气，作为职业球员，连续在比赛中打得不好，输得不该输，不是坏事又是什么？在不才看来，承认输球是坏事，才可能摆正心态，也才可能使队员们认识到差距——心理上的以及技术上的。如果觉得不是坏事，又谈何认识呢？

（2005 年 7 月 15 日）

由刘翔硕博连读想到阿甘

关于刘翔硕博连读的争议已经有好几天了，现在还拾起这个话题，先在于此事的余音尚且未了，还能搭上议论的“末班车”；另外，也在于诸多议论往往都不在点子上。很明显的一点，无论赞同的还是反对的，都对刘翔读学位以及可能获得的学位问题看得太重。我以为这是不必要的。

反对者说，博士招录是一个很严肃的教育行为，尤其是在越来越重视学历教育质量的当下，硕士和博士这种高学历、精专业的人才培养，必须建立在严格考核、公正招录的基础之上。话说得一点儿也不错，但是在我看来，尽管华东师范大学声称“将采用‘灵活’的方式”，也就是由十几个导师组“上门”为刘翔授课，但从此前众多高校展开“争夺”不过该校幸运胜出这一点来看，这种“争夺”行为及其后续行为本身就不可能是教育行为。那是什么行为？我不说，你也知道。

容我武断地认为，尚处于运动生涯巅峰状态且要备战 2008 年奥运会的刘翔，“将在今后 5 年内完成体育管理学硕博连读课程”，任你百把个教授亲自上阵，也是一件“不可能完成的任务”。刘翔的长处在于他是“亚洲飞人”，110 米栏的奥运冠军，并不是他大脑的聪慧程度堪可媲美爱因斯坦，那么，他凭什么能够在同样的时间内达到专心致志于此的正规学子的程度呢？逻辑上也说不通嘛！

应该用怎样的态度来看待刘翔以及运动明星们读本科、读硕士或者硕博连读，有一个现成的实例，那就是美国的阿甘。前几年，美国那部轰动一时的影片《阿甘正传》，还得了奥斯卡最佳电影。其中，汤·汉斯扮演的阿甘，是一个智商只有75的低能儿，为了让他上小学，妈妈甚至要跟校长上床才能如愿。但如同他在等公共汽车时对不相识的候车者攀谈时所说的："你相信吗？我甚至上大学了。"故事发展的情节告诉我们，亦如教练看到他在赛场上只是一味地跑，全然不懂橄榄球规则时的高兴表露："他是世界上最蠢的人，但跑得真快。"跑得真快，就是阿甘读大学的本钱。同样，我们的诸多奥运冠军、运动名将，动辄可以点名就读哪间大学，而大学也争先恐后地接受，"金牌"就是他们的本钱。

笔者绝无任何讥讽刘翔们的意思，但客观地看，诸如刘翔硕博连读与阿甘上大学，实有性质相同之处。如果要找出一点不同，就是阿甘就读大学的橄榄球队正需要他这样一个跑得快的人效力，他就读大学了；而我们的许多大学向奥运冠军们无原则地伸出橄榄枝，并没有"实用"的目的，图的只是一个名声——当然这也是实用的一种，争到了，能不能跟"政绩工程"扯在一起，本人尚没有研究。曾听母校的某位学院书记说，在该学院很有几位"就读"的现役名将，不过也就是他这位书记在开学时见过这些"弟子"一面，普通学生则只是浪得了曾与名将同学的虚名；还有的甚至有头无尾，招呼都不打一声就悄悄地走人（出国）了，那该是属于视学位如粪土的一类吧。

在总结自己大学阶段的辉煌时，阿甘谈到了总统肯尼迪的接见，但只是因为免费而喝了15瓶汽水以致老想尿尿的笑话。不过，他有一句话说得非常精辟："你相信吗？我打了五年橄榄球，便取得了大学学位，妈很自豪。"别看阿甘智商不高，讲出来的话往往耐人咀嚼，所以他无缘由地想跑步，而且跑遍美国的时候，一句话就能弄火一个人的生意。所以，前面这句话表明，阿甘恐怕自己也认为读大学是应该读书的。也正是因此，他才会两度问人家相信与否，一次是关于上大学，一次是关于大学毕业。以他的智商可能真的弄不明白，大学怎么这么容易上；而在我们这里正相反，只要有一定智商的人就会明白，上大学乃是胜者通吃的一个组成部分。大学在有些时候本身就没把自己看得很高，旁人就更不用以为大学真的很了不起。杨振宁先生一句“中国大学办得成功”，惹来多少非议？

恕我最后说句不好听的，刘翔的硕博连读，与在职官员读硕、读博，并没有什么本质上的区别。即使他们最后取得了学位——基本上应该没有不如愿以偿的吧，我们这些旁观的人还是别太当一回事就可以了，尽管他们自己（也许是媒体愿意代他们）津津乐道。

（2005 年 10 月 14 日）

运动员不能输不起

第十届全运会昨晚闭幕了。给百姓的印象之一是，这一届的负面新闻比较多，懒得掩饰一下的假摔、兴奋剂、下跪讨要公正，等等，相信在一段时间之内都会成为人们头脑中挥之不去的阴影，至于“激进者”现在就认为，这样的话全运会没必要再办了。对这个问题，笔者认同人民日报资深体育记者汪大昭先生的看法，十运会在公开方面比历届全运会都做得更好，“以往的全运会争议其实也不少，但一个是不公开，再一个是它的处理，有程序上的问题”。因而我们评价十运会，应当基于历届全运会都能够把事情公开的前提。

的确，“单方面”地看待十运会，难免形成不甚良好的印象，但十运会上若干运动员对待失败的态度，是让人如鲠在喉，不吐不快的。在前天进行的男子 4×100 米接力赛中，出任上海队最后一棒的“飞人”刘翔在接棒时尚且领先的情况下，被广西老将、百米飞人冠军龚伟以出色的加速度击败，刘翔和上海队最终只拿到了银牌。据一家媒体报道说，比赛后，刘翔“可以用怒发冲冠来形容”，他先是“有些粗鲁地推开了一位跟他说话的女工作人员，随即又找到队友理论，而其教练孙海平随即上去劝解两人”。这一幕，电视观众没有看到，至少笔者看到的是冲刺后以及站在领奖台上笑意盈盈的刘翔；但号称中国女网“一姐”的彭帅的表现却是有目共睹。在决赛中，她先是因落后于对手郑洁，还没打完，就竟自坐在场边哭了起来；在领奖台上，不仅再次泣不成声，而且恼怒地摘下胸前的银牌，揣进兜里……这一幕，令笔者觉得丑陋无比。

竞技体育较量的是胜负高低，而古人早就告诉我们：胜败乃兵家常事。失败之后的迁怒行为，用通常的话说叫作输不起。我们不能排除，全运会过多地与地方的“形象”“政绩”挂钩，使运动员的心理背负了太多过于沉重的东西；但在运动员自身，则有心理素质决定的怎样直面失败的问题。一个运动员在大庭广众之下的种种表现，构成其个人形象的重要组成部分；输不起的话，他的水平再高，也不会为他赢得相应的赞誉。观众毕竟是来欣赏比赛的，不是来看哪个仅仅具有一技之长的人因不如愿而大耍少爷、小姐脾气的。在比赛之前，彭帅女网冠军的呼声固然最高，然而竞技场上的实力因素毕竟只是能不能问鼎的其中一个因素，还要看临场发挥和竞技状态。彭帅的举止，当是其心态严重失衡的必然结果，其“摘牌”行为，实际上表明了对观众、对对手、对赛事欠缺一点儿起码的尊重。

“天下不如意事，十常居八九。”一个人无论在什么领域从事什么事业，都不可能总是一帆风顺，都可能有失败，重要的是能够直面失败，把失败的原因找对、找准，是实力问题、过于自信而导致的自负问题，还是场外的其他人为因素问题？而且，这样一个问题并不局限于个人，广东代表团没有如愿以偿地蝉联全运会金牌总数第一，也同样面临着该怎样直面失败的问题。

（2005 年 10 月 24 日）

横渡珠江发出的信号

昨天下午，声势浩大的广州市民集体横渡珠江取得了圆满成功。3500 多名市民从中大码头下水、从星海音乐厅临时码头上岸，共同完成了这一具有标志意义的壮举。通过中央电视台进行的现场直播，其影响无疑已经超出了广州，其意义更超越了单纯的横渡本身。

这是一个比较激动人心的时刻。这一刻，相信许多人原本以为不会再现。以前，因为片面追求经济发展，我们付出了惨重的环境代价，全国范围内的江河普遍受到污染，包括珠江在内不能幸免，江水乌黑发臭，鱼虾绝迹。40 岁上下的人们都会记得，去今二三十年前，在每年的 7 月组织大规模的队伍横渡或者畅游江河，往往是各地一件例行的盛事。这里面，固然掺杂着一定的政治色彩——纪念伟人的一次横渡行动，但至少说明，那时的江河是清澈的，是“宜游”的，与生活在两岸的人民是无比亲近的。其实，即使没有那些组织起来的活动，人们也是想游则游，尽享生活带来的情趣。当时的人们不会料到，到中流击水，居然会成为一度尘封起来的美好记忆。

如果说，为了经济发展所付出的不应有代价，在并不算短的时间内使我们隔绝了哺育我们的江河；那么，现在的重新横渡并取得成功，无疑发出了一个强烈信号。它首先表明江河污染可以得到治理，能够取得显著成效，关键在于治理的决心和力度。稍稍回顾我们就会记得，前后两位省委书记都把珠江的治理摆在重要工作议程上，广州的“一年一小变，三年一中变，十年一大变”，珠江的治理正是其中一项重要内容。2002 年，李长春书记更提出“要恢复让市民集体下珠江游泳传统”的惊人设想。张德江书记进而提出要以整治珠江为突破口，全面推进全省水环境治理工作，再造南粤秀美河山，实现“一年初见成效，三年不黑不臭，八年江水变清”的奋斗目标。现在，横渡珠江的事实表明，这条世世代代滋润南粤儿女的“母亲河”，元气正在逐渐得到恢复！

“沧浪之水清兮，可以濯我衣；沧浪之水浊兮，可以濯我足。”不难看到，“母亲河”的安危，关系到两岸儿女的安危；而“母亲河”的健康与否，关联着经济发展的健康与否。人们在今天日益认识到，人与自然完全可以和谐相处，走可持续发展之路，前提在于要形成与之相应的价值取向和思维模式。面对江河污染的既成事实，我们必须以人类的良知、远见和气魄，采取坚实的行动，来弥补前人以及我们自己在经济发展进程中对自然所犯下的过错，把保护自然，修复自然，维护自然生态系统和平衡，看作是我们义不容辞的责任。因此，珠江横渡蕴藏的内涵对全国具有示范意义。珠江可以游泳了，去年广东的 GDP、城乡居民储蓄存款不是照样双双突破了 2 万亿元吗？我们欣喜地得知，到 2010 年前，广东还将投入 400 个亿整治珠江，全力保护“母亲河”。这真是“母亲河”的又一幸事。

我们也必须看到，昨天的横渡珠江毕竟也采取了许多临时措施，诸如珠江前航道附近的 20 个河涌水闸在游泳时间前全部关闭、泳区对漂浮垃圾设置三道防线拦截，等等。我们期待着，一个像昔日一样的、全天候可以游泳嬉戏的时代到来。我们相信有了这一次横渡，那一天已经为期不远了。可以想见，当那一天到来时，无疑标志着我们的经济建设真正走上了科学发展的健康轨道。

（2006 年 7 月 13 日）

奥运精确预报天气给我们启示

在 5 月 19 日举行的北京青少年参观国家气象局重点实验室活动中，气象专家、中国工程院院士李泽椿透露，2008 年北京奥运天气预报将禁用“降雨可能性”和“降水概率”等模糊词语，必须明确

“是否降雨”，说明具体是“几时几分”，并具体到某个奥运比赛场馆。

“是否降雨”“几时几分”降雨，如此精确地预报天气，让人很容易想起《西游记》里的一次打赌。袁守诚市井卖卜，名声很大，“几家兴，几家败，鉴若神明”。龙王找他的茬，变身白衣秀士，故意来卜什么时候下雨，因为这归它管，它可以做手脚。结果，袁守诚不仅卜出第二天是否下雨，而且连下多少滴都算出来了；龙王为了赌赢，乃有“拙计犯天条”之举。不用说，在吴承恩落笔的时代，人能预报“是否降雨”“几时几分”还完全是一个美丽的神话，是人类试图认识自然奥秘的美妙设想。

根据常年统计结果显示，奥运会期间北京正值多雨时节，平均每三天要下一场雨，并有四分之一的天数为雷暴雨。在这种情况下，每隔三小时要精确预报一次包括风力、湿度以及降雨在内的天气状况，难度可想而知。但从李泽椿院士的淡定口吻中，我们却分明能够感受到他们的十足把握，他们的必胜信心。那么，北京奥运的天气预报工作，其意义不仅在于将使一项神话变成现实，重要的更在于其中体现出来的那种精确精神。这是我们在任何领域都尤其值得提倡的精神，也是许多领域目前还比较欠缺的工作态度。

比如从直观的角度看，在公共交通问题上，地铁就基本上做到了精确，坐地铁，市民完全可以从容安排自己的时间；民航则不然，因为晚点而引发的纠纷不时见诸报端；公交系统值得改进的地方也很多，要等的车什么时候到，乘客心里没底，全凭引颈张望。当然，有关方面完全可以找出种种客观原因进行解释，但扪心自问，是否本身的确欠缺了精确这根弦呢？再比如从非直观的角度看，我们每天都能读到各地各部门各种制度出台的新闻，每一个都比较吸引公众的眼球，看得人已有疲劳之感。但成效怎样呢？这才是人们最关心的。年初人民网有个很好的策划，叫“2006 各地政策落实了吗”，问得很好：“各地出台政策、文件并不新鲜，今天，我们想要回头看一看，较较真：一年过去，这些政策、文件都落地了吗？”落地与否，不仅关系到“始终”问题，更关系到“信誉”问题，而那些毫不精确的制度设计，连设计者自己也不可能寄予任何期望。我们还要看到，在行政作为上缺乏精确，一个恶果就是造成推诿、踢皮球，使问题的解决变得遥遥无期。

很早以前，胡适先生写过一篇《差不多先生传》，指出差不多先生是中国最有名的人，“是各省各县各村人氏。你一定见过他，一定听过别人谈起他”。差不多，正是精确的反面。我们得承认，“差不多”在今天并没有绝迹。胡适先生还说：“人人都成了一个差不多先生——然而中国从此就成了一个懒人国了。”所幸现实还没有如此悲观，在越来越多的事情上，我们都发现了难能可贵的、敢于较真的人物，在教育、在听证、在打假、在涨价等种种问题上。他们的出现，推动了行业部门工作的精确；但对行业部门来说，这毕竟是一种被动的推进，主要的还是要靠主观上的未雨绸缪。

总之，北京奥运天气预报所追求的精确精神给了我们种种启示，这是对自身责任、业务能力的主动加压，一种自我挑战。各个行业部门、各个领域如果都能具备精确精神，我们的各项事业就有了更加兴旺发达的行动保证。

（2007 年 5 月 21 日）

横渡珠江，建个永久码头吧

本周日，7 月 15 日，广州市将再度组织市民横渡珠江。3600 人的规模超过了去年，而且，珠江广州河段 5、6 两月的总体水质情况也优于去年同期。如果说，横渡珠江原本显示的还只是地方政府治理江河污染的决心和信心，那么，在经历了无锡、沭阳水危机之后，横渡这种实际上是在检验江河水质的做法，同时具有了全国性的示范意义。

对连续两次的年度横渡珠江，本人双手赞成；对有关人士许诺的

“天天游”，更表示衷心期望。珠江曾经水清，对于我这个“新客家”来说，尽管已经“落户”20多年了，却也完全不存在记忆，昔日的热闹情景，只能通过电视台正在播出的《岭南星空下》之《影像广东》这个话旧栏目，领略些许风貌。记忆中倒是有这么一件事，1986年入学（中山大学）的一位师弟，未几就走出北门跳进珠江游了一回，到了对面的二沙岛然后折返。那个时候水道是航行各种船只的，游泳要冒一定的风险，因而游罢归来，颇有些志得意满。然而没多久，师弟全身就开始出现红疙瘩，吓得够呛。其实，经过这么多年的治理，再加上横渡前几天的种种突击治污行动，也才能做到“游一次马上冲应该没问题”，更别说那个只污不治（后来不知谁总结出叫作“先污染后治理”）的时候了。

再次横渡，以及揣摩有关人士讲话的语意，横渡珠江很有可能成为今后的年度“保留节目”，一如当年全国各地的“7·16”。果真如此的话，作为市民中的一员，就每日的耳目所及，因此有一个建议：在横渡的到达地——二沙岛星海音乐厅那里修个永久码头吧。

去年的横渡，就是从中大码头下水，从星海音乐厅码头上岸；今年将遵循同一游路。中大码头是历史遗留，早已存在，不久前又成为水上巴士的起点，日益勃兴；星海音乐厅码头却是临时搭建的，横渡结束时就拆了，今年显然又要重建，建完之后还拆吗？既然横渡已有作为长久之计的打算，码头也就没有必要建了拆拆了建吧，即使这种工程属于小兴土木，毕竟也造成了不必要的浪费。这是从逻辑关系上说。

从现实需要来说，中山大学与二沙岛虽然只是区区一江之隔，踏上去却要“两翼包抄”，哪一路都要费些周折。虽然开发并没有多少年的二沙岛很遗憾地没有成为省会城市的文化中心所在，但岛上毕竟拥有星海音乐厅、广东美术馆这两大王牌文化设施。借助横渡，在星海音乐厅那里顺势修建永久码头，接着再来个“直航”，把两岸的两个著名“文化点”用“一线”贯穿，使人们能够在饱览珠江景致之余，自然而然到达而不是专门前往，想来能够对增大一厅一馆的影响力和魅力，达到取得双赢的效果。

发展下去，横渡珠江很有可能成为广州市乃至广东省的一个新的文化符号。这个符号因为密切关联着人们深切关注的环境保护问题，因之比哗众取宠的一类更有实际意义一些。但是如何避免为了横渡而横渡，显然还有不少工作要做。

（2007 年 7 月 9 日）

不能袖手旁观《足球之夜》的遭遇

有报道说，日前在我省清新县采访国足备战世界杯的中央电视台《足球之夜》记者被阻拦在了球场外，原因是国足已经下了命令，暂停该节目对国足的采访。而国足之所以施以重手，主要是因为在 1 月 3 日的《足球之夜》中，请来的几位专家对中国足协和足协负责人的评价较低，其中著名体育评论员李承鹏给谢亚龙打了不及格，惹恼了一些足协官员。

在对新闻“澄清”“辟谣”非常盛行的今天，看到一则不可思议的新闻之后，已变得不敢轻易相信。比如韩国的统一汉字说、汉字申遗说、孔子西施国籍说、风水申遗说等等，后来都说没那回事，害得我们先前一拳出去打了个空，还浪费了许多民族感情。不过，隔了一天还没见对“封杀”央视记者发出“更正”，这件事应该可以坐实了。但是，他们恼些什么呢？在我这个旁观者看来，《足球之夜》这个只有短短一分钟的打分时间，虽然出自最权威的官方电视台，也很有一点儿游戏的性质，至少跟我们许多人刚刚填过的年度考核登记表不同。那个登记表上要是评定了什么，是对个人工作正规其事的盖棺定论，要入档案的；而且，“不称职”的有扫地出门之虞，“优秀”的要奖励一个月工资。而《足球之夜》的“评定”则不同，根本无关宏旨。“不及格”又怎么了？宋朝的邓绾说过：“笑骂从汝，好官我自为之。”

可是很可惜，就这么个带有游戏性质的评价，仍然不能为足协有关人士所接受。或许，在我们以为是游戏，在他们却触动了那根敏感兼且脆弱的神经，这样的神经还能承担得了“男足进前八，女足进前四”的奥运目标之重吗？不知道，也不敢想象。平心而论，利用权力“封杀”听着不悦耳的声音，排除表面上的任何异议，并不是足协的发明，也许正是因为别人屡试不爽，对他们产生了借鉴意义吧。前几年江西定南县不就把批评他们的《人民日报》也给“封杀”了吗？在他们的地盘上，权威党报根本就“失踪”了那个版面。那么，他们干出来的事情别人就不知道了吗？这所谓“封杀”与成语所说的掩耳盗铃究竟有什么本质区别！

李调元《淡墨录》中有一则记载：清朝乾隆时期有个状元叫石韫玉，大魁天下之前也干过“封杀”的事情，但他的“境界”显然要比国足高得多。他是“凡遇得罪名教之书”，就买回家来一把火烧掉，性质上属于路见不平。有一天读宋人叶绍翁的《四朝闻见录》，发现对朱熹老夫子极其不恭，乃拍案大怒；与此同时，“急谋诸妇，脱臂上金条质钱五十千，遍搜坊肆，得三百七十余部”，照例投之以火。朋友劝他说：“此事天下万世自有公论，譬执途人而指雪为黑，指漆为白，虽愚者亦知其谬，何待哓哓置辩乎？”石韫玉照烧不误，饶是如此，我们今天仍然能够读到《四朝闻见录》，哪些属于佛头着粪，人们还是会判别的。

中国足协及其某些官员多年来的表现，正如石韫玉这位朋友所说的，“天下万世自有公论”。不过，既然他们如此在意“民间”的评价，就应当知耻而后勇。相信《足球之夜》并没有将中国足球一棍子打死的意思，而是“哀其不幸，怒其不争”，任何一个还对中国足球心存一点儿关心的人莫不如此。现在倒好，惹都惹不起了，但在我们，却不能袖手旁观《足球之夜》的遭遇。

（2008年1月7日）

对横渡珠江再提一点建议

下个周六，也就是7月19日，广州市又要横渡珠江了。报上发布消息之前几天我就知道了，倒不是我有什么神通，而是每天上班来的路上就经过横渡的区域。前两天忽然发现，南岸一条突兀于地面的排污管又铺上了，凭此我就估计，又要渡江了。这种做法像前两年那样，就是要把横渡区域内——岸边那一溜屏风似的楼盘的人家原本排放江中的生活污水，暂时排到几百米外的下游去。逻辑上可以推断出，那边没人下水，脏一点儿无妨。

平地上铺设直径半米多的管子，又横亘在通道上，势必给过往行人造成一定的阻碍。我每次骑单车到那里时，就要下来搬过去。不过，我对这人为的“多此一举”并没有任何怨言，我不过搬一下单车，和横渡者的健康进行对比，岂可同日而语？况且，搬一下也费不了我多少力气，即使费，也算增加了一个锻炼的品种。我所不能理解的是，为什么市政部门每年都要重复相同的工程，包括在目的地那里修建上岸码头。治污之后横渡珠江，印象中该是第三回了吧？看态势，横渡的打算今后可能年年如此，既然这样，在横渡珠江的辅助设施上就该同样有个长远打算。去年我就撰文呼吁，在目的地——星海音乐厅那里建个永久码头，不要年复一年总是建了拆、拆了建。每年这样折腾一下要花多少钱？《政府信息公开条例》已经实施了，要不要公开给大家看看？广州肯定是有钱的，去年GDP超过7000亿元，位居全国前三；城镇居民人均可支配收入3.6万元，位居全国十大城市之首。然而即使咱们有钱，也不该是这种花法，这种花法有点儿像在祸害钱。

我不大同意那种要能游泳就天天游，不要一年就来这么一下子纯属作秀的说法。那是走了一种极端。以我二十几年在珠江边生活的感受和观察，它的水质的确在逐渐变好。以前从中大码头坐轮渡到天字码头，一路上都是腥臭的味道，所谓风景更只可远观而不可近瞧，否则，漂浮在江面上的油污、垃圾会令人作呕。只要我们稍微有这么一点儿“历史”纵深感，就不难领悟从前的清澈江水在逐渐回归。岸边都有钓鱼的人了，鱼是不会撒谎的，它至少明白珠江水即使远没有到去年某个渡江干部那句“好甜”的极度夸张地步，但起码可以生存了。因此，珠江每年能游一天，尽管还要辅以各种临时手段——诸如我开头提到的铺管子、上游可能还要临时关闭一些企业，却已经是个了不起的进步。“历史”地看问题，就不会过于苛求，甚至抬杠。按照珠江整治“一年初见成效、三年不黑不臭、八年江水变清”的目标努力下去，天天能游也就不是奢望。在现在，每年能够横渡一天，就表明广州市政府对整治珠江的努力仍在持续，没有放弃。这一点，就该令市民感到欣慰。

如果横渡珠江是宏图战略的话，围绕之的各种辅助细节则称得上是战术。战略制订得当，方向得到保证；而战术运用得当，势必能更好地保证战略的实现。横渡珠江作为前提一定要继续执行的话，就需要注意细节，不要给人留下非议的口实。我在去年就说过了，在星海音乐厅那里修建永久码头，还可以使中山大学与二沙岛这两大文化基地实现“直航”，建立更紧密的关联，何其美哉！退一步说，就算以后横渡不搞了，码头的功能还在，就算是留下一处人文景观给游人“指指点点”，也还是不错。

（2008 年 7 月 10 日）

（补记：十分遗憾的是，2016 年横渡珠江，星海音乐厅码头仍然是渡前建、渡后拆。循环往复，乐此不疲。）

体育明星道歉了，别的代言者呢?

9 月 20 日，台球“神童”丁俊晖和中国乒乓球男队主帅刘国梁各自对其代言的“蒙牛”“伊利”产品，向消费者及广大球迷郑重道歉。丁俊晖表示，如果有需要，愿捐出部分代言费用用于“结石婴儿”的治疗；刘国梁同样愿以退还代言费来支持受害消费者，此举立即得到了名将王楠的支持。众所周知，在国家质检总局公布的检测出三聚氰胺的品牌中，正包括蒙牛、伊利液态奶。

相对于那么多各行各业的代言明星，数钱的时候眉飞色舞，出了事面对千夫所指就一声不吭，装傻充愣，丁俊晖和刘国梁的态度无疑是最积极的，也是最可取的。明明做错了，却为什么承认一下往往很难很难?想来想去，可能在于我们的“文化基因”中欠缺这个品种吧。在我们现在这个讲“文化”的时代，什么事情都敢在后面加个“文化”的尾巴，不是见不到“道歉文化”吗?前几年，吉林省省长洪虎就吉林市“2·15”特大火灾事故道歉，曾被专业人士认为“是一种可喜的进步”。道歉所以如此稀缺，在于承认过失总需要一点儿勇气。在众多明星陷入“代言门”的风口浪尖上，丁俊晖和刘国梁表现出了这种勇气，因而显得非常可贵。

我不大认同谁代言谁就要对产品承担责任的观点。只要法律还准许明星代言，那他就不妨代言。而且，除非是从一开始就属于有意诈骗——像“亿霖木业”那样，再好的品牌，谁也不能保证它的将来。丁俊晖的爸爸说了，当时蒙牛在国内行业里算得上数一数二的企业，产品都是免检的，谁会想到他们的产品也有问题?的确如此。免检企业不自律，连职司于此的质监部门都没看出来，叫他一个明星如何监督?但此前那种婴幼儿奶粉可能真的如你所说，什么“专业生产，品质保证，名牌产品，让人放心，还实惠”，你也可能非常“信赖”；但当无情的事实证明你错了的时候，道歉就应该成为自觉；不自觉，消费者要求道歉，也就决不是苛求。厂家看中的是你的号召力，帮人家忽悠了消费者半天，总不能出了事自己没有任何愧疚之感！

不管“结石婴儿”有没有需要，丁俊晖和刘国梁都不妨捐出一定的代言费，或者全部，把榜样的示范作用索性做得更彻底一些，真正给今后的明星代言敲响一记警钟。当然，对那些连动一下嘴巴道歉都不肯的明星来说，钱早就捂得发热，放手是不可能的，那么是否有必要制订一个相应的“追讨办法”，以法律的形式追讨不义之财，专款专用于对受害者的补偿上？那些并不缺钱的明星也实在没必要把钱看得太重，何况那样的钱花起来能舒坦吗？

最近几年，明星代言产品频频成为批判的靶子，规范之显然到了刻不容缓的地步。怎么规范，把难题留给管理部门吧。眼下要追问一句的是：两位体育明星就代言的事情道歉了，别的代言者呢，依然沉默下去吗？众目睽睽之下，保持沉默是非常不明智的。

（2008 年 9 月 21 日）

“亿万学生长跑活动”无甚不妥

“全国亿万学生阳光体育冬季长跑活动”引来了众多非议，“担忧”者极其众多。有的认为每天都这样跑有点儿强人所难；有的认为应该让学生们自己选择感兴趣的锻炼项目，不必以长跑来划一。“担忧”之外还有“质疑”，有的干脆把它武断地理解成就是一项国庆“献礼工程”。非议之声似乎呈压倒性优势，不过，我仍然觉得此举无甚不妥。

初看到这则长跑消息的时候，我有一点儿似曾相识，而且觉得亲切。我想，不仅是我，对 20 世纪 70 年代中期左右在北京地区中学读书的人来说，大抵该是一种集体记忆。那个时候，北京的中学每年都有此类长跑活动，清楚地记得叫作“象征性长跑”。象征从北京跑到韶山、从北京跑到延安，等等，选的都是革命圣地。在特定的年代，这样的选择正常不过。所谓“象征性”，就是把从北京到目的地的距离测算出来，多少公里，然后规定出一个相应的跑完天数，再折算出每天该跑多少米；足了多少公里，就象征你已经跑到那里了。现在，教育部、国家体育总局、共青团中央联合开展的这项长跑活动，与之极其相像，或者是主事者记起当年也说不定。长跑自 10 月 26 日正式启动，到明年 4 月 30 日结束，参加对象为全国学生，长跑总里程以 60 公里为基数，小学生跑 120 公里，初中生 180 公里，高中生、高校学生 240 公里。以 60 公里为基数，“象征新中国成立 60 周年”。则“60”不过是借用的由头而已，而说 61 周年的时候要不要跑 61 公里，平心而论，你自己不觉得那是抬杠吗？

单纯地看公里数，要吓死人。不过有人计算过了，完成现在这个任务，学生每天长跑距离的参考基数为：小学生 1000 米，初中生 1500 米，高中生、高校学生 2000 米。取最高值，就算每天要跑 2000 米吧，在“鸟巢”那样的标准运动场里，也不过区区 5 圈。那是了不得的事情吗？但凡并非林黛玉般的身子骨，想来对这种并没有规定一天中什么时候必须去跑、多长时间必须跑完的跑步，恐怕都不难坚持下来。我记得当年我和同学们都很喜欢去跑，跑完了在黑板旁的表格里喜滋滋地把自己今天跑了几圈填上，还要比谁先“跑到”；想到自己日积月累居然能跑那么远，很有成就感。活动结束了，还发一个印刷精美的卡片作为纪念，即使有“政治”的因素在内，也觉得是件挺有意义的事情，而且客观上也的确起到了督促学生锻炼身体的效果。在现今中国学生体质不堪一提的大背景下，推广一下未必就是“冒天下之大不韪”。无论哪里的学校军训一回，都会传出晕倒了多少学生的新闻，这样的体质还不值得去重视吗？

任何“担忧”和“质疑”，都是“担忧者”和“质疑者”的权利。然而，倘若这些“担忧”或“质疑”就是坐在屋子里的臆想，依据感官世界来做文章，就难免失之偏颇。至于被人上升到“是否偏离体育宗旨”的高度，更有点儿上纲上线，乱扣帽子了。

（2008 年 10 月 6 日）

由教育部通知而不吐不快

教育部 2 月 18 日发布通知，要求各招生院校进一步加强对一级运动员、运动健将、国际健将及武术武英级（或以上）考生参加的文化单独考试的规范管理，提高文化单独考试要求。同时要求严禁以高水平运动员招生形式录取未经教育部集中公示的考生。通知旨在规范 2009 年高校招收高水平运动员工作，也让笔者对一些事情不吐不快。

某个现役高水平运动员进了某个高校，是如今的习见现象，媒体当成新闻看待，没有半点遮掩。从教育部的通知不难推测出，这种进入还是有个门槛的，不过门槛有形同虚设的趋势罢了。就算门槛还正常，其与竞争已谈不上激烈的高考显然也不是一个档次。我们不排除有一些高水平运动员确实有向学的热情与渴望，但也不排除校方的极力“争取”，纯粹是一种利用关系，作为门面；而运动员也乐得笑纳唾手可得的文凭。我听某位与高水平运动员“同班”的同学说过，他那个“同学”就开学的时候来点了个卯，此后直到毕业都踪影不见，从没上过一天课。那么，我校同学×××获得奥运金牌的消息，校方固然自豪，但这种“皇帝的新衣”式的游戏，在他人看来不是有一点可笑吗？说得难听一点，教育部再不规范的话，一些高水平运动员的所谓学历，跟备受抨击的官员学历大抵就是五十步与百步之别了。

由此想到不知该由什么部门再发个通知，能够要求各地进一步加强对高水平运动员成为人大代表、政协委员的规范管理。概因为我们不难注意到，不少高水平运动员还都背负着这样的光环。他们在各自项目上的能力是被实践证明了的，但这究竟与共商国是、参政议政的能力还是两码事。当然，有一些高水平运动员确实具备这种能力。比如 2003 年全国两会时，笔者与邓亚萍交谈时感受就很强烈。她对退役运动员的保障问题不仅关注，而且当时有过很深入的调查。但笔者同时也发现，多数当年的高水平运动员还只是哼哼哈哈而已，当成一次聚会闲谈。而且，对刘翔、晏紫这些现役高水平运动员来说，即便他们有这个能力，还得有那个时间。基于这种种原因，我就很想知道政协委员李玮峰递交过提案没有，有的话，谈的都是些什么。当然，你可以认为这是在拣软柿子捏。

国家给高水平运动员相应的“回报”是完全应该的，毕竟咱们的体育还是举国体制，运动员付出了自己的青春和汗水，为国家争取了巨大荣誉的同时因运动极限而带来了一身伤病。但国家委实需要探讨一种别的“补偿”机制，不必牵连学历以及政治，虽然这些本来应该严肃的东西早就变得那么不严肃了，但是“回归”起来总要由易及难。因此，在现状暂时不可改变的前提下，教育部这个通知就很必要，不要把本来已经很低的门槛降得更低，甚至等于没有。至于本人臆想的那个通知，相信终究会有发出的那一天。

（2009 年 2 月 19 日）

如果造假成为习惯

最近接连发生了两件令国人蒙羞的事情。一件是中国留学生在法国涉嫌购买文凭，另一件是重庆大坪中学女子足球队夺得世界中学生足球锦标赛冠军。稀奇了，在国足如此不争气的情况下，夺冠应该高兴还来不及，何羞之有？这就要牵出更稀奇的事情了：别看那个足球队号称是大坪中学的，队员却不是“重庆妹儿”，而是以中国女子少年足球队为班底组建的，大坪中学队仅有两名选手……

购买假文凭的留学生尽管达数百人之巨，在我看来仍然属于个人行为；而组建一支等同于“雇佣军”的队伍去进行国际比赛，就显然不是个人行为了。中国足协虽然表示“不知道这个事情”，但显见得是某个同样高级别的部门才能成事，要具有拍板、调动、统筹的能力。

社会整天在呼吁诚信，但各个领域的造假却有成为习惯的趋势，体育界无疑是“重灾区”之一。不要说我们自己搞的农运会要全方位打击“假农民”，就是我们的奥运冠军、我们登陆NBA的球员，都被人在不同时期的履历表上发现了出生年月无法自圆其说之处。我们的双人滑组合在世界大冬会上如愿夺得“三连冠”后，外国记者不解：“为什么六年的时间还没有完成大学学业？”广东省体育局去年底对近13,000名运动员进行骨龄测试，结果发现“2113名运动员的骨龄超出了各项目比赛最大的骨龄规定”，个别人的骨龄甚至超过规定骨龄六七年。

中国体育辉煌，是振奋民族精神的一件好事。但如果由造假所带来，性质就变了，不仅没有丝毫实质意义，也扭曲了体育精神。这种辉煌与耻辱之间，仅仅隔着“真相”这层窗户纸，一捅就破；捅破了，所谓世界中学生足球锦标赛冠军，就足令中国体育蒙羞。有报道说，重庆市委、市政府已经要求大坪中学主动向赛事组委会退回冠军称号，主动承认错误，避免不良影响的进一步扩大。这是一种可取的态度。但是这恐怕不是大坪中学所能决定的。

就“买文凭”事件，北京大学王锡锌教授认为应反思海归人员的优惠政策。就体育界屡屡通过弄虚作假制造出来的所谓成就，又该反思些什么呢？总之，如果造假成为习惯，对内损害的是社会诚信，对外损害的则是国家信誉。造假成为习惯的民族，肯定是没有希望的民族。我们必须对包括体育比赛在内的任何造假行为进行毫不容情的揭露，决不能为赢得一些建立在虚幻基础上的荣誉，葬送了国家信誉的前途。

（2009年4月18日）

刘翔能不能跑出佳绩并不要紧

2009 年上海田径黄金大奖赛将于 9 月 20 日开幕。在牙买加“飞人”博尔特宣布退赛多少有些令人失望的同时，本土“飞人”刘翔宣布参赛又多少让人得到一点补偿。众所周知，刘翔届时真的出现在赛场的话，将是他在北京奥运会退赛之后首次参加比赛。

有关人士给我们先打了预防针，说刘翔的成绩不会太好，还难以达到和世界高手决一胜负的地步。刘翔能不能跑出佳绩其实并不要紧，对于一年多来缺席了那么多重要赛事的他来说，关键是还敢不敢继续站在 110 米栏的起跑线上。在北京奥运会上刘翔令国人失望，不在于金牌是否旁落，而在于他的一栏未跨，没有体现出我们平日里听得耳熟了的什么精神。相对于不久前柏林世锦赛上罗伯斯的惨叫离场，刘翔的“静悄悄”退赛更显得难以理解。就算刘翔不能再现辉煌了，也没有什么，想必国人都已经有了足够的心理准备；人们期待的恐怕是刘翔不要继续吊足大家的胃口：好消息总是不断，却每每“但闻楼梯响，不见人下来”。

以前比较喜欢看央视现场直播各种乒乓球赛，发现倘若对阵双方中一方著名而另一方非著名的话，解说人——不论是谁，蔡猛还是杨影，话题就一边倒地偏向著名的一方。著名人物打得好，喋喋不休于其先前的各种辉煌，技战术如何合理，心理素质如何过硬；打得不好，则绝不肯承认对手打得好，而是著名的这边发挥欠佳。他们这样解说不是个人风格问题，代表的是主流价值取向：维护乃至袒护的心态太重。一个曾经辉煌的体坛人物在其运动生涯理论上尚未完全结束之际诚然值得关注，但这并不等于可以有意无意地漠视从事这项运动的其他人。某种程度上说，当辉煌人物巅峰状态已逝之后，我们更需要关注前途未可限量的后来者。昨天结束的 2009—2010 赛季斯诺克巡回赛上海大师赛上，从资格赛打起的梁文博，一路过关斩将，勇夺亚军。梁文博的“惊艳”并非偶然，在许多赛事上他早就有不俗的表现，但我们关于斯诺克的报道，太多的篇幅、太多的赞美，总是倾泻给状态“低迷”了数年之久，且不知低迷到何时的丁俊晖。在跨栏项目上也是如此，国际田联9月12日公布了2009年的最新世界排名，占据着110米栏“亚洲一哥”位置的是史冬鹏；柏林田径世锦赛上小将纪伟的第八名也让人眼前一亮。他们的这些成绩，应该让那些对体育不是特别关注的人同样耳熟能详才行。

曾经的辉煌不代表永远地辉煌，重要的是，那种辉煌应当汇集为民族财富的一部分而不能成为妨碍新人脱颖而出的羁绊。在我看来，今后谈到斯诺克，没必要言必及丁俊晖，谈到跨栏，也没必要言必及刘翔，应当正视与他们同时代的其他成绩不俗的奋斗者的存在，给他们以足够的鼓励，使他们建立起足够的信心。况且，在“廉颇老矣，尚能饭否”与“小荷才露尖尖角”之间，显然后者更是希望之所在。

（2009年9月14日）

引咎辞职需引入体育界

“×××，居然输给泰国队了。”早前，据说这是中国女排前主教练陈忠和对亚洲女排锦标赛上中国队的评价，×××，代表众所周知的国骂。现在，陈忠和用“气得发抖”来证明那是记者造谣。借刀杀人，三十六计中的一种，当然不能排除有人祭出这种手段。有个叫作朱光兵的先生，日前不是自曝曾经炮制80多篇假新闻在国内多家媒体刊载，而且跟他操着同样行当的人还不少吗？

但是我相信，看了决赛那天晚上赛事的人，用×××来评价中国女排表现的，决不在少数！

转眼几天时间过去了，出乎人们意料的是，完全应该对失利负责的女排主教练蔡斌，没有要走的迹象。面对国人的“炒蔡”呼声，排管中心首先立场坚定，任尔东西南北风，明确表态“没有换帅计划”；蔡斌本人自然“并没有考虑下课的问题”。输给泰国这个令国人无法接受的事实，就这么不了了之了吗？看起来，体育界需要引入“引咎辞职”了。引咎辞职，始见于早几年颁布的《党政领导干部选拔任用工作条例》吧。名称上开宗明义，是针对党政领导干部的，国家队主教练之类属不属于这个范畴我还真不清楚，但他们卸任之后是，基本上铁定无疑，陈忠和就当上了福建省体育局副局长。不管主教练在任时是不是属于这个范畴不要紧，《条例》里的这一规定都值得借鉴。

蔡斌是应该引咎辞职的。竞选上任之初，他给自己立下一个军令状：亚锦赛必须夺冠。严格地说，这实在不是一个什么了不得的指标。中国女排在亚洲本来就是一枝独秀，在各种国际赛事上，倘若日本不是以东道主的身份出现，亚洲球队就我们这一支。但是，既然没有实现这个没什么了不得的指标，蔡斌就该履行诺言。竞技体育诚然是残酷的，一场比赛胜负的偶然性也很大，但是，几场比赛胜负暴露出来的就不是偶然性，就应该说明一定问题了。蔡斌带领中国女排，一（意大利四国邀请赛三天内两次输给日本队）而再（世界女排大奖赛总决赛平最差成绩）、再而三（此番输给泰国队）地输掉关键比赛，应该纯粹是能力问题了。语云“兵熊熊一个，将熊熊一窝”，又云“再而衰，三而竭”。这样的教练，国人还敢抱以期望吗？我们还打算靠多少无地自容来换取他个人表现的时间？

当然我们都知道，引咎辞职引入体育界也未必就能起多大效果。党政领导干部的引咎辞职执行起来就不尽如人意，貌似“引咎辞职”的那些如果定睛看去，差不多都是“责令辞职”。而因为输了比赛，体育界更换教练也早已屡见不鲜，对蔡斌并非苛求。形成制度，关键是提醒蔡斌以及男篮主教练郭士强，还有那些今后以所谓“大意、轻敌”为借口严重辜负国人期望的教练，应当有一点失职意识，产生一点羞愧之心，至少，用几句自责敷衍了事的话别想蒙混过关。

中国女排目前已经就地解散，蔡斌要求在全运会后国家队重新集中的时候，每个队员都要交一份关于亚锦赛的书面总结。不知道蔡斌自己写不写，写的话，如果能看到的话，届时我们倒要好好欣赏一下。如果他仍然认为他带的是“一支年轻的队伍，在成长的过程中付出代价是必然的，有时甚至是惨痛的”，那他更是快点下台的好，因为我们无法预知下一回又惨痛到什么程度。

（2009 年 9 月 16 日）

给麻将一个“安身立命”之所

在状告广州市市政园林局被驳回后，广州一位七旬老伯日前再度走上法庭，与广州起义烈士陵园对簿公堂。理由是，去年 9 月 7 日，烈士陵园向越秀区公安分局大塘派出所报警，以“聚众赌博”为名，收缴了他们的麻将牌等娱乐工具。老伯认为，烈士陵园侵犯了老年人的权益。

结果如何，大家自然都要“听判”。从个人感觉上说，在公园打麻将不大妥当；尤其在烈士陵园“哗啦哗啦”，对那些长眠着的英灵确有不恭的成分。因此，对烈士陵园那纸《进园须知》中的禁麻规定，我是表示支持的。尤其老伯及其“雀友”占用公园的风雨廊，俨然“画地为牢”的架势，引来游人侧目就不奇怪了。但对该老伯及其所“代表的 20 多名雀友”那种“以麻将为乐”的心态也可以理解。去年曾有报道说，某地余震未熄，大地还在晃动的时候，在外面“露营”的人们就开台了。报道认为此景反映了当地人面对天灾如何淡定，如何乐观，可能如此吧；不过我想增加另外一种可能，也可能是麻将的魔力太大，令人们成瘾太深，乃有此不顾一切之势。

公园里禁麻，大抵不独烈士陵园一家。但我们对麻将不能像丧家狗一样一逐了之。毕竟人家是有堂正名分的，前几年国家就将其列入了正式体育项目。所以，去年北京奥运会的时候，有国人建议应该列入奥运比赛项目，至少也应该出现在全运会上。有志者，事竟成。但别看麻将“占地”不大，两米见方足矣，却也牵连一串问题。猫在家里打？严重骚扰邻居。在我居住的那个小区辟有“文化室”，其实就是麻将室。因为无论我什么时候从那里过，隔着窗户都能见到里面在“搬砖”“砌方城”，夏天还吹着空调，惬意得很。这个方法不错，唯不知电费是否由大家“公摊”；是的话，若大家再知道的话，恐怕纠纷难免。但麻将作为正式体育项目，总要给它“安身立命”之所。忽然想到，我们建了那么多的运动场馆，为什么没有考虑建一些麻将场馆呢？

麻将这东西与其他体育项目的区别，恐怕在于没有观赏性可言，玩儿的人自己乐陶陶，极端者不知白天黑夜。但是，恐怕也没有任何体育项目如麻将这样普及，男女老少，悉可同台竞技，不用像柏林世锦赛上南非小将塞曼亚那样得了冠军却陷入“性别疑云”，也不用像残疾人运动会那样分出 ABCD 若干个级别，径直登场就是。去年底广州“2008 超级杯竞技麻将大赛中国区总决赛”夺冠并获得“中国麻将王”称号的，是北大环境学硕士胡志伟，今年初扬州的“2009 雀圣争霸大赛”冠军，则是“从装束看应该来自农村”的 65 岁老太太。10 月份武汉还将有“首届中国牌（麻将）大赛”，杳不知是哪路英雄或英雌问鼎。这属于麻将的另一种观赏性吧。

据说，央视热播中的 50 集电视剧《解放》里，毛泽东在延安窑洞等待前线消息时失眠症发作了，马海德医生想出的医治办法就是让他和朱德总司令等人打麻将。有人认为这情节编得“太离谱”。真还不见得，关于毛泽东玩麻将，不少党史类刊物上都曾讲到，其中正有这个老外医生利用打麻将来松弛毛泽东神经的说法。麻将的功绩不小，更不要单纯地从公园里赶走了事了。

（2009 年 9 月 22 日）

“零迟到”能否走出体育界？

中国棋手王玥和李超在国际象棋世界杯赛上因为抽烟而迟到，快棋赛加赛的第二局被直接判负；许是影响了情绪之故，最终二人以1平2负的成绩双双被淘汰出局。王、李的棋力如何另当别论，因为棋局之外的细节先折一阵，多少感到冤枉吧。但王、李二人又委实没有什么冤枉可言，人家那规则早就有，非产生于即兴，他们自己不当回事罢了。

“零迟到”而直接判负，应该走出体育界，走进我们社会的生活，比如开会。当然，实行的话，我们要假设若干前提。首先，使要开的会很有必要。因为一个严重的现实问题是，各种各样的会议之“供”，已经远远地大于之“求”，与会者硬是成了“买方市场”：不是我要来开，而是你求我来开；来了，是给你撑场子，装点门面。这样的话，迟到与否就不能苛求了，来了你就得烧高香。其次，是使要开的会能够让人受益。倘若休说迟到，就是根本不来也毫不损失什么，与会者就仍然有迟到乃至旷会的可能。所以，必欲“零迟到”走进会场，前提端在于会议须“成色”十足，这显然只是一厢情愿。我们有那么多整治文山会海的规定，出台就出台了，转瞬即成过眼云烟，没必要的大量会议照开不误，根子上的问题不解决，单凭领导拍案一怒注定只是奏效一时一事——不断怒起来的话，整天就没笑模样了；设所谓“迟到席”，也只能是一时的吸引眼球之举，设多了，连设的人都会觉得这形式太好笑。这样来看，让“零迟到”走进会场近乎侈谈。

迟到，说到底是个毛病。各地交通状况的普遍不争气，又往往给了迟到者堂而皇之的借口。不过，倘若主持者位高权重，情形可能会另一样。眼前的例子恕不列举，古代的说起来保险些。《养吉斋丛录》载：“旧时，自京城至圆明园奏事，夜半即起。”为什么那么早起来呢？怕迟到，搞不好把皇帝给惹毛了，帽上的翎子说拔就会给拔去。所以，乾隆时官至武英殿大学士兼军机大臣的阿桂，“每朝，先五鼓起，入禁廷，坐直房待旦，不假寐，诸曹屏息，室内外如无人”。道光时官至吏部尚书的汤金钊也是一样，“每遇奏事日前一夕，宿澄怀园，必静数更筹，频问晷刻，偶假寐，辄惧然起坐，自咎失时”。那个时候的“每朝”，不就是到朝廷来开会嘛。

最近开了几个会，发现有些主办者似乎找到了对付迟到的新做法：明明 9 点钟开始，通知时说 8 点半。一向守时的本人，两次三番，感觉受到了莫大的愚弄，下一次肯定不会再“上当”。则主办者自以为聪明的办法，其实后果严重，变得很愚蠢。真正的解决办法，应该是引进“零迟到”；而那么多假设前提又明摆着不能实现，因此，我比较悲观地认为，“零迟到”不可能走出体育界。

（2009 年 12 月 1 日）

体操中心不能推却责任

国际体操联合会 2 月 27 日公布了对中国前体操女队队员董芳霄的年龄调查结果，认定董芳霄在参加 2000 年悉尼奥运会时的年龄为 14 岁，而不是参赛时登记的 17 岁。因此，国际体联决定取消董芳霄 2000 年奥运会、1999 年世锦赛等比赛上获得的成绩。

这样不甚光彩的事情闹到了国际上，相信国人都会像中国体操协会一样“表示遗憾”吧。但接下来发生的事情还要让我们“表示不解”。国家体育总局体操中心主任罗超毅 3 月 1 日表示，董芳霄在参加 2000 年悉尼奥运会时的年龄并未有任何造假情节，退役后改小了 3 岁，应该是她个人及家人的行为。不解之处就在于，以罗主任为代表的体操中心把责任推得一干二净，全然一副“事不关己，高高挂起”的姿态，听上去让人觉得很不厚道。

体操中心不能推却责任。倘若董芳霄当年为了参赛出于“个人行为”而把年龄改大，欺骗了组织，他们至少该属于失察，要对国人表示歉意。并且，人家老外是从董芳霄在北京奥运时接受采访中发现了破绽，来了个“以子之矛，攻子之盾”，而我们的部门察觉起来要容易得多，显然，他们是“非不能也，实不为也”。另一方面，倘若是他们为了所谓牌牌而硬让人家的年龄以符合“国家需要”，那么人家在退役后把年龄改回来就实属正常不过。这个判断成立的话，导致董芳霄“个人行为”的关键前提，仍然是“集体行为”。从罗主任的表态中其实不难读出一点气急败坏，甚至杀鸡儆猴。也许在体操中心看来，改了就改了，何必多此改回之举呢？出事了，自己兜着吧。

根据需要而像统计数据一样任意揉捏年龄，可能是我们国度的一个特色，不独体育界为然。在官场上，有多少人为了得到提拔或者在官位上多赖几年，而把自己的人生履历改得一塌糊涂？新近就有中央组织部巡视检查时发现共青团河北省石家庄市委原副书记王亚丽“造假骗官”问题。王亚丽于 2008 年 1 月 7 日当选团市委副书记时，自家“减去”了 5 岁，于是则距 30 周岁的当选年龄“门槛”就有了足足 11 个月。涂抹涂抹之余，王亚丽成了石家庄市最年轻的政协常委。何其讽刺！作家谌容曾有名篇《减去十岁》，她是作为荒诞小说落笔的。当荒诞能够被坐实，荒诞的该是什么？

不须外国人道来，我们也知道我国很多运动员的年龄都不大靠谱。易建联的“年龄门”，不是也在 NBA 那里轰动一时吗？因《中国足球内幕》被推上前台的足球教练陈亦明，不久前在接受采访时也爆出足协官员主动要求和命令俱乐部给球员改年龄，以让某些球员进入国青、国少去打比赛的丑闻，更痛陈自己也曾经为了让某名球员进入国奥队特意更改年龄……董芳霄事件的教训是深刻的，以正常的年龄参赛，她未必不能取得显著成绩。倘若我们的体育部门不能从中吸取足够的教训，反而认为董芳霄咎由自取，那这笔“学费”当真就白交了。不过，今后不论改谁的年龄，在国内乌烟瘴气一下就算了，反正

“虱子多了不咬人”；在国际赛场上出乖露丑，关系到的可是国家的诚信问题。这个问题小吗？

（2010 年 3 月 2 日）

也看奥运冠军当官

山东一家伙提拔了 9 名奥运冠军当官。虽然官位都不算大，也就是个副处级而已，且各地按此方式提拔的先例数不胜数，但山东之举还是引起了广泛关注，数量太多之故吧。无论何时何地，“批发官员”一向不能为舆论所容。9 个算不算批发，自然可以商榷。

奥运冠军当官，又是在本行当官，按道理没什么可非议的。奥运冠军代表运动员在世界赛场上为祖国争得了荣誉，不让他们当官又该让谁当呢？难道让那些没有成绩或成绩不够辉煌的人当？这种抬杠式的反问，是有一定道理的。奥运冠军与仕途之间，从来不存在鸿沟一道，不可逾越，但是，既然是当官，比如说杜丽当山东省竞技体校副校长、邢慧娜当山东省田径管理中心副主任，意味着不能像原来那样自家举枪瞄准、挥臂抬腿就行了，还要对分管的工作负责，这就总还得有个个人素质胜任与否的因素。人们质疑之，是非常正常的，也是非常必要的。至于这种质疑是否对体育界构成了苛求，那是另外一回事。

不知从什么时候起，凡奥运冠军则必然当官，似乎成了一条“定律”，好像从许海峰“零的突破”时起就开始了。以这样方式的当官，“论功行赏”的味道更浓。确切地说，是体育举国体制的奖赏，俗话说就是给个待遇。奥运冠军理应得到尊重乃至敬仰，但是否舍封官而别无他途呢？当然，封官之外，还有不少要罩上人大代表或政协委员的光环。运动员中的佼佼者不是不可以当官，不是不可以当选人大代表或者政协委员，但是在遵守程序这一点上他们不该例外，不能今天拿了个冠军，官衔之类就在后面候着了。与此同时，众所周知冠军与亚军的区别往往只在毫厘之间，“论功行赏”的话，亚军就不该瞪眼干看着，冠军既然副处，亚军总得正科，季军总得副科吧。山东有没有奥运亚军还真不清楚，有的话，显然把人家给晾起来了，有舆论已为亚军鸣不平了，有道理。

运动员只凭运动成绩就可以变身官员，也说明在中国当官是一件很容易的事情。平心而论，我们中国的好多官位也的确没有什么，指挥不好还不会瞎指挥吗？外行怎么了，官大一级，还不是照样让内行团团转？运动员中的大学生身份人们往往不屑，官员队伍中的大量博士硕士又能好多少呢，还不是一样让人嗤之以鼻？大家其实都是一个路数，利用的“资源”不同罢了。当全社会对当官的认识仅仅停留在“待遇”的阶段，要求体育界呈现另外一番天地显然正是苛求，因而我们对山东之举也要表示充分的理解。然而，这样下去的话，从事体育事业的人们的动力显然有变质之虞，而我们所追求的体育强国是否也会缘木求鱼？精英体育与大众体育一旦成为两张皮，体育的任何成就都只能是对外显示我们如何如何了而已，与国民素质提高与否了不相涉。我们得有这样的心理准备。

时至今日，各地各级官员的遴选都在日益强调公开、公正，体育界公然“论功行赏”，显然与时代趋势背道而驰。像山东这样，对新晋官员只搞了区区 7 天的“岗前培训”，如何不令公众质疑？奥运冠军当官，还真不是个简单问题。

（2010 年 6 月 7 日）

“章鱼帝”预测属于新型占卜

南非世界杯足球赛已经曲终人散。除了西班牙夺冠大出人们意料之外，那个能准确预测赛果的“章鱼帝”保罗也着实出了一下风头，

8猜8中，令最后一击出了岔子的“未来哥”相形见绌。具体来说，每次比赛之前，工作人员都会将两个画有不同国家国旗的小盘子放在保罗的水箱里，里边有保罗爱吃的食物——蚌肉。放好了，大家就看，看它究竟吃哪边的；吃了哪边的，就预示着哪边会赢。

横竖看去，这种做法都有点儿像从前的占卜。占卜，不就是用各种超乎尘世的方法来获得世间事物的信息或预卜凶吉祸福吗？占，观察；卜，象声词，火灼龟壳的声音，也指火灼后龟壳的裂纹形状。我们殷商时代的人们相信，这些裂痕就是征兆，观察之，给出一套说法，即对未来进行的预测。后来，用其他方法预测未来的，也叫卜。除了龟卜，还有鸡卜、星占之类。用章鱼来预测赛果，相当于章鱼卜，吉凶的因素剔除了就是。据说，“章鱼帝”此前预测欧锦赛曾小试牛刀，惜乎没有百发百中而已。看起来，它的后半生不会闲着了。苟如此，则占卜品种不仅又丰富了，卜具还兼且活体，该是现代社会对古老占卜术的一大“贡献”。

“章鱼帝”能预测赛果，预测得对不对，旋即便能揭晓，以其直截了当，强烈刺激着人们的神经。它是怎么被发现的，我没大留意，想来是偶然因素吧。殷商人们占卜，却是意识作用的必然结果。《礼记》云：“殷人尊神，率民以事神，先鬼而后礼。”因此，他们的大事小情都要通过占卜来询问，举凡十天之内会不会有灾祸，天会不会下雨，农作物是不是有好收成，打仗能不能胜利，应该对哪些鬼神进行哪些祭祀，以至于生育、疾病、做梦，等等，通过占卜以了解鬼神的意志和事情的吉凶。我们要感谢他们当初的行为，因为殷墟出土的甲骨文，主要就是商代晚期商王室及其他商人贵族刻划在龟甲、兽骨等材料上记录与占卜有关事项的文字。占卜行为催生了甲骨文的成熟也说不定。众所周知甲骨文是立了大功的，王国维先生据此写出了名篇《殷卜辞中所见先公先王考》及《续考》，证明了商王朝的确实存在，《史记·殷本纪》所载殷王世系几乎是基本可靠的，所谓“有商一代先公先王之名，不见于卜辞者殆鲜”。而在此之前，人们只能从有限的文献记载中知道历史上有个商王朝，胡适先生甚至因此主张：“现在先把古史缩短二三千年，从诗三百篇做起。”

倘若我们许多人要因南非世界杯而着迷占卜，就不妨补一补老祖宗的课，别一味羡慕人家。或者干脆哪个地方把占卜作为传统文化事项重新开发开发，光大光大，可能比争夺“故里”之类更有创意一些。在“蒙昧”时代，不独我们，全世界都流行占卜，那是古人世界观和民族心理所决定的，人们迷信之，无可厚非。而在科学昌明的时代，一只章鱼大行预测之道，竟至同样引起世界范围的关注，当作乐趣可也。我宁愿相信人们分析的，章鱼只是对国旗的颜色敏感。对“章鱼帝”未卜先知信以为真，就大谬不然了。

（2010 年 7 月 12 日）

中国女排姑娘太可怜了

今年的世界女排大奖赛终于打完了。中国女排虽然遇到强队便如被秋风扫掉的落叶般溃不成军，但五战两胜三负获得的第四名，终究好过去年的第五名，算是向前迈了一步。赛前，一个叫作魏××的国际排联主席曾经预言，中国队可能一场不胜，事实抽了他一记响亮的耳光！

那个国际排联主席该是中国人吧，因为从他身上看到了中国人的某些不良秉性，用把《魏书》修成“秽史”的他的本家魏收的话说，叫作“举之当使上天，按之当使入地”。中国女排遭受的待遇正是这样。她们辉煌的时候，汉语中一切最高级别的形容词都无条件地堆砌到了她们头上，不光是说，而且还有做。1981 年首得世界冠军的那支队伍，有多少人大代表、政协委员，包括国字号的？现在，当她们处于低谷的时候，连韩大嘴都敢表现一脸的不屑了。

竞技体育哪有常胜将军？巅峰状态的博尔特，最近也接连被盖伊弄得灰头土脸。大奖赛澳门分站前，主教练王宝泉就总是叨咕着不能输球。本次大奖赛赢下日本之后，王宝泉竟然至于身体不适，头晕得不能继续参加新闻发布会，他身上承担着何种压力实在不难想象。究竟是什么人在命令他不准输球？中国女排怎么就不能输了？

一个非常混账的逻辑是，自从有了那“五连冠”之后，后面的队伍无论如何就再也不是自己了。赢了，是人家老女排的精神在起作用，你们继承了；输了，则是韩大嘴说的老女排作风给丢光了。那“五连冠”究竟是好事还是坏事，今天真的要重新打量了。因为那“五连冠”使我们忘乎所以，在 20 世纪末评选 20 世纪全球 100 件大事，不是我们的“五连冠”当选而古巴的“八连冠”没份吗？须知，那不是中国 100 件大事评选啊！更重要的是，那“五连冠”已经构成了今后任何一届中国女排继续前行的严重羁绊！全然不是什么财富，而是重负！我们惯于说坏事变成好事，在这里纯粹是好事变成坏事。

中国女排唯有摆脱“精神”负担，才有常态发展的可能，否则，每个教练接手前都噤若寒蝉一番，每个上场的队员都要把国家荣辱牵挂在心，如何能尽情展示竞技体育的魅力？一项赛事的输赢，怎么就和国家民族的振兴一类关联得如此紧密，愚笨如本人实在想不通。按照这个同样混账的逻辑，雅典奥运会上，我们真的险些“族格分裂”呀。好在我们赢了，中华民族强大的凝聚力焕发了，精神提升了；如果大比分 2：1 领先，第四局又 23：20 领先的俄罗斯队，再拿到两分，我们的民族走向按照当时那些无聊文字的说法，还可以设想吗？

但是，对于我们这个越来越喜欢夸张地、随意地命名各种“精神”的国度来说，她们注定永远也摆脱不了“精神”负担。那么，在整个社会大背景的前提下，无论她们输到什么凄惨的境地——比如对美国的 10：25，我们都要报以强烈的同情心，姑娘们真的是太可怜了！

（2010 年 8 月 29 日）

寻常热身赛而已，至于斗殴吗？

中国男篮与巴西男篮的第三场热身赛终于爆发了严重的斗殴。我说终于，是因为第二场时似乎已经埋下了种子。那场比赛的直播我是看了的，“动作过大”之类的话即不断为解说所道及，双方都是。现在看来，那场幸亏只打了一个加时，如果打两个，“全武行”可能已经提前上演，这第三场仅有的一分多钟比赛时间也不会存在，早就胎死腹中了。

寻常的热身赛而已，又不是在争夺世锦赛或奥运会冠军，至于打得如此不可开交吗？请人家来玩儿，估计得花不少钱吧；而请人家来玩儿的目的，除了向对手学习，显然还要通过实战来检验训练的效果，检验球员的技术，演练球队的战术，输赢应该是非常次要的一件事，绝对的“末”而不是“本”，横竖也不是展示所谓“血性”的时候。况且无论何时何地，“血性”与“血腥”也都隔着鸿沟一道，分野清楚，没有可以等同起来的半点儿可能。硬要等同，只能说这种“血性观”是完全扭曲了的。

在国家男篮现役队员中，给我的感觉是苏×总有一副要瞪眼打架的态势，所以他此番居高临下向对方恶拳相向，并不出乎我的意料，倒是一直比较欣赏的周×、朱××，不知为何“大热倒灶”。尤其朱××，整个斗殴中最为火爆抢眼。视频显示他使用的是组合拳，对方已经用双手将头抱住了，但是他左右手同时进攻，继而辅以“铁膝”；被工作人员劝住了，还要愤愤地掷过一条毛巾。是什么让他与先前的温文尔雅判若两人？敢是因为世锦赛的缺席而终于找到了发泄的机会？不知道。假以时日，还是由他自己来为公众“释疑”吧。拒绝解释的话，其“正面形象”就此毁于一旦，绝非危言耸听。

值得品味的还有我们的报道，绝大多数媒体认为咱们那个“洋教头”邓华德是挑起祸端的元凶：冲裁判吼叫，跑到技术台前狠砸桌子，还向人家队员做出抹脖子动作、大喊要杀了人家；而居然也有媒体认为，是巴西球员向观众拍手的举动被中国队员认为挑衅而导致冲突升级。但是，观众的眼睛是瞎的吗？我想，是邓华德的品行如此，还是这个橘子逾淮成枳，恐怕要搞清楚。倘若属于后者，咱们更要认真检讨自身；倘若属于前者，则要考虑还聘不聘这样的人。指望一个流氓习气十足的教练，带出一帮谦谦君子，无异于十足的痴心妄想。而且，他的带队成绩也着实乏善可陈，世锦赛连自己也没想到居然万分侥幸地进了十六强，牛什么牛呢？邓华德说这场比赛肮脏，最肮脏的应该是他本人，这样的恶劣事件在他那里只是轻描淡写的“自卫”。

退而言之，就算巴西队比较粗野，就算篮球场上的暴力事件时有耳闻，但咱们不是一向自诩为礼义或礼仪之邦吗，怎么口头上那么说，行动上就要以暴制暴？今天，中国篮协就斗殴事件召开了媒体通气会，责令中国男篮立即停训整顿，要求全队充分认识此事件发生的根源和恶劣影响，深刻反省队伍在思想建设方面的缺失和问题，进行体育道德修养补课。前面的话，跟咱们对任何恶性事件的处理都差不多，独“体育道德修养补课”说到了点子上。不过，体育道德毕竟只是道德范畴的一个分支，单补这一课显然还不够。

（2010 年 10 月 13 日）

好在中国女排赢了多米尼加

在事前被称为世界女排锦标赛小组赛的“生死战”中，中国女排“如愿以偿”，昨晚以 3∶0 赢了多米尼加。这个结果现在来看已经是值得欣喜的，今年以来，我们对人家的战绩是 1 胜 2 负，根本不占上风。因为这个前提，环诸媒体，事前无不为中国女排唱起了挽歌。墙倒众人推，斯之谓也。

好在中国女排此役赢了，跟着长吁了一口气，如果输了呢？最后一仗，实力强大的俄罗斯队已经“不战而屈人之兵”——我们没有人相信自己的队伍会赢。所以，如果输了，中国女排小组将不能出线也就是连前十六名都进不了，就会创下参加世锦赛以来的成绩最差纪录。这样的后果绝对不堪设想，在不少国人尤其是体育界头上戴着乌纱的人看来，该有奇耻大辱的成分。我一直认为，在咱们这里，成为那些曾经辉煌一时的体育强项的“接班人”，不是个好差事。虽然前人早就总结出世上没有常胜将军的道理，更通俗地说是“三十年河东，三十年河西”，但是在现实当中，世人往往绝不肯来做横比，也就是不肯正视他人的进步。就女排而言，赢了就是原有“精神”的光大，输了就是原有“精神”的缺失。我觉得，正是这种颇有些混账的逻辑，令女排姑娘背上了沉重的“精神”负担，把本来充满生机与活力的运动项目，变得成绩第一，全无乐趣可言。

昨天有报道说，在输给韩国队之后，中国女排连夜在驻地开了一个五小时的“座谈会”。据说在这个会上，“大家都发泄出来了一些负面的东西，彼此也都得到了正面的鼓励，大家更齐心了”。现在，一定有人在洋洋得意，把战胜多米尼加归功于这个“座谈会”的奏效。但是，五小时，我的天，听着真是头皮发麻。我们都司空见惯的情形是，即便是上午开会，大家都精神饱满着，如果开得长，开得乏味，也会有不少人进入黑甜之乡，看不过眼的领导要拍案怒斥，媒体要立此存照。那么，刚刚在场上承受了高强度身体和心理考验的女排姑娘们，接着再跑五小时的“马拉松”，与其说是让她们来“发泄”，倒不如说是一种变相“惩罚”了。我还很想知道，究竟是什么人要开的这个“座谈会”，教练员和运动员的自觉，还是长官意志的干预？这回奏效了，今后会成为模式吗？

中国女排今年已经换了三次教练，有媒体刻薄地说先“炒菜（蔡斌）”再“煎鱼（俞觉敏）”。女排“虎落平阳”，未必都是教练的问题，当年陈忠和故意输球给韩国，怪得了他吗？他不出此下策而发扬体育精神能够完成事前强加给他的目标吗？亚运在即，女排又被赋予了必须夺取冠军的使命。而韩国女排这一次真的横扫了中国女排，让我们难免捏把汗，虽然俞觉敏豪言目标不变。其实，如果真的拿不到也没什么了不起，一点儿也影响不了科学发展观的贯彻落实。不幸言中，该检讨的也不该是女排自身，更该是实际上在左右她们的那些“公公婆婆”，以及他们制订出的各种“清规戒律”。

（2010 年 11 月 3 日）

亚运圣火传递的重要功能

11 月 4 日，在广州亚运圣火传递佛山站，80 名不同年龄、来自不同行业的火炬手高擎火炬，棒棒相接、手手相传。伴随着热闹的龙狮表演，伴随着“小燕加油”的呼喊声，第一个农民工全国人大代表胡小燕，举着第 80 棒火炬跑进了佛山市世纪莲花体育中心。在胡小燕与李贻伟市长共同点燃火种盆之后，标志着亚运圣火佛山站传递的圆满结束。

正是这最后一棒火炬手的人选安排，首先让我们对佛山亚运圣火传递感受到了惊喜。圣火传递是火炬手毕生难忘的荣耀，按照既往的思维定式，作为“压轴戏”，无论在哪一站，圣火传递的最后一棒都显得无比重要，火炬手要么是体育名人，要么是商界巨擘，要么是政府官员，而由农民工人大代表胡小燕来担此重任，在亚运活动中又制造了一个“首次”，无疑是佛山站圣火传递的一大亮点，也是即将载入史册的广州亚运会的一大亮点。进一步说，如果以此作为数量庞大的农民工群体日益受到国家重视的生动写照来解读，也完全入情入理。

自从亚运圣火传递在 1958 年第三届东京亚运会首次正式出现后，火炬传递作为一种传递理念和精神的仪式，就已经成为亚运会的重要组成部分并一直延续至今。实践表明，亚运圣火以及奥运圣火作为和平的象征最为熨帖，因为没有任何其他形式比圣火更能点燃人们对和平的渴望和追求，也没有任何其他活动比圣火传递和平的意义能更加深入人心。舍此之外，圣火传递的重要功能，就是借此仪式来展示火炬行经地的历史内涵、民俗文化、精神风貌。在广州亚运会的前奏中我们看到，从在象征中华民族精神的长城烽火台采集圣火时起，亚运火炬就已经注入了悠久的、浓厚的中华文明因子。接下来，在古都北京的标志性建筑——天坛进行点火仪式，在孙中山故里——中山市启动广东全省第一站传递等等，无不旨在让亚洲、让世界感受中国以及广东从传统出发、迈向现代辉煌进程中生机勃勃的良好形象。

作为岭南文化的发祥地，“肇迹于晋，得名于唐”的全国四大名镇之一，佛山早已跻身国家历史文化名城之列。虽然明清时期名噪一时的“佛山冶铁”早已远去，但是，“南国陶都”的美誉以及粤剧的发源地，著名的武术之乡、民间艺术之乡、美食之乡，一代武术宗师黄飞鸿、叶问、李小龙的诞生地或祖籍，佛山可骄的文化资本数不胜数。在佛山站的圣火传递中，舞狮、武术、腰鼓、灯笼舞、秧歌、街舞等展示佛山特色群众体育活动及时尚休闲体育项目的表演，悉数登台亮相，尤其以最具佛山本土文化底蕴的舞狮、武术表演最受欢迎。整个传递过程中以浓郁岭南特色和现代神韵营造出的大气势、大场面，不仅彰显了佛山人“敢为人先、开拓进取”的恢宏气派和岭南文化的独特魅力，而且，站在新的发展起点上，无疑也等同于佛山人民向心力、凝聚力的一次集中展示。

亚运圣火传递佛山站，是进入主办城市广州的最后一站。本周周末，第 16 届亚洲运动会的圣火就将在广州海心沙岛上熊熊燃起。衷心期待在主办城市广州以及协办城市佛山等的共同努力下，亚运会能够取得圆满成功！衷心期待 35 名代表国家参加亚运会的佛山籍运动员取得优异成绩！

（2010 年 11 月 8 日）

的确需要淡化“金牌情结”

新华社记者杨明一篇批评“唯金牌论”的文章，遭到了中国亚运代表团副团长殷宝林的驳斥。杨记者认为我们的金牌总数是世界第一，亚洲绝对第一，但中国人的体质正在明显滑坡。因此他建议从下届亚运开始，淡化金牌，从大学或体协中选拔真正的业余选手参赛。殷团长则认为，竞技体育争夺金牌根本没有错。

“针尖对麦芒”，但也各有各的道理。在我看来，杨记者显然不是在“颠倒是非”（殷语），他是有一点着急，至于操之过急。如果像他说的派业余选手参加亚运，前提须是改变我们集中全国人力、物力、财力训练少数精英运动员以发展体育的举国体制；这个前提不改，换上哪个官员主管、领队，都会把成绩放在首位。否则，国家投入那么大，运动员们没个好成绩，如何对得起国人？一直以来的男足以及新近的女排，不就是因此而灰头土脸吗？

回望历史，想一想那顶“东亚病夫”的帽子，想一想 78 年前的洛杉矶奥运会刘长春只有一个人在战斗，想一想 26 年前我们才实现奥运金牌同时也是奖牌零的突破，想一想仅仅在两年前我们才实现奥运金牌第一。把这些历史片段归拢到一起，就可知道金牌对于我们具有怎样的非凡意义了。我们需要这样一些令世界瞩目的胜利来振奋民族精神，提升民族士气，尽情宣泄民族自豪感。一句话，我们太需要用酣畅淋漓的胜利来证明自己。而当我们已经证明了自己之后，杨记者的思考就十分值得重视。

金牌大国不等于体育强国，这一点毋庸置疑。也正是因此，我们就不要一味地为金牌的光芒迷住双眼。为什么要发展体育运动？毛泽东概括得简明扼要：“增强人民体质。”竞技体育挑战身体极限，表现为“没有硝烟的战争”，而大众体育则表现为以身体活动为载体的文化游戏。在本届广州亚运会上，国外的一些运动队伍给我们示范了什么叫作大众体育。比如约旦女足，几乎清一色由大学生组成，平时就是利用课余时间踢球，而我们亮相的是职业队，尽管踢了人家10：1，也实在没什么可自豪的，实在太不对等。而因为少输了两个（多哈亚运会中国对约旦12：0）还进了一个，约旦姑娘对自己的进步无比开心。在她们那里，就是平时锻炼了体魄，赛时享受了乐趣。

殷团长质疑：竞技体育争金牌和发展群众体育有什么矛盾？诚然，二者并不截然对立，竞技体育的某个项目成就越辉煌，大众就势必越能领略其魅力，进而起到迅速普及该项目并热情参与其中的作用，从而推动大众体育的发展。问题是，在我们已经证明了自己之后，金牌情结依然过于浓厚，而压缩专业队伍，加大投入完善基础体育设施建设以满足国民强身健体的需要，完全应该成为中国体育发展的新方向。

（2010年11月16日）

亚运会擦亮了九江龙舟文化品牌

因为中国男子龙舟队的队员构成，才使得广州亚运会上非专业运动员的出现并不完全成为别国的“专利”。中国男子龙舟队的24名比赛队员中有19名是来自南海九江镇，他们全都是农民或者渔民出身，是一支不折不扣的“草根”队伍。稍稍前溯，在亚运开幕之际，龙舟队队长、地道的佛山农民吴国冲已经令我们眼前一亮。作为开幕式的首棒火炬手，在海心沙的珠江水面上，吴国冲凌波微步，踏浪而来……日后，这一举世瞩目的画面势必会载入亚洲人的集体记忆。

一个镇的龙舟队以国家队的姿态出现，绝非偶然。成立于1984年的九江龙舟队在国内久负盛名，龙舟文化在九江镇根深蒂固。那里以前河涌环绕，出门种地养鱼都要划船，人人因此练就了一身好身手。九江镇现有传统龙舟上百条，五人龙舟不计其数，每年的“五一”节和国庆节，镇里都会举办龙舟赛，吸引顺德、中山、肇庆等地龙舟队参赛。从1999年起，九江龙舟队开始显山露水，特别是2007年九江在国内率先成立名门世家龙舟俱乐部后，水平有了较大提升，获得上百大大小小的冠军头衔。龙舟比赛首次作为正式项目进入亚运会后，九江龙舟队参加了今年4月和7月进行的两轮选拔赛，最后从近10支国内顶尖队伍中脱颖而出，获得了以其为主体代表中国征战亚运的机会。他们在亚运赛场上的登台亮相，不仅为竞技体育增添了真实的大众色彩，而且进一步擦亮了九江的龙舟文化品牌。

前几天，新华社一位记者亮出一个引起舆论关注的激烈观点：中国人的体质正在明显滑坡，金牌第一是种讽刺。他引用官方数据说，中国有1.6亿人是高血压、1.6亿人高血脂，有2亿人超重或肥胖……因此他建议从下届亚运会开始，我国选拔真正的业余选手参赛。虽然这一观点旋即遭到了中国亚运代表团副团长殷宝林的驳斥，但该记者提出的问题的确值得重视。如果说，金牌的夺得从前能够唤起我们的民族自豪感；但当我们在亚洲早就成为绝对第一、审“金”疲劳之后，金牌的多寡就变得索然无趣。周六中午，在郭跃和福原爱争夺女乒决赛权的比赛中，能够听到不少中国观众高喊为后者加油的声音。倘若把我们的竞技体育和大众体育比作两条腿的话，大众体育这条腿要明显地短上一节，这样走起路来当然是一瘸一拐的。休说在亚洲，在前年的北京奥运会上，我们也已经拿了金牌第一，但连我们自己也不会承认自己是体育强国，更不要说别人了。

竞技体育挑战人类极限，大众体育强身健体，从运动中获得乐趣。二者有可以调和的一面，也有相互对立的一面。利用举国体制一味发展竞技体育，已经带来了很多弊端。各个项目的现役运动员，大抵都有一身伤病，与体育运动的宗旨颇有背道而驰的意味；而非著名运动员退役之后，多数都别无一技之长，至于潦倒，冠军当“搓澡工”“门卫”之类的新闻不是不绝于耳吗？而一个体育强国的前提，一定是全民关注体育，喜欢体育，国家能够满足他们锻炼身体所需的各种硬件设施；反过来，在这个庞大的形同金字塔底座的运动群体中，完全可以选拔出优秀人物参加比赛。学习的时候学习，工作的时候工作，竞技的时候竞技，人才不会是个单纯四肢发达的简单动物。本届亚运会上，清一色由大学生组成的约旦女足，让我们看到了真正享受比赛的样板。

由九江农民为主体构成的中国男子龙舟队也是这样。虽然在全部1000米、500米和250米三项赛事上，他们只赢得了两面铜牌，没有达成事前“至少拿下一块金牌”的愿望，并不要紧，吴国冲和队友们尤其不必沮丧。重要的是，一支来自民间的龙舟队登上了亚运殿堂，标志着大众体育跻身竞技体育有了突破口，这本身已值得骄傲，国家层面更是一个了不起的进步。但是我们也很遗憾地听到，中国龙舟队领队邹积军就成绩而认为，用业余队伍参加竞技龙舟赛的尝试是不成功的。这一言论在主动诠释了什么叫新华社记者所批评的“唯金牌论”之余，表明我们要实现由金牌大国向体育大国乃至体育强国转变，还有不少顽固的僵化思维要打破，还有许多漫长的艰难道路在前面。

（2010年11月20日）

平心静气看待“史上最差”

这几天，伴随着咱们金牌数量在广州亚运会上的一骑绝尘，也接连传来了几个“史上最差”的消息，多少给欢天喜地的气氛谱出了些“不和谐音”。

细数这几个“史上最差”，先是让人从没抱有希望的男足，三球不敌韩国，无缘亚运会八强，成为近32年来在亚运会上的最差成绩。接着是男排，0：3被日本横扫，“历届亚运会上从未跌出过三甲”的纪录就此作古。然后是“铿锵玫瑰”——不知现在这样称呼是否妥当，0：2 输给韩国，历史上首次无缘亚运会奖牌。值此，三大球的 6 支球队，已有一半折戟。如果再算上一周前女排世锦赛上的第十名，还要添上一个“次史上最差”，在这之前，女排在世锦赛上的“最差”是在 1974 年获得的第 14 名。

“史上最差”诚然呈现出尴尬的一面，但事实既然已经摆在了那里，就需要正视之。尤其包括亚运在内的任何赛事，其实都只能算是“匆匆过客”，无数的比赛还等在后面，来日方长；而欲来日重整旗鼓，更需要平心静气地看待，总结教训。小子不敏，记起了两句前人总结出来的俗话，奉送与“最差”关联的人士。

一曰“知己知彼，百战不殆”。本次男排的目标是夺取金牌，结果连四强都没进，输得无话可说。女排先在亚锦赛上输给泰国只获得亚军，又在世锦赛上接连输给多米尼加、韩国和塞尔维亚，等人家赢了，才对人家的实力如梦初醒，才把人家列入劲敌的名录，就属于典型的但知己、不知彼。郎平说得好，我们也要看到别人的进步。而从走马灯似的换教练，再信誓旦旦地不换教练来看，知己也很难说。不知己又不知彼，焉有不败的道理？所以，有关人士接下来也需要平心静气，不能盲目陶醉于曾经的辉煌之中。

二曰“将欲取之，必先与之”。我们对成绩似乎过于急功近利，以现在女排这支队伍来说，参加的比赛基本上囊括了所有的国际赛事，为了世锦赛弄个好名次，甚至召回了已经退役的老将；老将发挥欠佳，又摆出一大堆什么训练时间短、恢复没那么快之类的理由。日本女排此番派出的就是青年军，人家是着眼 2016 年奥运会，为之储备人才，从现在开始就让她们经历大赛的历练。我们的后备力量在哪里？这样一个微不足道的冠军，即便丢掉又有什么呢？女排这回拿了冠军，就重振信心了吗？

必须拿金牌，亚运前听到不少这样的咬牙切齿。不错，既定目标可以激励运动员的斗志，然巨鹿之战，楚霸王破釜沉舟，可以置之死地而后生，马谡守街亭时拿去用就不灵光，一败涂地。就是楚霸王自己，在乌江边四面楚歌的时候也不行，只有自刎的结局。无他，需有实力做后盾。不切实际的金牌指标，是 GDP 幽灵在体育界的游荡。但 GDP 究竟增长多少，由你嘴巴一张，玩弄数字游戏，地方的增速加起来不是总是远远大于中央的吗？赛事的结果未必以自己的意志为转移，还是不要乱下指标的好。

关心中国体育的人都应该就“史上最差”帮着找找原因，“当局者迷，旁观者清”嘛。但有关人士对于逆耳之言，前提是更要平心静气地面对。

（2010 年 11 月 23 日）

从“被揍”到“互殴”

倏忽之间，中国短道速滑队在云南丽江被打事件的“性质”变了。丽江警方向媒体通报称，短道速滑部分队员有酒后扰民行为，巡防队员前来劝说时发生冲突，双方均有责任。所谓“性质”转变，就是从“被揍”变成了“互殴”。如果“被揍”，那是很有委屈成分的，“互殴”则双方都半斤八两，不能像我家乡谚语说的“老鸦落到猪身上——光看到别人黑，不知道自己也黑”。并且，倘若真的是冠军们深更半夜大声唱歌扰民在先，佐以恶语骂人酿成事端，则不仅不是委屈，而且更有理屈的成分。

昨天我就在一篇文章里写到，有心搞清楚的话，这么点儿事情不会成为“罗生门”。当然，主要当事人王闬仍然觉得委屈，抱怨不叫说话，这就让我们大惑不解了，为什么不让人家说？如果你们那里“封口”，那我们就不能不认同丽江警方的说法。这样的话，从“被揍”到“互殴”，再结合体育界类似的“负面”新闻，多少折射出了世界冠军们的骄横一面。比方说，不久之前，曾经的乒乓名将孔××就因为一泡没有撒出的尿而成为公众瞩目的焦点。平心而论，那件事的前提是大厦的保安不对，开放宾馆大厦的厕所，早就是人性化的一个标志，而且很多地方都已经这么做了，你那个大厦是衙门不成？另一个乒乓名将王×前几年在绿化花坛里撒尿不让，难道存心让活人被尿憋死？但孔××与人家“发生肢体冲突”——肯定是率先——性质又不同了；王×一边飞踹人家一边叫嚷“我是世界冠军，打你能怎么着”，就更加恶劣了。翻人家的旧账，不够厚道，但孔××和王×迫不及待地撒尿，显然都是喝酒惹的祸。结合丽江事件，看起来喝酒的恶果不仅在于驾车危险，还在于有尿可能没处撒、有歌可能没处唱而酿成事件。体育界这样的“负面”新闻当然只是极少数，但当事人的赫赫声名，使其造成“负面”影响的程度，不亚于寻常人等的大多数。

在丽江的“互殴”中，我们又听到了那种非常熟悉的声音，“我是人大代表”“我是世界冠军”云云。在特定的背景之下，这些话与“我爸是李刚”试图达到的功效异曲同工，都是借助“身份”的制高点来震慑对方。《淡墨录》载，乾隆时吴县的陈初哲中了状元，“给假南归”，途经一个村庄，见一女子“倚扉斜立，捉柳花搓弄，嗤嗤憨笑”，小陈“魂飞色夺”了。于是觍着脸上前黏糊，还跟女孩的妈妈自夸：“我状元也。”显示自己来头不小。谁知老太太问他：“状元是何物？”搞得小陈老大没趣，“痴立半晌，嗟叹而回”。老太太也许真不知道，也许装不知道，俱往矣，无所谓，倘若今天谁不知道“人大代表”“世界冠军”是“何物”，恐怕只能是外星人了。所以，我们委实不能低估这种虽然据实道来但却是作为利器出击的那种洋洋自得的背后，对“人大代表”“世界冠军”这些荣誉的抹黑和伤害。

《宋史》记载，徐鹿卿上言，“罢浮盐经界硷地，先撤相家所筑”。执行的时候，对方告诉他：“我相府人。”言外之意自己是很有背景的。然鹿卿说“行法必自贵近始”，偏偏要拿权贵开刀，“卒论如法”。我们当然不必像徐鹿卿那样故意，但至少听听李永波先生怎么说李娜得了法网冠军的——备受争议的“还不是奥运冠军”等此处忽略——别把她“捧杀”了。因此，世界冠军倘若露出流氓行径，同样该一视同仁，免得把他们宠坏了。

（2011 年 6 月 9 日）

输到谷底的中国女排能不能反弹?

国家体育总局前局长袁伟民、现任副局长蔡振华昨晚来到排管中心，与女排队员和教练组进行座谈。在结束未几的世界女排大奖赛上，中国女排以四连败在八支参赛队伍中垫底，创出一个最差成绩；而第16届女排亚锦赛又开锣在即，的确需要认真总结教训。此前，郎平透过微博对女排进行鼓励，马蕴雯还以“绝对强心剂”来形容之。印象中，前女排主教练陈忠和甚至到了大奖赛的赛场，静坐在观众席上。在公众舆论方面，与对待男足动辄泼冷水的态度相反，人们对一败再败的中国女排仍然表现出极大的宽容，希望她能够东山再起。倒是在现场直播时，央视解说员洪刚很少吐出几句好听的话。

兵败澳门之后，中国女排也许已经输到了谷底，但能不能反弹，何时反弹，一方面取决于公众的支持度，另一方面也最关键的是取决于对自身的认识。国际排联官网刚刚公布的最新一期世界排名，中国队跌至第七，这是综合了今年世界女排大奖赛、2010年世界杯、2009年大冠军杯和2008年北京奥运会四个赛事的表现综合评定的，是人家用我们的成绩排的，我们对自己如何定位？老实说，我是比较糊涂的。因为我们的相关人士说话总是“此一时也，彼一时也”，叫人摸不着头脑。比方说，落败是因为技术已经全面落后，还是仅仅因为队伍年轻欠缺磨合兼且状态起伏较大？这可是涉及两个努力方向的问题：如果技术已经全面落后，则召回一个曾经弃用的队员就不足以化解危机；如果是欠缺磨合，照既有的一套娴熟下去就行了。就以这次大奖赛来说吧，输给泰国队，主教练俞觉敏说是我们“配合熟练性方面存在一些问题”，再遇上肯定能赢，这是在强调尚待磨合；整个大奖赛结束之后，又说“我们之前的定位定得比较高，压力和抱负比较大，现有的技战术水平是不够的”，这又是在承认技术落后。

或者，俞觉敏主教练是在说打泰国等近邻我们欠缺磨合，打欧美则欠缺技术吧。倘若这个推测成立，则言外之意我们是在以居高临下的姿态面对亚洲球队，骨子里认为自己是当然的第一，大意失荆州而已。可惜，这样的“大意”已经太多。而本次 1：3 输给泰国的统计数据表明，中国女排在进攻、防守、一传等技术环节均不如对手，也就是说，人家是凭实力而不是靠侥幸赢了我们。泰国队身高比我们矮了一截，但人家小、快、灵。《水浒传》里，有个“身长一丈，自号‘擎天柱’”，以为“相扑世间无对手，争交天下我为魁”的任原，燕青要去跟他打擂，连宋江心里也犯嘀咕：“你这般瘦小身材，纵有本事，怎地近傍得他？”结果众所周知，燕青三转两转，把任原“换得脚步乱了”，然后“抢将入去，用右手扭住任原，探左手插入任原交裆，用肩胛顶住他胸脯，把任原直托将起来，头重脚轻，借力便旋四五旋，旋到献台边，叫一声‘下去！’把任原头在下脚在上，直撺下献台来”。我觉得这故事用来借喻中国女排和泰国女排，倒是十分贴切。所谓“大意”，正有自身定位不准的成分。洪刚说：“不要说教练不行，官员不行，还是队员不行，中国女排现在是哪儿都不行。”胡乱埋怨有什么用？我们得给她们找找症结，找到一个算一个。

对这次亚锦赛，俞觉敏直言输不起，我不大明白为什么输不起，为什么某个冠军对我们而言总是显得无比重要？在当下的漳州备战中，俞觉敏表示亚锦赛中国队的主要对手将是泰国和韩国，集训重点将是针对这两支队伍进行备战。这有点儿头痛医头脚痛医脚了吧，那么，乌鸦嘴的话，这回当心别被日本队再给掀翻了！

（2011 年 8 月 31 日）

功夫在赛外，浮华就必然

南方日报记者在国家体育总局官网上查询发现，2010年，我国共承办国际级大小赛事350项，国家级别的赛事658项；2011年还没过去呢，国家级赛事已经超过了900项，国际级比赛超过了300项，这还没算各省的常规赛事。说老实话，比较喜欢体育的笔者先前也意识到了我们国家的赛事挺多，但无论如何没想到竟然多到这个程度：1年办1200多项，而1年只有365天，好家伙，平均1天就超过了3项，而北京、上海和广东承担了其中的1/3，怪不得有点目不暇接了。

赛事多了也许并不值得大惊小怪，说明咱们国家的体育氛围日益浓厚，体育迷们也能借此大饱眼福。不过，前提得基于“情况正常”。广州亚运会之后，有专业人士曾经指出，整体而言我们已是无可置疑的体育大国，说是体育强国却成色不足，无论是经常参加体育锻炼的人口比例，还是人均体育场地和体育消费，我们都远远不及发达国家。也就是说，我们格外看重的是精英体育，至于大众体育还是块短板。这种“不和谐音”也许是不识时务，也许是肺腑之言，关键在于我们用主观的还是客观的心态去认识、去咀嚼。现在，如此之多的赛事，又让南方日报记者看到了赛事的日趋浮华，场馆建设的叠床架屋，以及城市借机大兴土木等等。我们这些电视机前的观众也不难感受浮华的表面，那就是各种华丽的开闭幕式，一个接一个地呈现出后人不遑多让的态势，都要美轮美奂，都要气壮山河。不用统计我们也知道，只有极少数的人能亲临现场，绝大多数的人不过是看看“现场直播”而已，而除了北京奥运会、广州亚运会这样的经典场面可以再现，人们有回味的兴致，其他的还不是问世之时就是消失之日？

我们早就提出构建节约型社会，“节俭”一旦成为口号，再是奢靡的举动，往往也会祭出这块招牌，就像当下一些事后证明毫不环保的活动，之前也一定冠以“绿色”的名堂一样。很多赛事都打着“节俭办赛”的旗号，但正如南方日报记者所言，究竟何为“节俭办赛”、谁来衡量“节俭办赛”，却始终没有规范化的指标。不要说大型赛事了，节俭用来定义个人也是件很难的事情。晚清名将僧格林沁“每至一处，马褥一床，席地而眠。麦饼数枚，开水一碗，即为夜膳”，这是他的节俭；而像宋仁宗“好服浣濯之衣”，像宋哲宗夏天扇的是纸扇子，在我们看来寻常得不能再寻常，在他们也是节俭的表现，要留给后世传为美谈。因此，明明各种迹象佐证的是日趋浮华，在当事者自己却往往高调宣称其了不得的节约成效，甲乙丙丁，开中药铺，煞有介事，真是自欺欺人！

如果我们把视线稍稍移开，还可以发现社会生活中远不止体育赛事日趋浮华，咱们的各种“盛会庆典”，咱们的各种“大型文艺晚会”，咱们的各种国内国际的“高峰论坛”，从上到下发了多少文件明令禁止，几曾收到过真正的实效？恰似宋人早就指出过的一种现象：“崇俭之诏屡挂墙壁而汰侈不少衰。”所以说真正，因为人家掰起指头来，可以正告你我这里什么什么该办没办，“节约”了多少，清单一开，手指头加上脚指头都不够用，你敢说没有实效？但我私下里还要嘀咕，如果办体育赛事或者别的什么，功夫在“赛”外，“赛”只是达到其他目的的一个载体——最常见的是当成“名片”来展示自己——谈论“节俭”之类就难免属于奢侈的范畴了，不管是现在还是今后，一定要“节俭”不离嘴边，也只能算是纸上谈兵。

（2011 年 11 月 2 日）

当中国女排"狭路相逢"中国男足

不经意间，中国女排与中国男足"狭路相逢"了一回。我说的是这些天，她们和他们同时出现在国际赛场上。当然，她们的赛场用"国际"来涵盖已嫌太小，用"世界"才恰当些。她们参加的是世界杯，目标是在世界排坛"保六争三"；而他们参加的是世界杯亚洲区预选赛，目标是能够打进"亚洲十强"，然后再去争夺代表亚洲参加巴西世界杯的名额。因此，别看她们和他们征战的"世界杯"大号相同，性质迥异。

当中国女排"狭路相逢"中国男足，难免给两支队伍做个比较。总的来说，这几年二者的命运相当，也就是都不那么景气。除了去年在亚运会上夺冠呈现了一抹亮色，中国女排在很多赛事上都有点儿灰溜溜。3 个月前，她们在世界女排大奖赛总决赛中 4 战全负，在总共 8 支参赛球队中排名垫底，创下了参加该项赛事的最差战绩，不仅输给塞尔维亚、泰国这样的二三流球队，还有单局 12 分、11 分等尴尬纪录。本届世界杯，她们完全是"哀兵"出征。中国男足呢？从来没有高调过，有时不免吹吹牛皮是另外一回事。"狭路相逢"之际，中国女排带给了国人惊喜，而中国男足则"一如既往"。前些天他们出征客场挑战伊拉克队，换上了全新球衣，将之前复古的立领设计改成更为明快的圆领设计，添上了龙图腾、融入了新理念云云，然而外在的东西终究是形式上的东西。

在与意大利、巴西和美国三强的对话中，原本上下都已经承认与对手不在一个层次的中国女排，均是在五局大战后以 2：3 惜败。尤其是今天面对夺冠热门美国队，虽然输了，但在总得分上以 110：108 力压了她们，倘若在把握机会能力上有所突破，胜负真的很难预料。重要的是，中国女排在面对强手时打出了信心和气势，至少让我们看到了强者回归的风范，看到了中国女排重新崛起的希望。反观中国男足，两次面对多年饱受战乱的伊拉克队，仍然力不从心，非赢不可的比赛却相继告负，让我们看到的是弱者更弱的态势。11 月 15 日，当他们终于以 4：0 赢了新加坡时，正如同媒体所刻薄的：孩子死了，奶来了。

纵深地看，中国女排曾经有过“五连冠”的霸业，雅典奥运会上亦曾再现辉煌，其状态就像正弦曲线一样呈波峰波谷走向；而中国男足则始终乏善可陈，也用“线”来比方的话，如同影视里表现垂危病人时那个显示生命征兆的仪器，基本上呈“一条直线”。中国女排愈是有起色，愈是折射出中国男足的不堪。今天清晨，当伊拉克队战胜约旦之后，正式宣告中国男足结束了本届世界杯预选赛的使命，而中国女排还在继续，“保六”的目标已经实现，“争”到“三”，还可以直通伦敦奥运。中国男足永远没有奇迹，只有残酷现实，这该是最使人垂头丧气的地方。何以至此呢？洋教练走马灯似的换，银子大把地使，将士也非不用命，怎么连个“冲出亚洲”都成了奢望呢？大家都不要骂，辱骂不是解决问题的办法，还是平心静气地坐下来分析。在我的感觉里，要套用时下大家都烂熟了的“文化”做文章了，不是文化程度的那个文化，而是文化基因的那个文化。这东西听起来“玄之又玄”，但或许真的是“众妙之门”吧。

今天是个“好日子”，30 年前，1981 年 11 月 16 日，同样是在日本，同样是世界杯，中国女排以七战七捷的佳绩登上世界之巅。衷心希望中国男足也能给国人奉献一个值得回味惊喜的日子，我们都保持足够的耐心吧。愚公看不到太行王屋二山“何苦而不平”的那一天，但不是“子子孙孙无穷尽也”吗？

（2011 年 11 月 16 日）

由梁小冬教练猝逝而慨

今天的一则消息说，在国家举重队教练梁小冬的追悼会上，国家体育总局举摔柔运动管理中心主任马文广有一段“鼓舞我们为备战伦敦奥运会继续努力，完成梁小冬同志未竟的事业，展示中国力量为国争光”的悼词。比较地看，这是绝对中规中矩、完全遵循“套路”的说法，不知为什么被媒体解读为“领导致词仍不忘金牌”。而这种解读流露出的责备成分，显而易见。

大年初一，万家团圆欢乐之际，梁小冬教练因劳累过度引发心源性猝死，年仅52岁。报道说，除夕夜，梁小冬忙活到凌晨三四点才睡下，年初一上午10点40分左右，组里教练如往常去敲他的房门，要跟他商量训练计划，却发现他已经不行了……这是令人无比痛惜的，是谁也不希望看到和听到的。因为发生在春节这个时间点上，格外地触目惊心。有评论认为，如果他不是国字号教练，没有“一举定奥运”的压力，如果他像普通人一样过着朝九晚五的生活，52岁应该不会是他生命的终点。但是，我认为这些“如果”是多余的，梁小冬教练之所以成就斐然，正因为他有自己执着的事业追求，他未必想像普通人一样生活，这是“如果”者们所不能理解的。而且我觉得，竞技体育的从事者就此大倒苦水，就此一窝蜂地抨击中国竞技体育圈多年不变的“金牌高于一切”的价值观，也是可以商榷的。

谁都知道，竞技体育与大众体育具有本质的区别，前者是精英体育。我国体育事业备受国人诟病，在于发展方向上过于偏重竞技体育，忽略了国民整体体质的增强，一条腿长一条腿短。在北京奥运会登上金牌第一的宝座之后，这种状况应当承认已经逐步有所转变。但这并不意味着，从事竞技体育的人们可以优哉游哉，看人家放假也跟着放假。诸如某跆拳道运动员3年左右才见一次家人、某举重队新人年仅20岁却已有10年没有回过老家之类，我不知道是否夸饰之词或者属于极端个案，倘若不是，则国家队在管理上确有不近人情的一面，但对“春节也训练”“过节不回家”等国家队雷打不动的铁律，我不觉得有什么不妥。前几天刚结束的澳网公开赛男单决赛，德约科维奇与纳达尔近乎6个小时的“马拉松大战”，让每个在电视机前观看直播的国人都领略了竞技体育的残酷，但这残酷的背后，展示出的也正是寻常人等根本无法企及的能够令人如醉如痴的竞技体育的魅力。在我看来，竞技体育就是靠金牌说话、靠冠军说话，把拿破仑的“元帅士兵”论用在这里再合适不过。实际上，无论哪个领域，倘若没有摘取“锦标”之心，倘若没有付出比他人多得多的汗水，既非神人又没有神力助阵，焉有坐得其成之理？近两年来，常听我们一些运动员鹦鹉学舌地说什么“享受比赛”，我很不爱听。所以说他们鹦鹉学舌，是因为不少外国运动员经常这么说话。但人家去比赛是自己出钱，你是国家出钱、纳税人出钱，“享受”什么？

我们已经实现了体育大国的奋斗目标，正在渴求成为体育强国，体育强国一定以大众体育为基础、为支撑，这个“转型升级”的艰难程度毫不亚于经济领域的同类行为。然而，即便我们当下奢望的那个时代到来之后，也终究会有相当数量以挑战运动极限为使命的职业运动员存在，只有大众体育才谈得上强身健体。相较日后可能的辉煌，春节坚持训练之类的付出，应当只是小儿科吧。

（2012年1月31日）

珍视顶尖运动员的运动生命

全国政协十一届五次会议拉开帷幕之前，体育界刘翔委员就因为再次请假，累计起来五年的届期里面缺席竟有四次之多，引起了一些网友的批评。

这些网友的态度，是完全可以理解的。近几年来，关于政协委员、人大代表是责任而不仅仅是荣誉的理念，已经日益深入人心。能够当选人民代表、担任政协委员，诚然是一种荣誉，但荣誉的后面还有一份职责。以政协委员而言，他们来自社会各个领域，尽皆该领域的骨干、精英和知名人士，经过郑重推荐协商进入政协后，构成人民政协履行职能的主体。政协委员的作用发挥得如何，职责履行得怎样，直接关系到其所在界别的意见能否得到充分反映，进而关系到政协工作的成效。那么，倘若一名委员连重要的年度大会都数次不能出席，履职显然就是无源之水、无本之木。

但是，刘翔委员尽管数度缺席，也是完全可以理解的。现时的刘翔至少是两个重要角色的集合体：一个是代表国家出现在世界赛场，一个是代表自己的界别出现在参政议政的舞台。这两个角色的“量级”相当，就“地位”而言很难说孰轻孰重，因而在赛期与会期发生冲突的时候，矛盾的尖锐一面凸显。然而就可能的“成就”而言，正值运动黄金时期的刘翔，没有任何理由不站在赛场上为国争光，相信多数国人——包括质疑的网友——也都宁愿看到他这个时候在跑道上一展雄姿。本次刘翔要参加的是3月9日的土耳其世界田径室内锦标赛，现正在欧洲备战训练，他本人“非常遗憾缺席全国政协十一届五次会议，少了一次与体育组全体委员参政议政的机会”，但他表示“将认真专注备战训练以优异成绩向两会献礼”。以刘翔当下的竞技状态，能够出现在国际赛场上，无论成绩优异与否，都已经是为国争光了。

这么一来，对刘翔委员的缺席两会，网友与刘翔两方面就都可以理解，不可以理解的地方在哪里呢？在“有关方面”。就是把刘翔推荐协商成政协委员的某个部门或某些部门，因为实在不明具体，只有以“有关”而笼统言之了。于是，解决类似的“刘翔困境”，相应的办法也就显而易见，那就是：珍视现役运动员尤其是顶尖运动员的运动生命，让他们暂时不“成为”各级政协委员或人大代表，因为他们本身具有的不可替代性，使他们还是专注于取得“优异成绩”。不难想象，即便没有比赛时间的冲突，专业运动员高强度的系统训练，也使之不可能有太多的精力去思考参政议政的宏大命题。麦田质疑韩寒代笔的证据之一，就是“2008—2011 这四年来，居然有 13 篇文章重叠了”。所谓重叠，就是韩寒博文发表的时间，正是他参加赛车比赛的时间或前夜，这在麦田看来不可思议。记得有一年全国两会，也是对刘翔缺席非议四起，在舆论的压力之下刘翔匆匆地来了，但旋即匆匆地走了。相信刘翔的确是分身乏术，心有余而力不足。

“刘翔困境”从侧面折射出，政协委员在“有关方面”看来还是荣誉大于职责，本想来个锦上添花，不料客观上令刘翔左右为难。为了“刘翔困境”不会再现，解铃还须系铃人。政协一定吸纳他们，不妨“虚位以待”，待到他们退役之后。

（2012 年 3 月 5 日）

“举国体制”与“举家体制”

在全国人大广东代表团分组讨论时，雅典奥运会和北京奥运会柔道冠军冼东妹谈到了“举国体制”。她并不否认举国体制的优势一面，但同时也认为，一些运动员进入专业队后就放弃了文化学习，过于依赖“吃饭—睡觉—训练”三点一线式模式，这种现象应该改变，运动员不能没有文化支撑，一定要把专业运动员的文化学习抓起来。并且，她已经践行了，她现在负责广东省重竞技体育训练中心部分工作，专门聘请了教师给运动员教授文化课。

冼东妹所谈到的问题，我们“局外人”也有相应的认识，由她的口中道出，分量不同；因为她“自己就吃过这个亏”，从高一就转到了专业运动队，“自己想上学，但是教练不让”，这种切身感受自然尤为强烈。我们所看到的，诚然有一些优秀运动员退役之后成功地转了型，或从政，或经商，或继续干本行当教练，但是我们还看到了令人痛心的情形，诸如全国举重冠军邹春兰去搓澡、世界大学生运动会体操冠军张尚武街头卖艺等等。虽然导致他们“沦落”到这种地步基于各种实际原因，但归根到底吃的是没有文化的亏。一个没有文化支撑的运动员，很可能只是一架运动机器，一旦离开了自己擅长的运动项目，因为很难重新掌握一技之长，就很容易被社会边缘化。当然，我们也有相当数量的各种冠军跻身大学校园，然而正如冼东妹所一针见血：“现在一些运动员虽然在上大学，但很多人为拿金牌、出成绩，只在大学挂个名，真正去大学上课的时间很少。”新近 NBA 的美籍华裔小将林书豪横空出世，其哈佛大学毕业生的身份，再给我们上了生动的一课。它直观地告诉我们，学习与运动并非水火不容，像林书豪这样名牌大学的毕业生，在运动项目上同样可以出类拔萃。

比较遗憾的是，冼东妹指出的问题，在“举家体制”中同样存在。在前几天落幕的斯诺克海口世界公开赛上，英国著名斯诺克经纪人保罗对一些中国孩子放弃学业直接走上了职业球手之路，感到十分不解，他说他“不知道做父母的是怎么想的，在英国放弃学业打球是不可能的。孩子们必须在学校读到 16 岁，上完该上的课程，之前练球都是业余的。以后有潜质，打得好，才开始转职业，把斯诺克作为谋生之路”。保罗自然也知道这是因“神童”丁俊晖成名之后的效应，丁俊晖成名之际的那句“读书无用”，震撼一时。但保罗认为：“像丁俊晖这种培养方式，我觉得是不可取的，完全是一种赌博。在英国我曾见过一个叫迈克的少年，他打到 21 岁都没打出名堂，被迫放弃后，全家人都为他的将来担心。”他反问在场的中国记者，在中国有多少迈克这样的孩子？有多少，我们自己真该普查一下。

丁俊晖式的“举家体制”是一种赌博，冼东妹所谈的不学文化的运动员培养模式其实也是一种赌博。今天我们愈发认识到一个地区乃至一个国家的发展后劲由文化来决定，实际上具体到个人也是如此，运动员在某种程度上就更是如此。毛主席说过，没有文化的军队是愚蠢的军队。把这里的“军队”置换成“运动队”或者别的什么，同样也相当熨帖。冼东妹说：“为了体育训练就让运动员休学，这事不应该再发生在年轻人身上。”对业界存在的问题直言不讳，冼东妹体现了人大代表的应有本色。

（2012 年 3 月 7 日）

李娜没必要“撩拨”公众的神经

李娜又一次“撩拨”了公众的神经。在美国举行的 WTA 皇冠级赛事巴黎银行公开赛上，李娜战胜了同胞郑洁，赛后回答记者提问时她说：“我只不过是一个网球运动员，我来这里比赛不是为了国家，只是为了尽力去做好自己的这份工作。”不清楚李娜说这话时的语境如何，不过，无论媒体有没有断章取义，李娜又要因此饱受一顿“非议”是可以肯定的。同样可以肯定的是，表示不满的公众给李娜大讲的道理，还是在她没有“感谢国家”时讲的那些道理。

“撩拨”这个词，是一下子跳进我的脑海的。撩拨者，挑逗、招惹也。所以想到这个词，是因为感觉上李娜的回答存在着主观故意的倾向。李娜 15 岁就进入了中国国家网球队，北京奥运会后才正式脱离，那个时候她已经 26 岁了，应当深谙中国运动员回答问题的“套路”。因此，她似乎明知国内公众不可能接受她的涉及“国家”的言论，却偏偏“反其道而行之”，不知道她“单飞”时是不是憋着一肚子气走的。因为关心中国体育的人会发现，不少优秀运动员的退役，都伴随着相当的不愉快，最典型的该是当年的乒乓球运动员何智丽，时间过去虽然很久，也没必要对此多说。李娜是个很有个性的运动员，这从她屡次在公开场合毫不留情地训斥教练老公姜山即可窥见一斑。有个性没什么不好，徐悲鸿先生就有“独持偏见，一意孤行”的座右铭。但李娜却没必要“撩拨”公众的神经，尤其是在一些人看来属于“大是大非”的问题上。

巧合的是，李娜这两次“撩拨”，都是她春风得意之时。上一次没有“感谢国家”，是在她法网夺冠之后；这一次，是她职业生涯首次战胜郑洁。她大概认为，自己辉煌成就的取得，是因为走上自负盈亏的职业化道路，跟国家没什么关系。相形之下，羽毛球选手陈金如果奥运积分最后超过了丹麦的盖德，一定会感谢国家的。为了帮助陈金抢积分，国羽为他绞尽了脑汁，“罕见得组队参加汤尤杯预赛”，林丹等高手频频出击为他“保驾护航”，也确实给他扫清了不少障碍。可惜，单是在今年，陈金自己就错失了4次良机，而且输的净是些莫名其妙的比赛，前几天的全英赛上，又输给了5年来从未输过的印尼陶菲克。李娜虽然曾经是国家队中的一员，大约没有享受过陈金般的待遇，“不感谢”“不为了”便顺理成章。我们看到，得意之时的李娜却很能开姜山的玩笑，这次她就又有调侃：“作为老公他没什么话讲，可作为教练，他的工作还要继续加强。”可见她并没有“得意忘形”，这就似乎更能印证她答记者问时的刻意一面。

对李娜的“撩拨”公众神经，国家体育总局网球运动管理中心主任孙晋芳倒是想得开：“李娜就是那样的个性，她是中国人，在国际赛场上打球你说代表谁？当然是中国人的代表了。”既然如此，媒体也不要动辄再拿这个敏感问题去撩拨李娜，因为明知她会说出什么，一定要撩拨她，就是隔岸观火的不良心态了。但是李娜也应该明白，“从来也不想撒谎”“保持一份真我本色”与不按传统“套路”说话，不是非此即彼、水火不容的事情。当然，本人只是说“没必要”，仅此而已。今后如何，还是悉听尊便。

（2012年3月13日）

“黄穗事件”值得咀嚼之处

近日，有关中国羽毛球队前国手黄穗代表澳大利亚参加黄金赛的事件闹得沸沸扬扬，争议焦点并不在于她为异国而战，而在于自从被安排到湖南省乒羽运动管理中心工作后，从未上过班，“失踪三年”却一直在领工资。这起“黄穗事件”经过发酵之后，有许多东西值得咀嚼。

其一，国人悄没声息地向国外“跑路”，大约肇始于官员，渐渐地却有向其他领域铺开的趋势。新近来看，江浙一带的商人“失踪”刚令我们目不暇接，现在又添了运动员这个品种。之前的“海外兵团”堂而皇之，自然迥异于黄穗的“突然出现”在澳洲赛场。若说新品种与前面的区别，该在于前两类属于被动行为，对东窗事发的可能后果感到恐惧，不得不一走了之；后者则属于主动行为，有“那山更比这山高”的缘故。关键是，还将有多少仿效并能成功者。

其二，唾手可得的东西，不会有人珍惜。《世说新语》里有个王徽之，当过江州刺史桓冲的骑兵参军，但是桓冲问他在哪个部门任职、掌管什么、情况怎样，他居然一问三不知，甚至连自己的头衔是什么都含含混混，“时见牵马来，似是马曹”。他这个官，显然就是安排的，他的志趣不在这里，所以也根本不当回事。王徽之是大书法家王羲之的儿子，出身不错，本人也是“其性放诞”的名士，在讲究门阀的时代，官职找上门来顺理成章。但他神往的，是每天在竹林之下，呼啸吟咏，硬给他戴顶官帽子，不仅贻害他人，兼且害其本人了。

黄穗也是这样，她虽然没有像网球“一姐”李娜那样干脆谢绝湖北省体育局奉送的省网球运动管理中心副主任，但悄悄离去的事实，也是没把这官衔看在眼里。而有关方面的热脸一定要贴人家的冷屁股，并非平白无故，乃有“求”于人，所谓“将欲取之，必先予之”，目的是“鼓励黄穗在国家队坚持下去”。而黄穗 3 年前“蒸发”，在于她那个羽球中心要求她再代表湖南队参加当年举行的全运会，刚结婚生子的黄穗却不想参加，双方没有谈拢。那么在这里，官位又有了令人大憾的交易味道。

“黄穗事件”之后，媒体一盘点，好家伙，这种加官进爵式的“交易”委实不少呢。2005 年 9 月，陕西省体育局把省游泳运动管理中心副主任的帽子给了田亮，使之成为中国第一位“官员”运动员。

可惜，田亮在退役之前和之后，都从未履职。同样性质的，还有河北省游泳跳水运动管理中心副主任郭晶晶，在其位，不谋其政。“管理中心副主任”俨然当年的“五经博士”，周敦颐放牛的后代也可以戴上一顶，完全成了赏赐的虚衔。2010 年 6 月，山东省体育局更有一次性提拔 9 位奥运冠军为副处级干部的轰动之举。

其三，这些年，各级两会中的运动员代表、委员每成焦点。前几年广东省政协辞去的 28 名委员中，就有两名是奥运冠军，原因在于他们在担任省政协委员之后，几乎一次会议也没来参加过，寄去的会议通知也没有回音，完全是一副“睬你都傻”的架势。在全国两会中，刘翔的来与不来，这几年也都是焦点关注之一。因为黄穗，我们要把视线暂时移开。原来我们检讨中国体育举国体制的弊端，往往局限于培养模式以及导致运动员退役之后的别无一技之长，甚至谋生成为问题，现在来看，对取得了优异成绩的运动员的“待遇”之弊，也丝毫没有能令国人乐观的理由。

其四，黄穗再次成为公众焦点之后放出狠话，其中有“你们别逼人太甚，我有自己想要保护的人，如果我的家人再因此受到伤害的话，那些你们曾经的谎言，我将会给大家一一揭开！”云云。谎言者何？这是值得我们期待的，当然，决非“坐山观虎斗”式的幸灾乐祸，而是毕竟要解决问题，先要充分地暴露问题。与此同时，中国体育界应当勇于解剖自身，不要总是通过一个个案例挤牙膏似的一点点挤出痼疾。

（2012 年 4 月 16 日）

丁俊晖还是需要平心静气

4 月 25 日，2012 年斯诺克世锦赛第一轮，丁俊晖在 9：6 拿到 3 个赛点的情况下被瑞恩·戴连下 4 局逆转。输球后的丁俊晖说：“我认为球桌不对，球迷也不对，一切都很垃圾。我试着集中精力在比赛当中，但是球迷们的喊叫声影响了我。人们都说中国球迷不好，但是我来到了这里，你们看看他们（英国当地的球迷）又做了些什么？”今后，“垃圾论”也许要和小丁如影随形。打好了，就像一幅漫画所画的，小丁真的是“可回收垃圾”；打得不好，不妨“垃圾”重提。

怨天尤人，是丁俊晖输球之后的“例牌”反应。球输了，心里肯定不痛快。此前，艾伦以 6∶10 爆大冷不敌中国小将曹宇鹏，气得他在赛后新闻发布会上硬说曹宇鹏第 10 局有一次双击犯规，欺骗了比赛。结果众所周知，艾伦受到了国内外舆论一边倒的声讨。当然，国外的那些信息是否被我们掌握情况的人拿着放大镜精心筛选了一番不得而知，只是略感狐疑。且同样是偏激言论，艾伦有国际台联的“终身禁赛”威胁，而移诸丁俊晖，台联新闻官又“确认他不会因此陷入任何麻烦”。何厚此而薄彼到如此地步？钱锺书先生的《围城》里，方鸿渐既买到了克莱登大学的假文凭，又节省了 20 美金，还顺带训了那个爱尔兰骗子一顿，结果“爱尔兰人气得咒骂个不停，喝醉酒，红着眼要找中国人打架，这事也许是中国自有外交或订商约以来唯一的胜利”。我知道这个联想很不恰当，但阅读这些新闻时思绪真的飞去了那里。

无论怎么说，艾伦和丁俊晖的行为表明，输球而不高兴，乃超越民族、国界之事。球输了还高兴的，当下可能只有中国羽毛球队。为了确保陈金能够出战伦敦奥运，但凡有陈金参加的羽球赛事，我们都尽遣高手为其“保驾护航”，而国内选手碰到他，都无一例外地输球。刚刚结束的亚洲羽毛球锦标赛上，先是半决赛林丹不知第几次伤病复发退赛，接着是决赛中陈金轻松战胜杜鹏宇，取得了预料之中的冠军。然世界羽联署理会长派山随后（4 月 25 日）表示，现有的奥运会入选赛制度必须做出改变，不能让一些国家操纵比赛的结果。他说：“我们没有获得关于操纵比赛的有力证据，但我认为现在的奥运会入选格式必须更换，因为它可遭人利用。”我们尚有一点自尊心和羞耻心的话，都知道其意所指。为了一个不大争气的陈金，“全满贯”

得主林丹、中国羽毛球甚至中国体育付出的形象代价不可谓不大。值得吗？不值得。我们在任何时候当然都可以利用规则，但当把事情做得连自己的国民都看不过眼的时候，那就不是利用规则而是尊重规则与否的问题了。我们当然愿意看到中国羽毛球队占满参加伦敦奥运的3个名额，但不希望通过这种方式看到。

对丁俊晖在本届斯诺克世锦赛的表现，庞卫国点评道："最后的几局比赛丁俊晖都出现了比较严重的失误，几乎每一局都有致命失误。"我看了两人后半段的比赛，尤其是决胜局进入尾声之时，一个并没有难度的红球丁俊晖没有打进，就此而坐在板凳上直到比赛结束。那个球进了的话，是否球桌、球迷就都对了，一切就都不垃圾了呢？倘若怨天尤人对今后的比赛大有裨益，那就尽情发泄好了；而倘若无益而有害，那就还是平心静气，还是拿出一点风度。"神童"的光环虽然渐渐褪去了，但毕竟今后的路还长。心浮气躁，即便取得骄人成绩也只是偶然的，一时的，不可持续的。

（2012年4月26日）

赵常玲回归的负效应

伦敦奥运会上，至少有两枚金牌的归属令国人感到不爽，那就是女子举重53公斤级、63公斤级金牌分别为哈萨克斯坦的祖尔菲亚、马内扎获得。在当时我们就知道，这两位都是地地道道的中国人，出生在中国，成长在中国，一个叫赵常玲，一个叫姚丽，一个是湖南人，一个是辽宁人。"变成"人家的人是没几年的事情，是国家举重队的"养狼计划"交流出去的。只是这么一来，本来该我们拿的金牌也就变成了人家的，国人莫不惋惜，国家举重队想必会叹息，甚至到"扼腕"的地步。

现在，后续新闻来了。伦敦奥运会上"出生地为（哈萨克斯坦）

阿拉木图”的祖尔菲亚，要“回归”她的祖国——中国——了。10月22日，她拿着“哈萨克斯坦国的护照”出现在长沙市雨花公安分局，办理了“中国的居民身份证”。10月23日《潇湘晨报》刊登的一张户号为430111011075065的“长沙市集体户口登记卡”上，姓名栏已赫然写的是“赵常玲”了。为什么用哈萨克斯坦国的护照可以办理中国的居民身份证？因为哈萨克斯坦举重协会并不太情愿“放人”，而湖南举重中心与哈萨克斯坦举重协会签订的协议已于2012年9月15日到期，且哈方承诺给予赵常玲的奥运夺金奖励至今尚未兑现。那么，他们很不厚道在先，我们这里就特事特办了。然而，笔者用的这些类似绕口令的句子中丝毫没有什么吊诡，折射的只是一出乱哄哄的戏码。

按照“实事求是”的态度，赵常玲当然应该回归，事实如此嘛，斯之谓还历史本来面目。况且，湖南举重中心一位不愿透露姓名的负责人说了，赵常玲的条件非常不错。赵常玲本人也希望“能参加明年的全运会、后年的亚运会和2016年的奥运会”。从湖南省举重运动员“赵常玲”，到哈萨克斯坦的伦敦奥运会举重冠军“祖尔菲亚”，再到即将回归中国的“赵常玲”，诚然有我们的体育战略需要，只是这种众目睽睽之下的行为如果人们仍然视为非常正常的话，推此及彼，今后我们各级运动会出现的运动员身份造假也就委实没有什么好指摘的了。赵常玲回归的这种负效应，不知有关方面意识到了没有。

这些年来，我们的各级运动会已有“造假温床”之讥。为了个成绩，改户籍、改年龄、改身份，“制造”大学生、“制造”农民都不是新鲜事了，上个月闭幕的第七届全国农民运动会中国象棋赛场上，出现了批量的“假农民”才能吸引一下公众的眼球。假如赵常玲—祖尔菲亚—赵常玲，可以这样替换自由，那么我们还有什么资格指摘各级运动会上弥漫的乌烟瘴气呢？须知，连一个人的国籍都可以根据“需要”而变来变去，改改年龄什么的，还不是“小儿科”吗？“五十步笑百步”的典故众所周知，《孟子》里的。“填然鼓之，兵刃既接，弃甲曳兵而走，或百步而后止，或五十步而后止。以五十步笑百步，则何如?”这个典故用在这里再合适不过，只是哪单是“五十步”、哪单是“百步”，倒要费些思量。

金牌的获得，改变了赵常玲的一切，否则她就还是祖尔菲亚。因而其回归，不啻“唯金牌论”思维的另一个典型例证。那个马内扎——姚丽——大概是不想回归的，比赛结束后她就拒绝承认自己出生于中国，且在赛后新闻发布会上抗议中国记者用中文提问，全程仅用俄语回答问题，明眼人一看就是在赌气，只是不知她在跟谁赌，跟哪里赌。不过，她要是想回，凭借金牌资本，我们这里仍然会是一路绿灯。与赵常玲、姚丽同期交流到哈萨克斯坦的还有两名男运动员，他们因为没有获得金牌或奖牌，所以到现在为止我们就还不知道他们姓甚名谁。

（2012 年 10 月 24 日）

为贫困县重奖之举一辩

中国第一个职业拳王熊朝忠衣锦还乡，受到了家乡云南省文山壮族苗族自治州马关县 75 万元人民币的重奖。马关此举既出，舆论场里冷嘲热讽的声音不乏。马关方面他们承认，75 万的奖励肯定会给财政带来一些压力，但他们“宁肯其他地方压缩一些”。于是，马上就有人咄咄逼人地追问从哪些地方压缩，“三公经费”是不是太多了，云云。在下想为马关之举一辩，学一番当车的螳臂。没错，有一点儿“路见不平”的意味，虽不至于“拔刀相助”，说两句话总应该是可以的。

对优秀运动员进行重奖，是我们早已司空见惯的事情，每届奥运之后尤为突出，从国家到运动员所在省、所在市、所在区县，要一路地重奖下来。以笔者的记忆，在北京、伦敦两届奥运之前，不少媒体都在公开为金牌的“含金量”算细账，就是把各级重奖加起来，每块金牌大约值多少钱，毫不隐讳。之后的重奖也的确接踵而至，大张旗鼓。在这样的背景下，马关的重奖完全是照猫画虎，有样学样。况且，被重奖的熊朝忠正是一名优秀运动员，其为国争光的事迹并不亚于奥运金牌获得者。2012 年 11 月 24 日，在昆明举行的 WBC 迷你轻量级世界拳王金腰带争霸赛中，熊朝忠一举成为中国首位世界职业拳王。按道理，公众应该觉得理应重奖才对，所以引起轩然大波，无他，2012 年国家级贫困县的名单中，马关“榜上有名”。那么，质疑者的潜台词就不言自明了：你那个穷得叮当响的地方没有资格玩儿什么重奖。无独有偶，公款追星从来都屡见不鲜，没人能数得过来究竟有多少个市县如此跟风，但被曝光的没几个，前几年有个县不好彩，灰头土脸一回，主要就在于他们也是国家级贫困县。

这么一看，事情有意思了：富裕的地方搞重奖，就皆大欢喜，其乐融融；贫困的地方搞重奖，就是凑热闹，就被质问拿那钱干什么不好。分开看还没什么，放在一起比对一下，可知这逻辑颇有些“强盗”意味，至少是双重标准吧。哦，你有钱的地方就干什么都理直气壮啊。对马关这样的国家级贫困县来说，75 万元诚然可以帮助到很多人脱贫、创业，但是当下全国任何一个富庶地方也都不敢拍胸脯说自己这里的钱多得没地方用了，不说别的，光是医疗、教育投入这两个带有普遍性、根本性的问题，就足以让那些刚才还在骄傲的头颅耷拉下来、让那些刚才还在亢奋的面孔蔫吧起来。

如果说马关的重奖暴露出了一定问题，更应该是对政府重奖如何规范的问题，也就是无论对哪个领域的杰出人才，政府重奖与否、重奖多少究竟应该由“谁”来决定的程序问题。现在，包括马关在内，给我们的一个突出感觉就是：地方政府在重奖问题上是一件很随机的事情，好像灵机一动，是一件本地公民事先毫不知情，似乎不必知情、只能静待结果的事情。应该让公众消除这个感觉。因为政府重奖，毕竟用的是财政也就是纳税人的钱，他们有权知情；并且，既然是重奖，就要奖得堂堂正正，合情合理而且合法，不要那么多钱花出去了，反而给公众带来了一身的不痛快。倘若这个问题因为马关重奖终于“爆发”，而得到上面不知该是哪个部门的重视，进而得到全国范围内的规范，则真正是我们耳熟能详的“坏事变成好事”了。

在贫困县重奖事件中，讨论这种带有根本性的问题，比单纯地质疑乃至“问罪”马关，应该要有意义得多吧。

（2013 年 1 月 17 日）

“倒逼”意味着被动

国际奥委会主席罗格 1 月 29 日抵达南京考察青奥会筹备情况时指出，对于这样的大会是有相应的环境指标的，如果空气当中的某些污染物超标，会真的影响到年轻人的身体健康，奥委会将安排赛事延期举行。第二届夏季青年奥运会将于明年 8 月 16 日到 28 日在南京举办，则从罗格的弦外之音中不难听出，他显然对南京的空气状况有些看法，而南京市政府旋即开始了一系列治理空气污染和水环境污染的措施，从侧面印证了这一点。

时下流行说“倒逼机制”，那意思其实跟“牛不喝水强按头”差不多，文绉绉了一点而已。那么，倒逼着干什么，实际上意味着非常被动，不欲为之而不得不为之。南京面临的就是这种状况，他们开始对既有的城市整体产业结构进行调整，尤其是对空气有直接影响的煤炭削减、化工企业和露采矿山的搬迁、关闭等措施，也有其他如防止扬尘和治理汽车尾气的措施，还有绿化等生态修复和建设的措施。我们有理由相信，通过这些行动，南京一定能够如期举办青奥会，赛事尚小，丢脸事大，在“一切为了×××”面前，集中力量办大事的优越性可以发挥得淋漓尽致。然而，明明这些问题是存在的，还很严重，如果没有青奥会一类，当局者依然就还会像根本没有那么回事一样。因此我们不难发现，“一切为了×××”，然后来个倒计时，是全国各地工作的一个常态，全凭“×××”那根指挥棒来调动，似乎没有所谓“契机”，大家就像没头的苍蝇。问题的严重程度在于，即便治标的行为，也还是“倒逼”的产物，就南京来说，如果罗格没有放出那些风声来呢？

而在当下，“倒逼”似乎正在成为美谈，老大难的问题动辄倒逼，似乎“倒逼则灵”。在许多领域，“倒逼”的确正是这样大显身手。最近，联合国教科文组织向我国张家界、庐山、五大连池这三大“世界级地质公园”发出了黄牌警告，又添一例。警告的主要原因是三大景区在“向公众科普地球知识”等方面有不足，并对公园标识牌建设、景区导游讲解、地质公园科普宣传、旅游产品开发等方面提出十条建议。无须三地回应我们也能武断地认为人家不会瞎说，概因无论什么“金字招牌”，我们首先关心的是如何把它争到手，争到手之后关心的则是“门票经济”，或者在争的同时脑袋里就是这么盘算的，争取的动力正是“门票经济”，至于自己的责任、义务、使命，退居其次吧。也就是说，我们太多景区只关心自己的经济性一面，而几乎漠视自己公共性、公益性的另一面。如果没有联合国教科文组织的“倒逼”，我们这些“氓之蚩蚩”，根本就浑然不知“世界级地质公园”还应该具有那种功能！

国际的“制约”之外，媒体的曝光显然也成了“倒逼”的一种。那些“秃头上的虱子——明摆着”的“负面”的事情，当地的方方面面硬是看不见，非要远道而来的记者才能发现。曝光之后，刚刚还高昂着的头，立刻谦卑起来，一副“马上就办”的架势。这在央视《焦点访谈》栏目中令人感受最深，偶尔，他们在节目开始不是有个短暂的上期节目反馈吗？多看几期，就不难发现这种“中国式笑话”的接二连三。

但“倒逼”终归是一种被动行为，用句不好听的话说叫作踹一脚才挪一步，因而无论哪个层级都根本不该流露出津津乐道的口吻，更不该视为屡试不爽的杀手锏。凡事还是不要等到“倒逼”的地步吧，什么时候“老牛亦解韶光贵，不待扬鞭自奋蹄”，什么时候才会有工作的主动性，而工作的主动性才是社会常态运转的必要前提。

（2013 年 1 月 31 日）

国乒应当检讨两座奖杯的失落

第52届世乒赛今晚结束了。国乒把上届获得的全部五座单项奖杯带去巴黎，但不像前四届那样再悉数捧回，此番丢了混双和男双。一届丢掉两座奖杯，国乒平了20年来征战世乒赛的最差战绩。有意思的是，不像其他备受关注的赛事那样，输了会招致很多不大客气的声音，舆论对国乒输球一副释然的样子，好像输得应该，大有“败亦可喜”的意味。甚至，国乒故意让球的声音也传得很响。

何以至此？概民间或还有庙堂流传一种奇怪的论调，那就是担心冠军老是没人家的份儿，人家就没兴趣跟咱们玩儿了，而让人家也摸摸奖杯，借此可以推动全球范围内的乒乓球运动。曾参杀人，“三人疑之，则慈母不能信也”。何况，国乒早就嚷嚷所谓“养狼计划”，难免不让人联想一回。诚然，输赢并不是竞技体育的唯一目的，但倘若真“让”的话，则是对国人的不负责任。前不久传出的一张照片感动了世界，说的是去年岁末西班牙的一次长跑比赛，2012年伦敦奥运男子3000米障碍赛铜牌得主、肯尼亚运动员穆太一路领先，冲刺时却将一个气球拱门错当成了终点；跑在第二位的西班牙选手安纳亚虽在慢慢迫近，但并没有选择超越，先是提醒穆太那不是终点，穆太听不懂，他只好放慢脚步，拍了拍穆太的肩膀，用手给他指点。在安纳亚的提醒下，穆太再次冲刺，成就了冠军。安纳亚坦承，“如果他没有看错终点，我根本不可能追上他”，这才是竞技体育的“让”之美。而具备实力的穆太感动之余，也当仁不让。

从本次世乒赛场面来看，国乒也不可能是有意让球。混双半决赛王励勤/饶静文组合输的是韩国队，如果输的是朝鲜队，尚有些“让”的道理，当年就有过这种先例，历史可以惊人地再相似一回。但说是“让”给韩国队，我觉得一点道理也没有。稍微关心一下体育的人都知道，我们与韩国在许多项目上都是针锋相对的，足球多少年“逢韩不胜”甚至成了耻辱。有人说，所谓“让”是我们没有以主力阵容出战。我要说，那实际上是没太重视或过于自信，所谓“大意失荆州”。中国队总教练刘国梁间接地承认了这一点，他说：“主要是因为5个项目的含金量不一样，我们还是要以争夺单打冠军为首要目的。”因此，男女单打都搞了“直通巴黎”，以队内的竞赛成绩来决定谁能参赛，双打就没有。然而，这并不意味着国乒双打都是二线队员。须知，陈玘/方博是在大比分3：1领先、第五局以9：4占优的绝佳形势下被日本组合惊天逆转，无缘八强。倘若两人不是“自毁长城”，男双会师决赛仍然是可能的。

曾几何时，在中国球迷的心目中，中国乒乓球队就是一支冠军之师，拿亚军都意味着失败。记得1979年第35届平壤世乒赛之后，男乒因为只得半块金牌（混双），一个球迷甚至给男队主教练李富荣寄来了一只剪成圆形的臭鞋垫，附信说这是奖给他的勋章。然而，国乒知耻而后勇，第36届就包揽了全部7项冠军，在开创世乒赛史上奇迹的同时，正式确立了国乒的世界霸主地位。如今，奥运金牌总数我们都拿过第一了，大众体育的呼声越来越高了，不那么计较比赛的输赢了，这是球迷成熟的表现，但不能由此走向另一个极端：竞技体育的胜负变得无所谓。

本届世乒赛男单固然包揽了四强，但是如果抛开结果看过程，三场“外战”其实赢得并不轻松。所以，我们应该实事求是地看待此番两座奖杯的失落，输了就是输了，要认真总结教训，我们不能因为这项运动的发展遇到阻力而放弃捍卫国球的荣誉。美国篮球的职业化，又何尝考虑过各国人民的感受，各国人民还不是去热捧之？退一步说，就算是你真的让了球，谁会领你的情？历史呢，又会领你的情吗？

（2013年5月20日）

引咎辞职不适用于足协官员吗？

昨天晚上，中国足球协会在其官方网站上发布了三封道歉信，分别来自足协、足协国管部和男足全体队员，就6月15日国足1比5负于泰国一事向全国公众致歉。意料之中的是，公众对此并不买账。信中的官话套话太多是一方面，什么“从思想上深刻反省自己，牢记耻辱，汲取教训，振奋精神”之类好像走过场，另一方面，男足这次的表现实在是伤透了国人的心，那叫什么技战术水平，又叫什么比赛态度？

仅有道歉信肯定是不够的，虽然一家伙推出三封之多，也远远不够，恐怕这是国人的一致共识。然而除此之外还能怎样呢？有啊，引咎辞职。这个老话题在下已经说了不知多少次了，既然常说常新，也就不惮其烦。引咎辞职是否适用于足协官员？弄清楚两个问题就行，一个是何谓引咎辞职，再一个是适用与否。

何谓引咎辞职？中共中央2002年7月颁布的《党政领导干部选拔任用工作条例》第五十九条规定得很清楚：“引咎辞职，是指党政领导干部因工作严重失误、失职造成重大损失或者恶劣影响，或者对重大事故负有重要领导责任，不宜再担任现职，由本人主动提出辞去现任领导职务。”国足大比分输给泰国二队，虽然是一场热身赛，但因为输得逾越了底线，用“恶劣影响”名之并无不当之处。与此同时，现在从上到下一致认为聘请卡马乔为国足教练是一个错误，尤其令国人“是可忍，孰不可忍”的，是与卡马乔签订的那份合同有高薪却无责任，甚至连现在的拍屁股走人都不那么灰溜溜，还要给他支付天价违约金。我方是哪些智商弱爆了的人物做出如此低级的决策？奉命签字的人当时可曾想到了李鸿章？这样一个真把金钱视为粪土的“不平等条约”的横空出世，算不算“重大事故”？

引咎辞职恐怕也是适用足协官员的。表面上看，中国足协是全国性群众体育组织，实际上其与体育总局足球运动管理中心是一套班子，负责日常事务的足协专职副主席即体总足球管理中心主任。据说这样做是为了应付国际足联的规定，在他们的章程中，各国足协应该属于民间机构。也就是说，我们的足协看似具有民间属性，实则还是官办，如此借以障一下洋人的眼。这种做法蒙不蒙得了人家，这里不讨论，但显然蒙不了我们自己，你在人家那里名正言顺了，在《条例》的“免职、辞职”条款里受到惩处也同样名正言顺了。那么，《条例》就可以也理应正常发挥效力。

中国足球输到了这个份上，三个“集体”跑到前台来致歉了，却还不见哪个官员坦承自己的过失，难道他们的脸上连一丝红意还没有出现吗？脸皮厚实并不要紧，《条例》已经想到头里了，那就是紧随引咎辞职之后的第六十条：责令辞职。按照定义，那是指党委（党组）及其组织（人事）部门根据党政领导干部任职期间的表现，认定其已不再适合担任现职，通过一定程序责令其辞去现任领导职务。拒不辞职的，应当免去现职。通俗地说，就是赖着不走轰你走。我一向认为，关于引咎辞职的条款制订得过于超前，主动揽责，那得需要多高的修养、多深的境界？我们的太多官员根本不具备这种修养和境界。而在当下，如果没有哪个足协官员为如此丢人现眼的败仗引咎，则所谓“汲取‘6·15’的深刻教训，以此为鉴”，基本上便无从谈起，谈也是奢谈。

引咎辞职不果，就由责令辞职来跟进吧！无论官阶大小，总得杀鸡儆猴，尽管可能未几又悄悄地在哪里复出。姿态都不表一下的话，《条例》的这一款真是形同虚设了。

（2013 年 6 月 25 日）

愿男篮“7·9”只是一次偶然的惨败

在昨晚进行的斯坦科维奇洲际篮球冠军杯广州站决赛上，中国队以44∶61的大比分输给阿根廷队。终场的哨声响起，央视解说员一句“中国队屈居亚军”引起我的不快。纵观全场，中国队没有一次领先对手，而且每一节比赛都在输球，且在斯杯上输得逾越了底线——此前自己历届的最低得分为45分。这样的亚军完全可用溃败、惨败来名之，何屈之有？

竞技体育中，确有屈居亚军的大量实例。伦敦奥运会上，丁宁被判了那么多发球违例最后以1∶4输给李晓霞，就是一个真正的屈居。乒乓球发球得抛球，抛多高是有规则的，就是“使球在离开不执拍手的手掌之后上升不少于16厘米”。裁判显然是认为丁宁的好多发球都不达标，但这个“不少于16厘米”，实际上全凭裁判的肉眼拿捏，比羽毛球发球的过腰不过腰更缺乏可判断性。所以在顶尖的羽毛球选手那里，发球违例也是常见，而乒乓球则不常见；不常见的事情却在一场重要比赛中三番五次地摊到丁宁身上，连国际乒联主席沙拉拉赛后也承认该裁判执法尺度太严，没有弹性，加上丁宁输掉本场比赛的同时，也延迟了实现唾手可得的“大满贯”的梦想，这才是屈之又屈。而在公平的竞赛环境之下，任何的输也无屈之有。真正的高手对决，胜负就在毫厘之间，差别大的话，就不是一个量级的了。

当然我也知道，那是央视解说员说顺了嘴，凡“亚”则“屈”，根本不动脑筋是一种常态。所以此番较起真来，是因为在现场观看比赛时，即对中国队队员的场外表现很不满意。谁都知道，现场观看什么会看到很多电视转播画面上没有的东西。这似乎是一句废话，但我想说的是，现场可以“主动”发现一些什么。斯杯这场决赛的上半场，我是在现场看的，看到了什么？看到三四名——尼日利亚对波多黎各——的赛事还在进行的时候，一众阿根廷队队员已经站到了场边；比赛刚一结束，他们便开始来来回回地原地或前或后地转圈跑动；场上的运动员退下后，他们又跑进去练习动作配合、投篮。反观我们，不过是几个后来没上场的队员进来看球，现场 DJ 就鼓动大家表示热烈欢迎；自己的比赛快开场了，阿根廷队员都一身汗了，咱们的队员才慢腾腾地露了面。大爷？公子哥？说不好听的，本能地就想到了这两个角色。至少给人的感觉是：没有人家那么专注比赛。倘若再戴顶帽子来说，就是没有人家那么敬业吧。陆游说“功夫在诗外”，蕴含着的正是这层道理。

此外，中国队 4 月份上任的“扬帅”——扬纳基斯，也有检讨自己举止的必要。摊手，耸肩，怒气冲冲，抢天呼地……从比赛打起来站在场边就没老实过，不停地做着各种无比夸张的动作。即便赛场上并没有发生任何摩擦，很正常地进行着，他也不停地对经过他的裁判指手画脚，看上去很有些暴躁。我要是裁判，立马会罚他出去。这是他的一贯作风，还是因为自己就任主帅以来遭到了最惨痛的失利才如热锅上的蚂蚁一般？我觉得，孙悟空一样坐不住板凳，根本没人招你惹你就先抓耳挠腮，不是主帅应有的举止。淝水之战前夕，东晋总指挥谢安还在从容地与人对弈，我们的人应该给洋帅讲讲我们的历史。

有了“6·15”中国男足的惨不忍睹，国人对集体项目的国际比赛想必格外关注了一层。希望中国男篮没被他们“传染”，这个“7·9”真的只是一次偶然的惨败；四场斯杯比赛的阵容一次一变，真的只是新洋帅在试验不同的人员搭配；并且，真的只是不计较一城一地的得失，放长线钓大鱼。当然，一切都有待时间来检验，都有待中国男篮靠自己的成绩来证明。

（2013 年 7 月 10 日）

（补记：8 月 9 日，2013 年亚洲男篮锦标赛 1/4 决赛，中国男篮以 78∶96 的悬殊比分惨败给中华台北。这是中国男篮历史上首次负于中华台北队，也是中国男篮一队自 1975 年首次参加亚锦赛以来的历史最差战绩，则“7·9”惨败无疑并非偶然。）

给杭州交警竖竖大拇哥

因为无证驾驶而被拘留，按道理是没什么稀奇的。我国《道路交通安全法》第九十九条明确规定：未取得机动车驾驶证驾驶机动车的，处二百元以上二千元以下罚款，“可以并处十五日以下拘留”。如今让国人稀奇一下，是因为无证驾驶的主角是奥运冠军孙杨，罚款交了，多少不得而知，行政拘留是七天。

饶是处罚只是上限的五折弱，也要给执法的杭州交警竖竖大拇哥。理由在于著名运动员违法，他们并没有网开一面，而与寻常人等同“罪”。本来这是法治社会的应有之义，但许多应有之义在于我们，哪怕只是个案，也足以雀跃一回。这种处罚对孙杨来说，也未必是坏事。说这话之前，脑袋里忽然冒出的，是路遥小说《人生》开篇所引用的柳青《创业史》中那段著名的话：“人生的道路虽然漫长，但紧要处常常只有几步，特别是当人年轻的时候。”很可能，这正是对孙杨人生一步“紧要处”的及时纠偏。况且，“惩前”更在于“毖后”，处罚的直接对象是孙杨，释放出的信号却非常鲜明。

孙杨走到这一步，并非偶然。有媒体说他“劣迹斑斑”，有这种感觉。7 月 1 日的《人民日报》曾刊发评论，点明批评孙杨以及另一领域的另一名著名运动员，认为他们在中国体育发展进程中的开创性贡献，“不足以成为两个中国体坛标志性人物将自身个性演化为任性的理由”。孙杨与教练的恩恩怨怨，“清官难断家务事”，不好说，但浙江体育职业技术学院此番表态，问题很清楚：孙杨不遵守运动队管理规定，屡教不改，不断挑战管理的底线。第十二届全运会后，长期擅自在外，且不报告行踪，至今尚未归队，他们是在海关记录上才发现他还跑到泰国去逍遥过。孙杨所以趾高气扬，我认同一位业内人士的看法，主因在于自认为成绩突出，组织离不开他，不敢处理他。

这样“自认为”的，未必是孤例，孙杨只是一个极端的代表。就在第十二届全运会期间，某个著名的体操运动员抱怨因为没有代表本市参赛，觉得自己被抛弃了，运动队没有人再联系他。他说曾经考虑是否要去大连观看体操的比赛，但没有证件，无法进入体操馆，只好“买票看”。此外，在运动员村，还要靠脸熟来蹭饭吃。那个运动队的做法或有冷漠的一面，但换个角度思考，你小人家既非运动员，也非组织者，观众一名，运动队凭什么要对你一路绿灯呢？买票看比赛，自己掏钱吃饭，在我们看来何其正常不过，何以就染上了打击报复的嫌疑，你的自尊怎么就受到了伤害？自以为一朝了不得，通吃今后，没达到目的罢了。

针对没有驾驶证，孙杨这样解释：“由于平时忙于训练，对法律知识的淡薄，导致今天的错误。”这一说法遭到了公众的抨击，甚至新华社评论也认为孙杨的道歉“缺乏诚意”。我倒是觉得，大家都先别这么武断，他可能真的是法律知识淡薄，因为他所在的学院也没浓厚多少。孙杨有没有驾照，院方最清楚不过。逻辑上不难推导：考驾照没那么严格的时候，快的也还要半年，他什么时间去练车？这并非孙杨第一次无证驾驶，他抓着不同类型汽车方向盘的镜头多次被记者捕捉到，院方当时闭着眼，现在才想起睁开眼，对孙杨走到这一步不是难辞其咎吗？我们的各级运动队培养了众多的优秀运动员不假，但毕竟不是在“制造”一台台“金牌机器”，运动员在成绩之外是龙是虫，不能全靠他们自己。

拘留所的七天时光很快就会过去，今后的孙杨将走向何方？有两句老话等着他，一句是好听的，叫作“浪子回头金不换”；另一句不大好听甚至难听，且对那个以忠诚著称的动物也极不公允，只好按惯例来“某”一下，道是：“某改不了吃屎。”二者必居其一，究竟如何，只有静待时间的检验。

（2013 年 11 月 5 日）

孙、朴之争何以双双失利

仁川亚运会泳池第一金的角逐是男子200米自由泳，我国的孙杨与韩国的朴泰桓之争举世瞩目。结果大家已经看到，连担任央视主持嘉宾的罗雪娟也大跌眼镜：日本的萩野公介获得了金牌。看直播时，为孙、朴坦然面对失利的大将风度表示钦佩，两人到达终点看到结果后流露出来的笑容是由衷的，绝不属于“强颜”之列。

这场事先张扬的对决跑出了“第三者”，媒体的评论自然铺天盖地，但有两种说法我不认同：一曰萩野公介的胜出是孙、朴“鹬蚌相争，渔翁得利”，一曰“螳螂捕蝉，黄雀在后”。所以不认同，在于两个成语用在这里殊为不当，不妨展开来看。凑巧的是，这两个成语都与西汉的刘向有关。“鹬蚌相争，渔翁得利”，来自刘向编定的《战国策·燕策》中苏代讲的一个寓言故事；而“螳螂捕蝉，黄雀在后”，来自刘向撰写的《说苑·正谏》中少孺子进谏时打的一个比方。

“鹬蚌相争，渔翁得利”背后的故事是，赵且伐燕，苏代为燕王谓赵惠王：“蚌方出曝，而鹬啄其肉，蚌合而拑其喙。鹬曰：‘今日不雨，明日不雨，即有死蚌！’蚌亦谓鹬曰：‘今日不出，明日不出，即有死鹬！’两者不肯相舍。渔者得而并擒之。”苏代要说明什么呢？赵如果进攻燕，双方一旦成为持久战，恐怕会给强秦捡个便宜。这成语因而比喻双方相持不下，第三者从中得利。“螳螂捕蝉，黄雀在后”背后的故事是，吴王欲伐荆，声明“敢有谏者死”，少孺子者“欲谏不敢”，就怀揣弹弓在后园转悠；转悠了三个早晨，吴王很奇怪，少孺子才说：“园中有树，其上有蝉。蝉高居悲鸣饮露，不知螳螂在其后也；螳螂委身曲附欲取蝉，而不知黄雀在其傍也；黄雀延颈欲啄螳螂，而不知弹丸在其下也！”这成语因而比喻只顾眼前利益而不顾后患。

这样来看，后一个不用说了，对该成语的理解完全是望文生义，不论用之于孙还是朴，都不啻相去万里。前一个乍看上去用得有些道理，实际上也不然。渔翁所以能得利，在于鹬蚌之间相互掣肘，导致双方的优势被对手遏制；而在竞技的泳池中全然不是这种状况，大家在各自泳道中机会均等。换言之，萩野公介也是在用实力说话。他在临近终点时忽然发力，且发得出力，表明他有他的过人之处。

语云“内行看门道，外行看热闹”。像我看体育赛事，就属于看热闹的一类。看热闹的，对孙、朴的双双失利可以感到意外，但看门道的则不应该。我觉得，对孙、朴的教练班子来说，牢记《孙子》告诫的“知己知彼，百战不殆”尤为重要。二人的教练班子只是盯着对方，充其量相互之间做到了“知己知彼”；萩野公介那一“彼”则完全漠视了。须知人家并非初出茅庐之辈，“风乍起，吹皱一池春水”，而是已经取得了骄人的成绩：2012 年伦敦奥运会上就获得了 400 米混合泳铜牌，那可是击败了“最伟大的奥林匹克运动员”菲尔普斯获得的；去年，在巴塞罗那世界游泳锦标赛上，萩野公介又获得了两枚银牌，其中 400 米自由泳正输给了孙杨，但孙杨差不多 3 秒的领先优势，令他的教练班子显然没有把萩野放在眼里。从刚刚的这个结果上看，萩野倒是深谙“攻其无备，出其不意”之道，这也是《孙子》中制胜之道的一种。

借用成语来描述体育赛事，能够形象生动，但前提是必须用得准确，否则不仅弄巧成拙，而且对正确认识问题也不会带来多大益处。

（2014 年 9 月 22 日）

与其怨风，不如反求诸己

仁川亚运会羽毛球男子团体决赛，我国须眉在 0：2 落后的情况下，第二单打林丹和第二双打蔡赟/傅海峰挽狂澜于既倒，扳成 2：2

平。但是最终，还是在小将高欢的最后一关失守，输给了韩国。早早便迫不及待地看直播，因为过于专注，看完真有“时间都去哪儿了”的疑问，怎么5个小时转眼就没了？

这几年来，中韩羽毛球在每次的对决之前、之中和之后，总是能嗅到一丝火药味儿。此番亦不例外。赛后，中国队总教练李永波抨击韩国队利用空调风向影响比赛的行为，认为比赛的条件并不公平。羽毛球的确是一项“怕风”的运动，在顺风边还是逆风边，运动员得调整不同的战术。当然那是对高手而言，他们对羽毛球落点与边线、底线的要求到了毫厘之间。“韩国弟弟”李龙大就说：“自己宁愿在没有空调的赛场比赛，这样或许就达到了某种程度的公平。但那样，球迷肯定就难受了。”此前日本队在半决赛输给韩国队时，也曾经抱怨场内风向摇摆不定。李总教练更肯定地认为：“确实风向是他们（韩国人）能够控制的。我们顺风的时候风向就很大，等到他们顺风的时候风就小了。”按道理，本该与同胞站在同一战壕，但横竖觉得这话实在不那么中听。时髦点儿说，李总教练流露出的是弱者心态吧。

还是让队员现身说法。第一单打、世锦赛新科冠军谌龙对阵孙完虎，第一盘仅仅拿到可怜的5分。李总教练这么看的：“谌龙的第一局比赛风太大，他是控制底线的，风大他就失去了自己的技战术风格；第二局明显感觉风没了，第三局风又来了。”但谌龙怎么说？“输球跟风向没有关系，对手确实打得比我好，输球也很正常。”林丹在赛后接受采访时更一语破的：“风向对谁影响都很大”，“风确实比昨天（半决赛时）大，但条件是同等的”。谌龙、林丹的话，体现出的才是强者心态。事实上，在团体赛中掉链子，谌龙并非头一遭。最近一年来，他已经连续在全运会、汤姆斯杯上输球，加上这次是三连输。全运会在沈阳打的，汤杯在印度首都新德里打的，韩国人做不了手脚吧？主要问题肯定出在谌龙自身，究竟在哪里，才是需要总教头认真查找的。一味地归咎于风，纠结于一些场外因素，不会扰乱军心吗？于事有补吗？

如果说韩国人可以操纵风向，那么在前一天的中韩女子团体对决时自然也可以祭出此招。然而如我们所见到，中国女团以 3：0 击败了对手。男队的情况在我这个外行看来，要么是我们的水平在下滑，要么是别人的水平在上升。总之，原本的霸主地位已经动摇了，今年最重要的两个男团冠军分别被韩日收入囊中就是明证。4 个月前，我们丢了汤姆斯杯，那是在半决赛输给日本，连决赛都没进入。现在，又给韩国拉下了马，无缘亚运“三连冠”。现实或许就像蔡赟所说的那样：“中国男队目前确实处于一个非常困难的时期。”在下还想提醒李总教练的是，中国女队的情况也要高度重视。决赛时虽然连赢了 3 盘，却“不约而同”地都是输了第一局。今天的女双第二轮，前世界第一、两届世锦赛冠军于洋/王晓理 1：2 不敌现世界排名第 19 位的马来西亚组合，无缘八强。稍往前溯，李雪芮在去年和今年的两届世锦赛决赛中，分别输给泰国和西班牙小将。人如果两次踏进同一条河流，你还强调客观原因？

韩国媒体说，经过调查，中韩男团决赛的桂阳体育馆空调的风速、风向都无法调节。系统都没有这种功能，怎么能调节呢，还经常性地调节？当然，空调没有这一调节系统也确实让人感到没有面子。他们的调侃，我们既不必暴怒，也不能一笑了之。孟子说：“仁者如射：射者正己而后发，发而不中，不怨胜己者，反求诸己而已矣。”先贤之言，振聋发聩。

（2014 年 9 月 24 日）

归化运动员的成绩，有意思吗？

仁川亚运会男子百米飞人大战，卡塔尔归化运动员奥古诺德夺冠打破了亚洲纪录。来自我国也是我省的苏炳添获得一枚宝贵的银牌，而另一位我国选手、人气更高的张培萌，却以 10 秒 18 仅仅名列第四。赛后他坦言让大家失望了，毕竟在仁川亚运会的官方宣传片上，张培萌"破10"的经典手势已被收录进去，广而告之，倒是归化选手以9秒93达到了这一目标。

田径比赛开始以来，关注赛事的人就会有种感觉："归化"二字时不时跃进耳膜。查"归化"一词，是指某个人在出生国籍以外自愿、主动取得其他国家国籍的行为。渊源可不得了，好家伙，可以上溯到咱们东汉编纂的《汉书》，其《匈奴传》有云："匈奴内乱，五单于争立，日逐呼韩邪携国归化，扶伏称臣。"但这里的"归化"，显然是"归服而受教化"的意思。词义历两千年而外延拓展，如今用到此国运动员转而效力于彼国身上，亦符合进化规律吧。我们就有乒乓球、举重运动员归化到人家那边去。奥古诺德虽然为卡塔尔夺得了金牌，却本是尼日利亚人。女子3000米障碍赛后，金牌得而复失、又失而复得的"巴林"选手杰贝特，去年才从肯尼亚入籍过来。男子5000米决赛，则完全是归化选手之争，冠军看上去来自"卡塔尔"，实际上来自摩纳哥；亚军、季军看上去来自"巴林"，实际上分别来自埃塞俄比亚和肯尼亚。女子10,000米的冠军看似来自"阿联酋"，实际上同样出自非洲。如此等等。听央视解说员说，卡塔尔、巴林参加亚运会的选手，基本都是些不久前刚归化的非洲裔。

不久前刚归化，相信他们这样说是有所凭据的。我的信息不怎么对称，以为像这样代表国家的赛事，"权一时之需"的话，扣顶大帽子：好像对体育精神有那么点儿亵渎的意思。因为只要有钱，只要舍得花钱，随时可以引进别国的运动天才。不过，对归化的条件我有点儿糊涂。因为菲律宾、中华台北男篮早早地打道回府，恰是两队各有一核心归化球员不符合参赛条件。据说亚组委有明文规定，归化的条件至少有三项：1. 该公民在该国家居住时间不少于三年。2. 该球员已经被该国家规划，并且取得该国家的永久居住权。3. 非亚洲出生的居民除非同时满足前两个条件，否则将没有参赛权。就是这些前提条件，把菲律宾的布莱切、中华台北的戴维斯挡在了亚运会的大门外。某种程度上也正是因此，韩国队得以击败菲律宾队打入四强，中国队得以一分险胜中华台北队。须知，有老布在，9月初的男篮世界杯，菲律宾队差点儿把世界排名第二的阿根廷队拉下马；有老戴在，此前中国队已经连续三次输给中华台北，否则，此次亚运小组赛交锋，男篮即便不被日本大逆转，恐怕也小组出不了线。我给弄糊涂的是，为什么在田径场上，这些归化条件就完全不适用了？

我不知道，夺冠之后披着别国国旗接受庆祝的选手心中作何感想。我们有个归化韩国的乒乓运动员早就放出风来，要在仁川亚运会上打败中国。如果她的夙愿实现，我们的记者就不妨大度一些，让她谈谈感想。其实，既然规则允许，非议归化显得有些多余，问题在于为什么要制定这种规则？不错，在各国的各种职业联赛中，都能见到大量引进的外援。但那是职业比赛，要的是竞逐的精彩，同时带来丰厚利益的回报。而亚运会是以国家面貌出现的体育赛事，临时弄些雇佣军，即便取得荣誉又有什么意思呢？

想不通，呈请方家出面释疑吧。

（2014 年 9 月 29 日）

张继科这一脚踹没了什么

在德国杜塞尔多夫举行的 2014 男乒世界杯单打决赛中，张继科经过 7 局激战，以 4：3 战胜马龙，夺得个人第 2 个世界杯冠军，这也是新塑料球时代的首个男子单打世界冠军。此前的半决赛，张继科对波尔那一场赢得也并不轻松。历尽艰辛而取得胜利，运动员势必激动万分，激动的表现多种多样，我们见得较多的是捂住脸颊，或躺倒在地，或仰天怒吼，但张继科此番不然，他是跑到场边，一脚把挡板踢得“血肉横飞”，碎了两块之多。当然，这疯狂一幕的代价不菲，张继科旋即遭到国际乒联的处罚，45,000 美元的冠军奖金被充为罚金。

张继科为何有此疯狂之举？不得而知，也不想知道，在下只想探讨一下他这一脚踹没了什么。首先自然是踹没了冠军奖金，除此之外呢？踹没了一名职业运动员所理应具备的职业修养。国家乒乓球队总教练刘国梁一语破的："先学会做个好人。"刘国梁直言张继科的举动对乒乓球项目影响恶劣。关心乒乓球的人都知道，张继科是中国男队获得大满贯时间最快的运动员。在新生代球员中，张继科的成绩非常突出，但是缺点也极为明显，除了不分青红皂白的人，都会认为张继科的这一脚非常粗野吧？

刘国梁不是第一次痛批张继科了。拣最近两次较大的事情来说。去年 3 月，在广州举行的世界杯男团决赛，中国队以 3：1 战胜中华台北，输的那盘正是张继科以 2：3 不敌陈建安。赛后，当着张继科和所有记者的面，刘国梁斥责张继科的表现让自己失望，更暗示获得大满贯后张继科放松了对自己的要求。从赛后等待颁奖礼到新闻发布会，刘国梁一句话都没有和张继科讲，甚至新闻发布会上张继科挨着刘国梁落座，但二人连眼神交流都没有。今年 5 月，在东京举行的世乒赛男团决赛，中国队以 3：1 战胜德国队，输的那盘又是张继科以 0：3 输给奥恰洛夫。刘国梁批评道，张继科还需要提高团队意识和责任心，这些以前给他提出的问题，这两年里并没有得到根本的解决。并且，刘国梁认为，张继科取得的一些成绩、在场上的一些表现，有点飘飘然、有作秀的感觉；他接着直言竞争里约奥运没人有特权，以前的成绩只能作为参考依据，而不作为决定依据。这就表明，张继科面临的不单单是输场球的问题，看似偶然输球的背后，有某种必然因素。

这一次，刘国梁仍然不留情面："他有激情，每次赢球表达方式都有点过，但没这次这么过分，不管什么原因都是非常错误的行为，不管他本人还是全队都该敲一个警钟，因为你代表的是一个项目，在德国比赛发生这样的情况非常不应该。回到队伍我们会引导他让他改正，控制情绪，要让他明白不管多优秀，首先做个好人和有价值的人，叛逆绝对不是影响力，希望他通过这件事人格魅力有重大的转变。"前面说的那些，都被当成了耳旁风，这一回能入耳、入脑乃至入心吗？可以肯定的是，张继科如果不能从这次事件中真正吸取教训，他今后取得再多的冠军，也只能算是一个成绩不错的运动员，而不能成为一名优秀运动员，更不要提成为伟大运动员。宋朝书法四大家有“米蔡苏黄”之谓，米、苏、黄都没异议，米芾、苏东坡、黄庭坚，蔡呢？后世是蔡襄，而当时却是蔡京，因为蔡京的人品不堪，被指为误国的“六贼”之魁，才被后世剔除出去。人品和书品在我们的传统文化里就这样紧密关联着，人品和球品在今天难道了不相涉吗？

自成名以来，张继科一直以有性格著称。无论是鹿特丹世乒赛后撕衣庆祝，还是首次夺得世界杯单打冠军后脱衣露出背后的雄鹰文身，都显露了鲜明的个性。但个性肯定不是粗野。张继科不必改变个性，况且“江山易改，本性难移”，但今后他却需要在张扬个性与避免粗野之间找到平衡点，子曰“过犹不及”。

（2014 年 10 月 27 日）

“金牌至上”等同“唯 GDP 是从”

1 月 26 日上午，中央纪委监察部网站公布了《中共国家体育总局党组关于巡视整改情况的通报》。在“高度重视”“全面部署”“狠抓整改落实”这些耳熟能详的字眼之外，不乏亮眼之处。比如，取消亚运会、奥运会贡献奖奖项的评选，对全运会等全国综合性运动会只公布比赛成绩榜，不再分别公布各省区市的金牌、奖牌和总分排名，等等。什么是亚运会、奥运会贡献奖？就是每一届此类赛事之后，根据获得奖牌尤其是金牌的运动员的籍贯，对各省体育局的“论功行赏”。取消了这些以及“不再分别公布”，等于放下了一直高举着的“金牌至上”的“指挥棒”。

“金牌至上”即使在我们国度，也早就颇受诟病。因为这样一来，我们发展体育运动的动机便渐渐地背离了体育的本意。这种“金牌至上”的政绩观，与经济发展领域的“唯 GDP 是从”实质上并无二致。经济发展不是不要 GDP，而是不能“唯 GDP 是从”，唯其是从，就会不惜以“高投入、高能耗”来换取“低产出”，虽然杀鸡取卵、竭泽而渔，但能够为“现管”的官员带来政绩，所以仍然屡试不爽。体育领域也是如此，不是不要金牌，而是不能“金牌至上”，一旦如此，因为金牌带来的政治荣誉、经济利益，同样会令一些领导干部不择手段。《通报》中明确的这几点——赛事审批不规范、不透明，凸显部门利益问题；运动员裁判员选拔选派不公开、不透明，寻租现象较为严重的问题；弄虚作假，破坏赛风赛纪，违背体育精神问题——就是其恶果的具体体现。与此同时，《通报》还指出，少数领导干部因为片面追求运动成绩、金牌数量，疏于对运动员、教练员的教育、引导和严格管理，甚至给予错误的政策导向，导致少数运动员、教练员在赛场上公然违背体育精神和体育道德，甚至铤而走险违反国家法律法规。

体育是什么？用不着照抄教科书上的定义，毛主席的阐述通俗不过：“发展体育运动，增强人民体质。”这句“增强人民体质”，虽然自其问世以来至少体育界领导干部没有人不知道，但是见之于行动的力度、产生的效果还远远不够。按我的理解，体育包括两大部分：竞技体育和群众体育。竞技体育挑战人类极限，展示的是寻常人等无法企及的令人如醉如痴的体育魅力，而群众体育则纯粹属于强身健体，在运动中陶冶性情。我们的竞技体育已经取得了辉煌成就，奥运会上金牌总数都名列第一了，但我们并不是体育强国，不用别人说，自己也很清楚。为什么？就在于竞技体育的那条腿长了，而群众体育的这条腿短了，而且短了不少，见之于整个中国体育难免就成了跛足而行。“增强人民体质”，强调的就是要发展群众体育。因此，取消亚运会、奥运会贡献奖的评选等等，无异于纠偏，使发展体育运动的重心更多地回归到体育的本质上面来。而国民整体素质的提高，势必也将为竞技体育奠定雄厚的人才基础，使群众强身健体与运动员在国际赛场上为国争光形成良性互动。

有一点担心的是，国家不再分别公布各省区市的金牌、奖牌和总分排名，各地可能会继续暗中角力。所以，《通报》中的这一句落实起来非常必要："今后将从群众体育、竞技体育、体育产业、体育投入产出效益等多个角度研究设立体育事业发展的评价指标。"如果要分清主次的话，我们首先该制定一套关于群众体育开展状况的评价指标，把这个作为当务之急，体育产业什么的可以慢慢来。

（2015 年 1 月 26 日）

给丁俊晖世锦赛的惨败找找原因

今天傍晚，英国谢菲尔德进行的 2015 年世界斯诺克锦标赛 1/4 决赛，人们期待我国丁俊晖带着 4：12 的比分能与英国本土球员特鲁姆普背水一战。很遗憾，还不到 20 分钟，丁俊晖便握手认输，结束了自己的世锦赛之旅。这是斯诺克最高水平的赛事，丁俊晖虽然排名赛冠军已有 11 个，但恰恰缺少分量最重的这一个。

丁俊晖输得有点儿惨不忍睹，双方好像完全不属于同一个量级。而在赛前，各路"砖家"莫不预测这将是一场势均力敌的比赛。这样预测当然是有依据的。特鲁姆普和丁俊晖的年龄、世界排名都很相近，从两人在职业赛场上交手 11 次的既往战绩看，丁俊晖 6 胜 5 负，在大型排名赛上则是 3 胜 2 负，还稍微占优；而丁俊晖在 2011 年世锦赛半决赛输的那场，恰恰让人刻骨铭心。当时，丁俊晖 15：14 领先，却连输三局被淘汰出局。这一次，丁俊晖有"复仇"的性质，但特鲁姆普也更看重这场比赛，所以两人在赛前都罕见地放出了必欲打败对方的豪言。小丁说上次世锦赛被击败是小特的运气，小特说小丁这次世锦赛走到现在是因为没碰上真正的对手。

然而，但凡关注了这场比赛进程的人，对这个悬殊比分都不会感到意外。在三个阶段分别为 8、8、9 局的比赛中，前两个阶段小特就以 12：4 拿到了赛点，且始终犹如砍瓜切菜，完成前四局零封，平均每杆用时仅 18 秒，比丁俊晖快了 11 秒。丁俊晖稍有漏洞，马上被他抓住一杆清台。应当说，丁俊晖输得心服口服。而如果心、口皆不服，就要认真总结经验教训。比方赛前的豪言，显见是一种战略的运用，以期从气势上压倒对方。但是，兵法有云："知彼知己，百战不殆；不知彼而知己，一胜一负；不知彼，不知己，每战必殆。"意思我们都很清楚：既了解敌人又了解自己，百战都不会有危险；不了解敌人只了解自己，胜败的可能性各半；既不了解敌人又不了解自己，那么每战都有危险。兵法嘛，说的是较量胜负的打仗，竞技体育亦以胜负为衡量标尺，二者就有相通之处。何况，军事用语大量地介入体育赛事报道，早已成为我们司空见惯的一大景观。我想，丁俊晖赛前不仅没把特鲁姆普放在眼里，且云"已经做好了夺冠的准备"，应该是落入了"不知彼而知己"的窠臼。

丁俊晖对自己显然是非常了解的。本届世锦赛前，他刚刚在中国公开赛上进入了四强，创下赛季最好成绩；世锦赛前两轮，又接连逆转对手晋级。本赛季六次"一轮游"的阴影，似乎被涤荡殆尽。状态的回升，也让丁俊晖越来越开朗健谈，时不时地还开开玩笑。但同样显然的是，他不了解特鲁姆普处于何种状态，所以比赛一开始就出现了 0：6 的悬殊比分。我们可以说特鲁姆普出杆神准，也可以说丁俊晖完全措手不及，被打蒙了，对此没有任何心理准备。

媒体对丁俊晖的报道也需要反思，既不要"捧杀"也不要"棒杀"。所谓"捧杀"，就是无休止地道及丁俊晖上赛季取得"五冠王"的辉煌；所谓"棒杀"，就是反复渲染丁俊晖本赛季六次"一轮游"的低迷。过去了的就是历史，你叫丁俊晖总是背那么多辉煌或沮丧的包袱干吗，能不能让他平心静气地面对每一场正在进行的和未来的比赛？我尤其反感丁俊晖"慢热"这种说法，这等于纯粹是站在自己的角度衡量问题，潜台词是拒不承认人家的竞技状态更好。进入竞技状态的快慢，某种程度上是否取决于运动员的心理素质，重压之下导致缩手缩脚？

我们期待丁俊晖今后能够继续取得佳绩，但是，无论取胜还是失利，原因都要找准才于事有补。否则，要么是妄自尊大，要么是事后诸葛亮。

（2015 年 4 月 29 日）

奥沙利文的“任性”并不足取

在北京时间 16 日凌晨结束的世界斯诺克威尔士公开赛一场比赛中，著名的“火箭”奥沙利文有意放弃 147 分而打出单杆 146 分的做法成了大新闻。了解斯诺克的人都知道，147 分是满分。对高手而言，可遇而不可求。对观众而言，现场躬逢无异于中彩。在“斯诺克 147 俱乐部”里，打出满分杆最多的正是奥沙利文，也不过区区 13 杆。此番他为何故意放弃唾手可得的第 14 杆？据说是因为奖金太低。的确，从上一杆傅家俊去年底打出 147 到现在，奖金累计才只有 1 万英镑。对奥沙利文此举，一些评论于是冠之以“任性”。

“任性”入选了《咬文嚼字》杂志发布的 2015 年度“十大流行语”，排在第七位。其所以流行，始于去年全国政协十二届三次会议吕新华，在回答香港卫视记者关于反腐的问题时，他套用了一个网络热词：大家都很任性。当然这不是一个新词，像“土豪”“打酱油”一样，只是在网络时代被赋予了新意。但究竟具体该如何释义，当下似乎并无权威声音，仿佛大家都心知肚明。而在从前，它的意思却是相当清楚的，辞书上看，大抵有这样一些。

其一，纵任性情，率真而不做作。《后汉书·马融传》载，马融“才高博洽，为世通儒，教养诸生，常有千数”，享誉后世的学者卢植、郑玄都是他的学生。马融“善鼓琴，好吹笛，达生任性，不拘儒者之节”。他的任性表现在，“居宇器服，多存侈饰”。看他有时上课的那副样子，“坐高堂，施绛纱帐，前授生徒，后列女乐”。范晔说他

“终以奢乐恣性，党附成讥”，进而得出结论：“固知识能匡欲者鲜矣。”这个结论拿到今天高校教师队伍中，也未必过时。别的不说，教授“休”了妻子而娶学生，竟成时尚，此即不能“匡”之一“欲”，率真则率真，却为周边人等戳戳点点。《旧唐书·高祖传》说李渊，“倜傥豁达，任性真率，宽仁容众，无贵贱咸得其欢心”，那么，李渊的任性才具正面意义。

其二，恣意放纵，以求满足自己的目的。《后汉书·杨终传》载，杨终与马廖的关系不错，马廖既是伏波将军马援长子，也是当朝太后的哥哥，地位显赫。但他“谨笃自守，不训诸子”，杨终就给好友写了一封信，说他那个“官二代”儿子马豫虽然年少，但“血气方盛，既无长君退让之风，而要结轻狡无行之客，纵而莫诲，视成任性，鉴念前往，可为寒心。君侯诚宜以临深履薄为戒”。言下之意让他好好教育一下。可惜马廖听不进去，马豫后来也果真出了问题。

其三，执拗使性，必欲按自己的愿望或想法行事。这在我的故乡基本上叫“拧”，主要是说小孩儿主意大、不听话。《红楼梦》第一百十七回，说宝玉“在王夫人跟前不敢任性”，大概也是这个意思了。

对照这几个义项，不难发现奥沙利文似乎全都“合拍”，然而要用不带贬义色彩的“率真而不做作”来度量，他的“任性”也只是马融类的，而非李渊类的。那些冠之以“任性”的评论，却全然一种津津乐道的口吻。如果奥沙利文此番举动果真可以如此定义的话，那么这也是一种并不足取的“任性”。人们对竞技体育所以痴迷，欣赏的就是它所能达到的“极致”，用奥林匹克精神来诠释就是“更高、更快、更强”。能够达到、就要达到却因为奖金不够刺激而刻意放弃，对观众至少称不上尊重。去年产生了 6 杆 147，到最近一杆的傅家俊那里，奖金累计才 3500 英镑，但是我们看到了傅家俊的兢兢业业。奥沙利文诚然很牛，但毕竟还没有牛到什么时候想打 147 就什么时候能成的地步。归根到底，职业精神还是欠缺了不少。或者这么说，任性也符合孔夫子“过犹不及”的定律。

（2016 年 2 月 16 日）

如果 AlphaGo 成功约战柯洁

举世瞩目的围棋人机大战——韩国棋手李世石与谷歌计算机围棋程序“阿尔法围棋”（AlphaGo）——今天下午尘埃落定。收官战中，李世石再次饮恨，从而使总比分定格为 1∶4。实际上，人机大战中“人”输了的这个结果，在五番棋赛事中的第 3 局之后就已经明白无误，剩下的两局只是李世石代表的“人”能不能赢回一局的颜面问题，好在第 4 局时李世石以“神之一手”逼出了 AlphaGo（阿法狗）的漏洞。

李世石输了，当然不代表他人上场也是这个结局。我们有一位叫作柯洁的小将，从人机大战一开始就不断放出豪言。在李世石首局落败后，柯洁在微博中写道：就算阿法狗战胜了李世石，但它赢不了我。在李世石第 3 次认输后，柯洁又在深夜发微博称：“来吧！管你是阿法狗还是阿法猫！我柯洁在棋上什么大风大浪没见过？让风暴再来得猛烈点吧！”柯洁这样说话，有他的底气。他的等级分目前排名世界第一；今年还没过完 3 个月，他就已经 5 次击败李世石。1 月 5 日，在第二届梦百合杯世界围棋公开赛五番棋决赛中，柯洁 3∶2 胜。2 月 11 日，央视贺岁杯围棋赛决赛，柯洁中盘胜。3 月 5 日，第 17 届农心杯团体赛，作为主帅的柯洁再次中盘胜，中国队因此获得农心杯三连冠。也正是这些前提吧，在赛事进行期间谷歌工程师便公开下了战书：“柯洁，准备好了吗？”

如果 AlphaGo 成功约战柯洁，我以为柯洁的当务之急却是铭记那句著名的古训：骄兵必败，哀兵必胜。一般会以为这是《孙子兵法》里的，其实前半句出自《汉书》，所谓“兵骄者灭”；后半句出自《老子》，所谓“祸莫大于轻敌，轻敌几丧吾宝，故抗兵相加，哀者胜矣”。不过，下围棋和用兵法本质上也差不了多少。《西游记》转引的

《烂柯经》，对围棋的战略战术说得相当直白："击左则视右，攻后则瞻前"；"与其恋子以求生，不若弃之而取胜；与其无事而独行，不若固之而自补。彼众我寡，先谋其生；我众彼寡，务张其势"；"凡敌无事自补者，有侵绝之意；弃小而不救者，有图大之心"。如此等等。所以，尽管主流说法认为围棋起源自尧舜，但唐人皮日休根据围棋"不害则败，不诈则亡，不争则失，不伪则乱"的特性，坚持认为"必起自战国纵横家者流"。在他看来，这就应该是战争贩子们的发明。

柯洁虽然对李世石的战绩目前是 8 胜 2 负，领先的优势比较明显，但不代表他的棋力就一定会比李世石高出一个档次，高手间对决的胜负从来都只是毫厘之间。1983 年出生的李世石，也曾有"不败的飞禽岛少年"之誉，得过多少世界冠军我没数过，总有十几个之多吧。今年百合杯那五番棋，柯洁在决胜局就只是半目险胜。而且，围棋之所谓"中盘胜"，是对方投子认输，无需数子或目而已，不代表下到中盘就已经了事，除了屠龙，真要数的话，差距也未必会有多大。我这样说，没有小看柯洁的意思，只是此番搬出的是《孙子兵法》，知己容易知彼难，而知彼的重要性，毫不逊于知己。在 AlphaGo 测试人类之前，人类普遍不知彼，李世石在赛前不是豪言将以 5：0 取胜吗？有了李世石的前车之鉴，柯洁的话更不宜说得太满。

今年不过 19 岁的柯洁，"初生牛犊不怕虎"，豪气干云，这是十分可喜的。诚然，《孙子兵法》还说："不战而屈人之兵，善之善者也。"但那是对人，面对机器的时候恐怕是另一回事，机器的最大特点是没有丝毫情感，因而人类无论怎样"恫吓"它也就不会有丝毫的惧怕。AlphaGo 有约战柯洁之意，柯洁亦有将 AlphaGo 斩落马下之心，倘若在不远的将来约战成为现实，我们自然希望唯有柯洁才能为人类"出一口鸟气"，但我更愿意首先看到以哀兵姿态出征的柯洁。

（2016 年 3 月 15 日）

科比的“待遇”给我们以启示

美国的篮球明星科比今天进行了他职业生涯的谢幕战。美国那里的人如痴如醉并不奇怪，篮球算是他们的“国球”，科比又是耀眼的巨星。可怪的是我们这里也热闹非凡。微信圈里甚至有某些公司的“内部文件”或“通知”，说 4 月 14 日科比退役，放假一天；还煽情地来一句“即使出现第二个科比，我们也没有第二个青春去追随”。但从行文格式一点儿不规范、标点符号乱点一气来看，我疑心这是什么人的恶搞，否则，连这么点儿东西都弄得漏洞百出，这公司该怎么在市场上竞争啊。

不理这些吧。科比的这场告别赛的确牵动了我们许多人的心，这里面肯定不乏跟着起哄的伪球迷，就像当年如果不说一句“我的朋友胡适之”，就好像自己不是文人雅士一样。问题在于，胡适的学问、名望和人缘，顺理成章地给他带来这样的影响。科比凭什么呢？篮球打得好，没错，在 NBA 数据库里留下了大量骄人的纪录。仅仅如此吗？我们在不少体育项目里也有世界级的杰出运动员，跳水队、乒乓球队每被称为“梦之队”，骄人的纪录数不胜数，为什么我们没有哪个运动员产生类似科比这样的影响力？我们的“小巨人”不久前入选了美国的篮球名人堂，假如当初也有这么一场告别赛，美国人会这么痴迷吗？

我想，或者有“凡人贱近贵远”的因素，或者是我们的人还不会“造星”。

先看第一个或者。那句话是东汉桓谭讲的，度其上下文的语意，“凡人”不是对应神仙的普通人，而为“凡是人”的简称，也就是即大家都有这种心理。人们总觉得眼前的事、身边的人没有什么，别处的才真正了不起。后梁开国皇帝朱温，尚未登基还“领镇于汴”的时候，“盛饰舆马”去接自己的母亲。母亲吓坏了，“辞避深藏”，对人家说：“朱三落拓无行，何处作贼送死，焉能自致富贵？汴帅非吾子也。”在老太太眼里，儿子根本就不成器，怎么可能发达呢？但是显然，由朱温到朱全忠再到梁太祖，就算是流氓手段迭出吧，朱温的本领一定是有的，老太太“贱近”罢了。科比这单事倘若落此窠臼，扣给国人的“帽子”就不免大了：文化不自信。但愿不是如此。

再看第二个或者。我们有达到了巨星水准的运动员，但是没有“制造”出巨星。远点儿来看，庄则栋的世乒赛男单三连冠，至今无人突破。近前来看，已经退役的张怡宁拿过两轮女子乒乓球的大满贯——奥运会、世锦赛、世界杯单打冠军各拿过两次；仍然活跃在赛场上的林丹，在2014年就创造了羽毛球史上前无古人的全满贯，而且还是“双圈”——奥运会、世锦赛、亚运会、汤姆斯杯、苏迪曼杯、全运会等所有大赛冠军拿了两遍。但是不要说在国外，就是在国内，他们的影响又有几何？了解他们这些战绩的又有多少人？原因仅仅在于他们从事的都是“小球”，外国人不关注吗？不全是。他们的影响力局限在了体育。2001年，科比、波什、奥尼尔来到咱们国家，在长城上表演灌篮，那种影响力不是就已经大大超出了体育范畴吗？

我们的不会“造星”，还表现在没有把“巨星”还原成活生生的“人”，一俊遮百丑。表现好就锦上添花，表现不好就吐沫与砖石齐飞。科比也不是一个完人，他的负面新闻有很多，早有媒体给他归纳了“十大”，鹰郡事件、球场上挑衅专家、辱骂队友主教练和经理，等等。为什么大家没有揪住不放，不像我们的丁俊晖一旦遭遇“一轮游”，就给人翻出“读书无用”的“前科”？我们的杰出运动员如刘翔，不就是因为一两次关键赛事没有满足国人的期待而灰头土脸吗？其他如李娜、孙杨等等，客观地说，我们对他们在一些时候都缺少了一颗包容之心、平常之心。如果继续以“高大全”的标准去度量，可能我们以后也产生不了像科比这样受到自发追捧的巨星。

科比在我国的“待遇”，应当给我们以启示。

（2016年4月14日）

为塞尔比之“磨”一辩

2016 年世界斯诺克锦标赛北京时间今天早晨落下了帷幕。在经历了 32 局的激战之后，我们的丁俊晖 14：18 不敌英国的塞尔比，遗憾地无缘冠军，塞尔比则继 2014 年后再次捧杯。不过，丁俊晖可说虽败犹荣，他在本次世锦赛上打出了 15 次单杆过百仅次于“皇帝”亨德利的 16 杆，并创造了亚洲人首进决赛的纪录。相反，塞尔比虽然获得了冠军，但在我国观众中却强化了其“莱彻斯特小丑”的形象，主要是因为他在比赛中的“磨”。

其实在总共打了 32 局的比赛中，这种情形只出现了一局，就是打了 70 分钟的第 15 局。在那一局，丁俊晖率先上手单杆 71 分，虽超分但台面还剩 67 分。塞尔比没有放弃，单杆 31 分后转入防守，由于其间打过一次粉球，使丁俊晖超了 5 分，需要两杆斯诺克，而塞尔比果真成功做到一杆，比分也从 0：71 追到 52：71。但在随后，塞尔比又落后 24 分，而台面粉球和黑球共 13 分需做 3 杆斯诺克，他仍然上场尝试，央视解说姜毅便发难了，认为“顽强虽然是好事，但只剩 2 颗球，要想做到太难了”。倒是另一位解说徐鑫健的见解更为专业，在他看来，“塞尔比可能有战术的想法，因为现在丁俊晖的手感起来了，他想拖一拖，让丁俊晖的手凉一凉”。但他的声音几乎没有引起关注。

比赛嘛，人们自然都愿意看到精彩的一面，于斯诺克而言就是行云流水的一面。所以，奥沙利文、特鲁姆普这些进攻型的选手颇受观众青睐，不少时候裁判刚摆好球，他们已经出杆了。1997 年世界锦标赛首轮对阵普林斯的比赛中，奥沙利文仅耗时 5 分 20 秒就打了满分 147，成就了斯诺克界最难打破的一项世界纪录。在官方纪录的 6 杆最快过百中，也有 5 杆属于奥沙利文。防守，尤其是在落后不少的情况下仍然“起身”引发抱怨，无非是抱怨比赛变得不好看了。就塞尔比这局而言，连解说带观众无非是希望他赶快缴械投降。然而须知，竞技体育既有“快刀斩乱麻”的一面，也可能出现“拖泥带水”的另一面，对技术和心理成熟的高手来说，如何掌控完全是相机行事。徐鑫健的分析告诉我们，塞尔比正是这样一位高手。

稍稍回溯不难发现，我们不少人现在责怪塞尔比的“磨”，运用的实际上是双重标准。去年进行的中国公开赛半决赛上，丁俊晖对阵英格兰黑马威尔森的做法与塞尔比完全相类。在决胜局中，威尔森连得 72 分进攻中断，此时比分为 72：21，而桌面只剩下一颗红球，丁俊晖需要做四杆斯诺克才能起死回生。按照“磨”说者的逻辑，丁俊晖应该认输才是，然而丁俊晖仍然上场了，而且的确把对手惊出了阵阵冷汗。虽然最后奇迹并没有出现，但无论在当时还是在之后，丁俊晖都收获了如潮赞许。所谓评价的双重标准，就是同样的事情发生在不同的人的身上，得出的结论却截然相反。比如东汉王符论及解梦，说同样一个梦，“贵人梦之即为祥，贱人梦之即为妖，君子梦之即为荣，小人梦之即为辱”。再用杨景贤杂剧《西游记》的桥段更有趣些，猪八戒说：“小生朱太公之子，往常时白白净净一个人，为烦恼娘子呵，黑干消瘦了，想当日汉司马、唐崔护都曾患这般的症候，《通鉴》书史都收。”

事实上，在第 15 局之前，解说嘉宾庞卫国曾经说到塞尔比的出杆速度超过丁俊晖，具体到平均每人用了多少秒，数字我没记住。倘若我们的选手一局不顺，便对塞尔比之“磨”揪住不放，大做文章，不仅非常情绪化，而且于事无补。的确，斯诺克比赛频繁出现用时过长的马拉松战役，让“是否需要限时以及如何限时”的话题不断引起热议，但斯诺克官方尚未定论之前，过于强化这一点对自己的不利，流露出的不能不说是弱者心态。王充《论衡》早就说过：“孔子作《春秋》，采毫毛之善，贬纤介之恶，采善不逾其美，贬恶不溢其过。”我们在评价任何体育赛事上也应该做到这一点，理性客观，对选手的成长肯定有益无害。

（2016 年 5 月 3 日）

竞技体育竞的不是模样

任何关注里约奥运游泳赛事的人，都不会不知道美国的菲尔普斯和我们的宁泽涛。若论长相，两人没得比。菲尔普斯的那对大耳朵，首先就显出了其身体结构“比例失调”的一面，而我们的宁泽涛则拥有俊朗的外形，因此还罩上了“国民偶像”的光环。但是，若论成绩，两人同样没得比，只是这回要颠之倒之。菲尔普斯在本届奥运会上已经夺得 4 枚金牌，从而使自己的奥运金牌总数达到 22 枚，成就了前无古人的成就。而被我们寄予厚望的宁泽涛，在已经参加的两个项目中都没有游进决赛。

竞技体育要竞的，不是运动员的模样。然而，我们的众多视野对宁泽涛的关注，都是他的模样，用的都是诸如“小鲜肉”一类我这代人所不能理解的词语。真是舍本逐末。当下两相对照，菲尔普斯诠释出的才是一个伟大运动员所理应展现出的竞技之美，因之也英气逼人。同样，在本届奥运会上非常值得尊重的还有日本体操运动员内村航平。我们在电视上可以清楚地看到，内村航平也与靓仔无涉，但是他不仅成功卫冕了男子体操个人全能金牌，而且自 2009 年世锦赛以来，在奥运会和世锦赛男子个人全能项目中从未输过，达成“八连霸”的伟业。而我们在喀山世锦赛上一鸣惊人、本次被寄予厚望的宁泽涛，可以用昙花一现来形容，所谓“从急速崛起到快速崩塌”，不知道会不会有人进而想到《伤仲永》。崩塌的原因肯定是多方面的，但是赛前的广告风波，是否预示着宁泽涛已经不能专注于体育？是否已经放弃了对“更高、更快、更强”的执着追求？

如今流行所谓“颜值”，不拘行业、领域，“颜值”高低先成了一把度人的尺子。实际上，圣人如孔子也在这方面摔过不小的跟头。他反思自己当年的两件失误之事，一件是“以言取人，失之宰予”，再一件就是“以貌取人，失之子羽”。宰予和子羽都是孔子的学生，前者即白天睡觉而被孔子指责“朽木不可雕也”的那位。宰予“利口辩词”，能说会道，把孔子给蒙住了。后来宰予为临淄大夫，“与田常作乱，以夷其族”，孔子因而“耻之”。子羽即澹台灭明，《史记·仲尼弟子列传》载，他比孔子小 39 岁，“状貌甚恶”，孔子不大喜欢。灭明“欲事孔子”，孔子找个借口，“以为材薄”，使之“既已受业，退而修行”。后来，灭明先生有弟子三百人，“设取予去就，名施乎诸侯”，影响甚大，孔子才知道自己当年真是看走了眼。在罗浮山炼丹终老的葛洪，应该是知道这件事的，其著作《抱朴子》在说到“人技未易知”时，强调绝对不能以颜值取人：“士有颜貌修丽，风表闲雅，望之溢目，接之适意，威仪如龙虎，盘旋成规矩。然心蔽神否，才无所堪，心中所有，尽附皮肤。口不能吐片奇，笔不能属半句；入不能宰民，出不能用兵；治事则事废，衔命则命辱。”这句“衔命则命辱”，基本上把行行业业来了个一网打尽。如果嫌葛洪说的艰涩，那么再看看《世说新语》里“有美形”的王敬豫，有一次去向他当丞相的爸爸王导请安，爸爸说了句“阿奴恨才不称”，那是感叹儿子徒有其表。

“国民××”的帽子已经漫天飞舞了不短的时间，“××”还可以代之以“女婿”“老公”之类，对此我有一种本能的厌恶。这种所谓“国民××”，与芮成钢等的“代表门”只有五十步与百步之别。竞技体育竞的不是模样，不要再为所谓运动员的“颜值”趋之若鹜。既曰竞技体育，就是向运动极限的挑战。诚然我们不该把金牌看得太重，也需要傅园慧式的风趣，但是也不能由此走向另一个极端：对成绩满不在乎，变成自家享受所谓运动乐趣。过犹不及，前人已有谆谆教诲。

（2016 年 8 月 12 日）

第三部分

看奥运

对于任何一个体育迷来说，没有什么比四年一度的奥运赛事更值得期待了，当真是“良辰美景，赏心乐事”。雅典、北京奥运进行期间，余在《南方日报》均开设了专栏，每日但得余暇，便盯住荧屏。在北京奥运评论中，更进行了为体育赛事注入历史内涵的尝试。唐玄宗《观拔河俗戏》有“欲练英雄志，须明胜负多”句，道理当然是这个道理，环诸体坛现实却没有可能尽然。

“看重”而不“过于”

雅典奥运会今天正式开锣了，第一枚金牌照例由射击项目产生。河北姑娘赵颖慧和山东姑娘杜丽将承担为我国体育代表团夺取首枚金牌的重任。日前，中国奥运代表团副团长段世杰在看望中国射击队训练时说，不要过分强调“首金”，要为运动员创造“宽松”的比赛环境。

段副团长这样说，显然有相当的针对性。耳闻目睹，国人对于“首金”正有过于看重的态势。不容否认，相对于后面的金牌，“首金”具有一定的象征意义，但意义也仅限于此。对“首金”当然轻视不得，但在看重之余倘若添上一个“过于”，就应了子曰的“过犹不及”，同样毫不足取。奥运会要决出几百枚金牌，总要产生“首金”；按照实力预测，如果中国军团正常发挥的话，收获 25 枚金牌不成问题，也总要产生“首金”。射击队第一个出场，赵颖慧、杜丽又完全具备夺取“首金”的实力，在理应如此的项目上如愿以偿，称得上是皆大欢喜，既开了个好头，又振奋了士气，但这“首金”与后面的战绩如何却并无任何必然的因果关系。

国人尤其看重第一，第一多了的时候，则看重第一中的第一，不独体育比赛如此。科举时代，两广总共产生了 18 个状元，但第一个——唐朝的莫宣卿，尽管年纪轻轻、尚未来得及有所作为的时候即已辞世，还是被高看一眼。其实，若是论起“考试成绩”，大家拿的都是“金牌”，后面那 17 个没几人说得出名姓的状元，又“输”在哪里呢？所以如此，当是传统文化塑造成的国人文化心态使然。

预测体育比赛的成绩不似古人的占卜打卦，是根据实力说话，具有相当的精确性是可以肯定的。但赛场上的因素千变万化，又决定了成绩的取得不仅仅是凭借实力，有些预测失灵，未尝没有事前过于看重、氛围凝固的因素。我们都还记得，上一届即肩负夺取“首金”重任的赵颖慧，就是压力太大导致发挥失常。因此，中国射击队总教练许海峰对任何一枚射击奖牌保持相当的低调，正是一种基于经验上的感触。在他看来，“射击是一项特殊的运动，有太大的不确定性”，“完全有可能名不见经传的最后获得冠军”。

女子10米气步枪是第一个决赛项目，收获这枚金牌，即是中国的“首金”，同时也是雅典奥运会的“首金”。也正是这双重意义，使远在万里之外的我们颇能感受到中国射击队身上的无形压力。这个时候要求射击队不必太看重“首金”，已经不大可能，“减压”的效果也未必能实现，假以时日，还是应当吁请我们的舆论氛围不必太看重。我想，任何一个奔赴雅典的运动员，都没有理由不看重自己的成绩，都没有理由不渴望证明自己最好。

衷心希望射击队能够夺取“首金”，更希望赵颖慧能够战胜自己的“命运”，但我们大家也该清醒地认识到，“首金”具体落在什么项目上并不重要，重要的是运动员能够正常地发挥出自己的竞技水平。“看重”而不“过于”，才是平和对待任何一场赛事的良好心态。

（2004年8月14日）

文明古国的文化资本

撩开了神秘面纱的雅典奥运会开幕式，充满了创意和激情，有颇多令人难以忘怀之处。比如全面介绍奥运会主办时间和地点的方式，由一名手持奥运会旗帜的男运动员跑步出场，依次冲过一道道形同冲刺的横幅，每一道横幅，代表着某一年在哪里举办的第几届奥运会。突然，运动员扑倒了——原来，第一次世界大战中，列强热衷于相互屠戮，奥运会被迫取消；到了1936年时段，当运动员第二次止步之时，稍为关心历史的人们马上就已明白，那是遭遇了迄今为止人类历史上最大的战乱浩劫——第二次世界大战。这个表达创意真是令人拍案叫绝。不过，给我本人留下的最深印象，还是表演过程中所不断展示出来的丰富多彩的希腊历史文化。国际奥委会副主席巴赫也说，他看了很激动。应当承认，希腊人把自己在文化传统上的优势发挥得淋漓尽致，这是文明古国的文化资本。在文明古国举办奥运会，赖以自豪的文化资本理当成为一个优势所在。

在开幕式的四个“段落”中，始终围绕着希腊文化做文章。开篇“欢迎奥运”那一幕，是两名击鼓的打击乐手，一个古代，一个现代，一个在屏幕里，一个在现实中。两人相互配合，完美同步，由慢至快击出优美的节奏，寓意了108年之后，奥运会回归故里，完全能够达到高度的和谐一致。“寓言”那一幕，则借用三座典型的希腊雕塑来表达文明的发展：塞克拉蒂克头像——最早雕刻在大理石上的人的形象，其纹理平滑的程度令人惊叹；克罗斯——永远是正面裸体、左腿稍向前的人体形象；古典雕像——公元前5世纪的风格，在这个历史时期，古希腊艺术家们创作出了有动感的人像，他们也开始探索人体运动的机理。三座巨大雕塑不断运动，分裂、组合，不仅显示了人类认识自身之美的进步过程，而且在它们分裂的碎片上，分明同时让人看到了五大洲四大洋的轮廓，看到了人的多样性和对人类的赞美。“历史年轮”那一幕，利用10幅画卷讲述了从公元前2000年起，希腊文明中最辉煌灿烂的篇章。阿加门农、赫拉克勒斯这些传说中的勇士，建立了跨欧亚非三大陆大帝国的亚历山大大帝、1812年希腊独立战争中的英雄，以及著名的雕塑如“掷铁饼者”，都出现在这一幕的画卷中，表现了人类发展历史的代代相传，像年轮一样不断更新、累积。

由雅典开幕式的成功，想到下一届的北京奥运会开幕式。我们中国也是一个文明古国，就绵延的时间以及丰富的文化内涵而言，都丝毫不逊色于古希腊。正因为文明古国的同样身份，这一个刚刚成为历史的开幕式，与4年之后的那个开幕式，必然会为人们所比较，所评头品足。当然，雅典的未必对北京的就构成了挑战，正如国际奥委会委员施密特所指出，各届奥运会之间实际很难比较，因为他们体现的是不同的民族文化，所以各届奥运会开幕式之间不存在谁最好，只是各具特色而已。但雅典开幕式的成功令北京的开幕式应当感到一种压力。我以为，届时，我们当然不必要刻意模仿雅典，但我们固有的文化资本，怎样利用短短的开幕式得以尽情地展现，让国人强烈地提升民族自豪感，让外国人充分地认识和了解，是一个从现在开始就值得高度重视的问题。

（2004 年 8 月 15 日）

赛事考验观众的心脏

看体育赛事，对运动员来说，考验的是竞技状态与意志品质；对观众来说，考验的往往是心脏的承受能力。在重大的赛事中、在奥运会的赛事中尤其如此。

开赛第一天，中国军团收获 4 枚金牌，这是我们非常高兴看到的结果。但是，相信许多和我一样通过荧屏目睹了过程的观众，心脏的承受能力也着实经历了考验。杜丽、王义夫都是在最后一枪才乾坤奠定的，杜丽前面的 9 枪一路落后于加尔金娜，而王义夫与内斯特鲁夫则“打得”此起彼伏，听起来并不清脆甚至有些闷哑的“啪、啪”声，击中的简直就是观者的心脏。最后，当加尔金娜以及内斯特鲁夫都有了结果，而杜丽、王义夫仍在凝视标靶、举枪待发的时刻，真的有一点令人窒息了。刚刚看完的女子 10 米气手枪决赛也是如此，预赛排名第六的任洁，在尾声时攀升到了第二，与第一只差了 0.3 环，正当我们认为奇迹要发生时，忽然又跌落下去；成绩并列，一枪定铜牌，又失了手，由不得不跟着跌宕起伏。

考验我们心脏的其实并不只是这几个项目，女足被看不上眼的“二流队伍”墨西哥率先攻失了城池，郭晶晶、吴敏霞在双人三米板的第一跳也曾落后。在赛前几乎被认为是“板上钉钉”冠军的李卓，“意外”地被土耳其的塔伊兰逼上绝境，她只有在挺举中拿下120公斤才能获得金牌，那两次试举之前，也让我们把心提到了嗓子眼儿。龚睿那面对实力相去甚远的新加坡选手李黎，虽然以2：0获胜，但第一局她一度以7：9落后；周蜜、张宁，面对的都是没什么名气的对手，两人却同样都是先丢一局，张宁甚至在决胜局中4：7，别说我们了，连中国女队主教练唐学华也说自己惊出了一身冷汗，在赛后接受记者采访时坦言：“好在干了这么多年教练，心脏早已经锻炼出来了。”

对任何一项赛事，如果说赛前实力预测的成绩是一个定数——不是宿命论里的气数，那么赛场上的风云变化，则称得上是一个变数，世事无绝对。李卓把煮熟的鸭子放飞了，赛后教练才明白对手的进步速度太快，此所谓知己而不知彼。女子10米气手枪预赛后，任洁的成绩排名第六，落后排名第一的塞黑选手舍卡里奇3环。我们的记者说，任洁要想在10发子弹的决赛中超过对手，难度不小。事实上夺冠的乌克兰小姑娘科斯特维奇却是排名第八。竞技体育或许正是这样，在定数与变数的变幻莫测之间，散发着迷人的魅力。

对观众来说，但凡有本国运动员参与的赛事，完全看开比赛的胜负，专注于享受欣赏的乐趣几乎是不可能的。随着金牌争夺的白热化，中国运动员们的表现将越来越多地考验我们的心脏。不过，只要像杜丽、王义夫那样，最终让我们能看到五星红旗升起，能听到义勇军进行曲奏响，即便被考验一下，倒也是一件非常可以接受的事情。

（2004年8月16日）

为林丹遗憾

首场羽毛球比赛，夺标大热门林丹就输给了从未输过的新加坡选手苏西洛，黯然出局。赛后林丹认为自己失利的原因在于心态过于急躁，导致失误过多，比赛节奏被对手控制。原本独守上半区、“争取和队友在决赛会师”的他，不可避免地在首次奥运生涯中即留下了遗憾。

面对成绩的不理想，我们的现场记者往往有程式化的一问。比如任洁，先与金牌、再与奖牌失之交臂，赛后央视记者递过去的问题仍为“是不是感到很遗憾”。我要是任洁，会反问他：你觉得呢？没达到自己的预期目标，没有人不会感到不遗憾。任洁说她已经尽力了，确实如此，但“遗憾”仍然是显而易见的。记者钟情于这句无需发问的废话，在于还有另外一个答案。比如陶璐娜，资格赛 366 环的成绩，令她最后只排在了所有 40 名参赛选手中的第 38 位，失去决赛资格，但是她说“没有遗憾”，因为一直非常严格地要求自己，非常认真地对待；换言之，也是尽力了。尽力了，与有没有遗憾，完全是两个问题。从四年前的奥运冠军，到四年后的今天连决赛都没能进入，怎么可能没有遗憾，否则她又何至于“努力控制着自己的泪水不再流下”？其实，即使达成了个人奥运举重金牌三连冠的土耳其神童穆特鲁也有遗憾，赛前他已经声称不仅拿金牌而且要破世界纪录，但最后一个目标，他没有成功。

不过，无论林丹自己怎么认为，我都要为他感到遗憾。在林丹的日记里，毫不掩饰对胜利的渴望，他只是把四分之一决赛时很可能碰到的李铉一当成“第一个真正的强敌”。现在，他提前倒下了，在第一轮就倒下了，谁能不为他遗憾？今年 5 月，当中国羽毛球队捧回阔别 12 年的汤姆斯杯的时候，一家重要媒体把林丹等几位主力球员比作了天上的星宿，说林丹地位老大，是宋江，所以是天罡星。我在当时即撰文责其“上应星曜”的荒谬之处，单是名号已经乱点鸳鸯谱，宋江明明是天魁星。不知道林丹对头上的这圈光环怎么看待，姑且算他接受了吧，他可以索性读一读《水浒》，了解一下宋公明既有被船火儿张横询问吃“板刀面”——一刀杀死，还是吃“馄饨”——自己跳江的时候，也有被锦毛虎燕顺他们绑在树上，准备开膛剜心的时候。虎落平阳被犬欺，重要的是找出“落”的关键，是不是老虎本身的原因。李永波直言不讳地说："林丹就是输给了自己！"他还特别强调，比赛是对运动员平时表现的综合体现，平时要是一丝不苟地严格要求自己，到了关键时刻就不会出现这样的结局。这说明，林丹的遗憾并非偶然。

对任何一位运动员，尤其是处于巅峰状态、理应取得优异成绩的运动员来说，他们的遗憾也是我们观众、拥趸的遗憾。林丹还年轻，还有机会，此一番，遗憾已不可免，唯有希望他不要让遗憾重演。

（2004 年 8 月 17 日）

罗雪娟的霸气

说心里话，当罗雪娟站在 100 米蛙泳决赛的泳池边的时候，我一点也没有认为她能拿金牌。毕竟，在预赛中，罗雪娟连小组第一都没排上；而当晚半决赛也仅名列第 7 名，勉强进入决赛。似我这种喜欢简单地由此及彼进行"推理"的观众，怎么敢奢望这枚金牌呢？

但是罗雪娟赢了！当时看央视推出的罗雪娟简介，知道她喜欢的格言是：让对手去流失利的泪水；过后知道这个俏丽的杭州姑娘，给教练、国家游泳中心副主任尚修堂印象最深的却是很有"霸气"。什么叫霸气？就是在泳池里舍我其谁的那种气概。回头品味罗雪娟的格言，未尝不是霸气的些微流露。记得预赛、半决赛之后，面对记者的采访，罗雪娟淡定如常，她没有多说什么，只是让人们等待最后的结果。那种自信，正是建立在自己实力与信心基础上的无比霸气。在这样的霸气面前，没有打不破的宿命——什么第 1 或第 8 泳道是最不利出成绩的泳道，罗雪娟不就是在第 1 泳道吗？

同样是奥运冠军，分一分类也挺有意思。在我看来，从大的类别上分就在于霸气的有无。何谓没有霸气？实力相当，难分伯仲，较量在现场，看谁的心理素质好、谁的竞技状态佳。因为胜负在毫发之间，冠军乃此一时，彼一时。从霸气上细分，则有一种是属于事先明确的，还有一种是随比赛的进行而造就的。要举实例，那就多得很了。像前一种，土耳其的“微型起重机”穆特鲁就是一个典型的代表，他要参加什么级别的项目，他人就难以指望冠军，在本届奥运会上，我们的吴美锦竭力阻击，结果仍然奈何他不得。像后一种，包揽男子10米气步枪金银牌的朱启南、李杰，堪称新涌现出来的代表。从预赛到决赛，牢牢占据着榜首前两名的位置，兵不血刃，对手根本没有任何机会。当然，也有一种属于事先大肆张扬、看上去咄咄逼人的“霸气”。像美国的泳将菲尔普斯，誓言要夺取8金，为了验证自己胜过“飞鱼”索普，乃至放弃个人强项200米仰泳，却非要选择有索普参加的200米自由泳。而今天凌晨，索普的胜利，捅破的该是菲尔普斯气球里的“霸气”。在这里，我们要钦佩菲尔普斯的挑战精神，但也说明，霸气的建立不能只是自己信心爆棚。

没有霸气的冠军争夺，因其过程的不确定性，带给人们精彩纷呈的赛事。霸气的冠军争夺，因其对手要慨叹生不逢时的意味，则能够让我们领略一种不战而屈人之兵的威慑之美。有位外国记者问罗雪娟，从此之后你是否真的完全把琼斯等人就甩在身后了？罗雪娟毫不迟疑地说：“是的！”看得出，夺冠之后的罗雪娟，霸气丝毫未减。明年的世界游泳锦标赛，罗雪娟不是期望达成50米、100米蛙泳的双料“三连冠”，实现前无古人的伟业吗？愿她继续展现自己的霸气，延续到不想延续的时候。

（2004年8月18日）

可怕的是不能直面失败

继中国男子体操队在团体决赛上接连失误，最后仅列第五之后，女队也在团体决赛上输得一塌糊涂：高低杠，范晔的头磕到了垫子上；平衡木，李娅掉了下来；自由操，王湉湉和张楠相继坐到了垫子上……在参加决赛的8支队伍里竟然只获得了倒数第二，无奈接受了近年来最糟糕的战绩。而志在卫冕且有“梦之队”之称的中国男子体操队，成绩也是自洛杉矶奥运会以来最差的。可以说，在两项团体比赛中，中国体操队称得上是完败。

竞技体育，终归要“决一雌雄”，因而也就必有成功与失败。当强强相遇，各自水平发挥得淋漓尽致之时，人们习惯于说没有败者，那是一种精神上的肯定与褒扬，失败了的事实客观上仍然存在。同时，从另外一个意义上讲，失败既然是不可免的，因而也就并不可怕，可怕的是不能直面失败。

目前的中国体操队，显然就没有直面失败。男队比赛甫一结束，主教练黄玉斌和一直在现场督战的国家体操管理中心主任高健悄悄地“蒸发”了，没有人站出来回答记者的疑问。在冷静下来的时候，黄玉斌坚持认为，目前中国男团仍然是世界第一，决赛的问题主要出在自由体操和单杠上，如果邢傲伟和滕海滨不出现那几次大的失误，我们最后的总分要比现在多出2分多……所以失利，因为“如果”。但黄玉斌应当直面的，却是为什么有那些“如果”。一位记者问得好：为什么摔倒的总是我们？为什么日本队没有失误？为什么美国队没有失误？为什么罗马尼亚队失误了还能拿到第三？黄玉斌说，还有七个单项金牌呢。这是输得不服气。是的，比赛还没完，东方不亮西方亮，但他应该清楚，后面有再多的金牌，与他赛前看得最重的这块都是两码事；而且，就算把后面的全拿了，与他能否直面团体的失败也是两码事。

遗憾的是，中国女队同样没有直面失败，在那里，失败主要成了归咎。主教练陆善真认为，队员在比赛中心理压力过重，很大程度上是受男团惨败的影响，就是说，先有男队的初一，才有女队的十五，局面是让他们给弄砸的。这个逻辑真是奇怪得很，照此推理，当林丹第一轮出局、当鲍春来止步八强，陈宏硕果仅存之际，周蜜、张宁、龚睿那也要惊慌得不知所措，还怎么可能继续高歌猛进，闯入四强，对荷兰张海丽成“三英战吕布”的合围态势！

失败了就要找原因，但是一定得把原因找准。在别的项目上也是如此。铿锵玫瑰黯然凋谢，王克楠惊天一摔，李卓的金牌旁落……中国代表团副团长何慧娴在雅典奥运村接受新华社记者采访时呼吁，社会各界不要对失利的中国运动员过分责备。我赞成她这个观点。的确，对于理应如何的项目而未能如愿，运动员、教练员的心理需要抚慰，应当予以善意的宽容，但把失败的症结找出来却是必要的，诸如到底是实力不济，还是因过于自信而导致的自负？如果他们本身不能直面失败，那么公众是不可能缄口不语的。

（2004 年 8 月 19 日）

别老是“没想到”

中国男乒遭遇“瑞典寒流”，老瓦先与佩尔森合作，掀翻了孔令辉、王皓，再在单打中淘汰了夺标热门马琳。蔡振华说：“备战时我们对亚洲几对强手进行了更多的准备，像韩国、中国台北和中国香港。没想到……”牛剑锋在女单 1/8 决赛中 0 比 4 输给朝鲜选手金香美，主管教练乔晓卫痛心疾首，“怎么也想不明白，这球牛剑锋为什么会输”。

奥运会开赛以来，中国军团出了许多的“没想到”。有一些天大的好事，像王正“射”出双多向飞碟的铜牌，王磊“挑”落重剑的银牌等等；还有一些，则令人忧虑。羽毛球男子单打、双打在半决赛的路上就已经全军覆没，被委以重任的滕海滨 4 个体操项目演砸了 3 个，这些所谓“意外失手”的就不说了，陈艳青的 58 公斤级女子举重那一块不是也很悬吗？因为“没想到”朝鲜还有个李成姬冲击得如此强劲。

太多的“没想到”，一旦成为类的现象，这当中就蕴含了某种必然。不讲理地说，没想到的只应该是我们观众，作为专业从事的人士就不可以，至少对本次征战雅典的中国军团来说，不可以有那么多。百密固有一疏，但“没想到”倘若接二连三，是能够暴露出问题的。

在我这个非专业人士看来，造成“没想到”的因素之一，该是许多项目过于藐视了对手。伟人曾说在战略上要藐视在战术上要重视，在实战中，大家显然忘记了后半句。许多“没想到”在事后总结都这样强调：不是输给了对手，而是输给了自己。这是一种以自我为中心的、高高在上的心态。我尤其讨厌女排比赛时的解说——不只是在本届奥运会上，自己打得好，叫作发挥得淋漓尽致，人家打得好，叫作“打疯了”，完全是轻蔑的态度，骨子里不肯承认对手的实力。乒乓球队出征之前，有人把瓦尔德内尔放在眼里了吗？体操队出征之前，有人把罗马尼亚、韩国放在眼里了吗？

心理素质不好或差，是谈及诸多“没想到”时几乎脱口而出的理由。为什么如此？普通的竞技项目承载了太多的责任感和荣誉感。这一点，连人家外国人都看出来了，老瓦说：“我们老了，不是夺标热门了，没什么可输的；而中国人不一样，他们背负的东西太多。”胜与负之间，已不再是简单的输和赢的关系，而涉及到将来命运的否泰如天地问题。首批奥运健儿回到北京，金牌得主们受到热烈欢迎是必然的，但上届冠军、这回连决赛也没打进的陶璐娜还能谈个感想，好歹拿了第四名的赵颖慧却连个镜头都没给。成龙还是成虫，完全取决于那个瞬间。在这样的重负之下，怎么可能不产生“没想到”！

如同揪出一个贪官就总结出缺乏监督一样，失守一个优势项目如果就总结出如出一辙的“没想到”，只能说明，大家并没有真正地吸取教训。奥运会还有一半多的赛程，那种令人沮丧的“没想到”不要重演了吧。

（2004 年 8 月 20 日）

占旭刚凭啥去雅典?

中国奥运军团又出了一个0，0公斤。此前我们已经有了几个：王克楠跳水得了个0分；何影射箭得了两个0环。此一个0公斤，由两届奥运会举重冠军占旭刚“制造”。在男子举重77公斤级的比赛中，这位30岁的老将三次抓举无一成功，以惨败的方式黯然结束了自己冲击“三连冠”的旅程。

不过，细细地看过去，这几个0却是有本质区别的。王克楠的，在于心理紧张而导致天方夜谭式的失误，何影的，是听不懂英语惹的祸，否则，二人的脖子许就挂上了沉甸甸的金牌。而占旭刚的0公斤，则明显地属于实力不济。据在场的一位举重专家说，占旭刚赛前训练的水平距离冲击奖牌很远，更不要说冲击金牌了。他还说：“占旭刚现在的水平不可能在世界大赛取得好成绩，甚至连全国比赛的前三名都进不了。”

我不知道，这位专家是不是那种“事后诸葛亮”，倘若不是，就轮到我弄不明白了：在强调“更快、更高、更强”的奥运赛场，占旭刚是凭借什么去的雅典？实力？显然已经被排除了，而且，占旭刚并非这几天才状态不佳，早在今年6月国家队在天津进行模拟测试赛时，他的抓举开把150公斤，也是三把都没有举起来。而此一番令占旭刚蒙羞的，更是157.5公斤的杠铃。经验？谁都知道，经验得建立在实力的基础上，只有在实力相当的时候，经验才能发挥作用，空有经验是无济于事的。那么，名气？除了这个，我实在想不出还有什么了，两届奥运冠军，是一个耀眼的光环，能够震慑别国的选手？

我们固然不可以以一时的成败来为一个优秀运动员下定论，况且，占旭刚本人对奔赴雅典是什么态度——自我请缨还是肩负使命也还不大清楚，但是显然，他在显示了最后勇气的同时，也至少暂时地阻断了后来者的脱颖而出。资料显示，广东小伙子李宏利在2001年的九运会上就战胜了占旭刚获得冠军，在去年的世界锦标赛和今年的亚锦赛上，成绩也都高出占旭刚不少。那么，这张男子举重77公斤级的参赛证，为什么不能属于李宏利呢？举重专家们肯定早已意识到这个问题，但专家人微言轻，不及拍板者一言九鼎的国情，想必于体育界不能幸免；对如今这个结果，管理层至少对国人要有个交代，“到出发前一刻，考虑到各方面因素”而让占旭刚搭上“末班车”的决策中，那些“各方面因素”究竟是什么，不应该就这么含含糊糊地笼而统之。

明知不可为而为之，与社会领域的“拍脑袋决策、拍胸脯保证”已经相去不远。因其如此，“问责制”就有介入体育界的必要。况且，去雅典的“资格”问题，并非占旭刚一个孤例，陶璐娜也是如此，卫冕冠军在预赛里名列倒数第三，教练们并不意外，显然，对她的实力究竟如何，他们早已心中有数。我们姑且不论这是不是奥运选拔机制的问题，起码，做出这样的决策对国家和百姓都不大负责任。

（2004年8月21日）

可惜、可惜……

女篮在最后6.4秒被新西兰中投命中，77：79，进军八强已然无望；女子团体射箭在最后一箭被韩国人射中10环，以220：221一环之差屈居亚军；女子自行车500米个人记时赛，倒数第二个出场的江永华奋勇打破了奥运会纪录，而最后一个出场的澳大利亚选手米尔斯却打破了世界纪录，两人仅差了0.16秒……在奥运同一天的赛场上，中国军团接连出现了一连串的可惜。

“可惜”造成了，关键是怎么看待。所以这么说，是因为我们的一些人——当然是那些惯于以成败论英雄的人表现得相当不够厚道。在一家权威网站上看到了这样的报道标题，说女篮是“井底之蛙盲目自信”，说女子射箭团体是“难逃亚军宿命”，说江永华是“打破纪录也枉然”。也许他们的本意是要弄得文字活泼一点，不是要调侃或是要讥讽、嘲弄，但字面上流露出的却完全是幸灾乐祸的效果，至少在我看来是这样。我想，任何参赛的运动员都不希望“可惜”的事情发生在自己身上，但这却是不可避免的。多数胜负就在毫发之间的竞争，尽管技战术无懈可击，也拼尽了自己的全力，“可惜”的事情仍然非此即彼。可惜，意味着运动员的抱憾，对此，观众一定要以理解的、同情的心态去看待。如果有了一颗平常心，还会发现，其实人家外国运动员也有许多“可惜”。典型的莫过于开赛第一天，杜丽、王义夫都在最后一枪从俄罗斯人手上夺来金牌。站在俄罗斯的角度看，对他们又何尝不是可惜无比的事情？

在“可惜”的背后，除了不得不讲的“运气”成分，实际上也有实力与心理素质的体现。比方新西兰队最后几秒中投中的球，澳大利亚米尔斯最后出场打破世界纪录，考验她们的就不仅仅是技战术素质。又比方韩国队最后一箭必须射出 10 环，如果在 9 环以下，冠军就是中国队的了，而承担最后使命的朴成贤此前又因她的失误才使全队的成绩落后，这种巨大的压力可想而知。然而就是在这巨大的压力面前，朴成贤仍然射出了“夺命一箭”，正中靶心，完成了韩国队奥运会军团团体比赛 5 连冠的梦想！虽然是我们输了，但韩国队员这种出众的心理素质，却非常值得我们的队员认真学习借鉴，我们的许多项目不都是因为心理素质不过关才“可惜”的吗？

对待体育赛事，如果只注重结果而不理会过程，说得重一些，是对运动员的不够尊重。我以为，女篮、女子射箭团体的姑娘们尽力了，江永华尽力了，她们的“可惜”实在源于对手的出色发挥，这些击败了我们的对手同样值得我们尊重。因此，我们要辩证看待“可惜”，这样才有助于提高对赛事的欣赏水平。否则，我们的运动员即使是一流的，观众却可能是二流的；至于介乎运动员与观众之间的、迭遭诟病的体育解说员目前能算得上几流，暂不在此讨论。

（2004 年 8 月 22 日）

听姚明又说什么

52：89，中国男篮在雅典奥运会小组赛中又以大比分输给了意大利队。从第一场输给西班牙起，男篮每失利一场，姚明都有语出惊人的表现，以至于成为赛后的“一道风景”。据我所见，除了“怒斥”队友，诸如“太让我伤心了”“别把自己当爷”“我们不能白白丢脸”等针对性话语；名言也已经引用了两句，鲁迅先生的那句沉默中爆发或死亡，荆轲刺秦王之前的那句“风萧萧兮易水寒”。此一败会不会又说点什么呢？果然，“中国队就像一个穷光蛋，走进了一家豪华的馆子，结果被人家赶了出来”。

直接，形象，幽默，但是在我看来，姚明的惊人之语，意义也仅此而已。有人把中国队第二场赢了新西兰，归结为是他的怒吼把队友吼醒了，实乃痴人说梦。倘若怒吼能这般奏效，那么，社会领域内不少重量级领导动辄拍案怒斥的腐败现象早就该销声匿迹了。“不进八强，不剃胡子”，看得出，姚明自己在赛前表现出了强烈的求胜欲望和自信心，但这样的怒吼在火烧眉毛的时刻显然是无济于事的。况且，篮球是一个集体项目，大比分落败与不思进取，与没有斗志、没有拼劲，或者没有血性，毫无必然的联系。如果实力相差过大，而自己硬是不承认这种差距，只能归咎于被打蒙了的队员。因此，姚明第一仗即“对国家队失去了信心”，是一种明显的意气用事。

在任何领域、任何时候，怒吼都是解决不了问题的。相对于姚明频出的惊人之语，我更愿意听到他冷静客观地分析败因。他说，篮板为什么抢不过人家？很多突破为什么突破不了？除了战术素养的问题，还有身体素质的问题；我们以前在训练中太轻视身体训练了，先要把身体素质提高上去，再把技战术提高上去。美籍主教练哈里斯比较心平气和，分析得也相当中肯，他说，水平比较低的国内联赛是制约中国运动员水平提高的一个因素，因为中国的联赛跟欧洲联赛无法相提并论。他同时认为，中国的职业联赛只有短短几年的时间，而欧洲高水平的联赛已经发展了 40 年，中国在这么短的时间内已经做得不错，但是不可能指望在这么短的时间之内达到欧洲和南美球队现在的高度。

男篮为什么打到这个远离预期的程度，确实值得回来好好地总结。已经退出前八名争夺的女篮，总结的教训是：错在“保六争三”的制订上，用老皇历来给她们定位、下指令，过高地估计了她们的实力，光盯着曾多次打败我们的且是奥运会上的第一个对手韩国人了，与此同时，却大大忽视了对西班牙、对捷克，甚至对“不起眼”的新西兰队的准备。男篮该总结的，也当有指标的制订切合实际与否的问题，真正认识自己与世界强队的差距、如何奋力追赶的问题。

男篮最后一战将对世界冠军塞黑队，国人的寄望普遍不大，姚明又要说点什么呢？

（2004 年 8 月 23 日）

海滨尚“疼”否？

滕海滨赢得了鞍马冠军，终于将中国体操队久违的首面金牌收入了囊中。面对胜利，海滨尚“疼”否？我们看到，虽然比赛让他“彻底出了一口气”，但是还在“疼”。他说：“无论怎样，都无法弥补我在团体比赛中犯下的错误。”这就是说，他对几天前的那场“噩梦”依然耿耿于怀。

这个“无论怎样”，似乎使得滕海滨摆脱不了“罪人”般的感觉。对他自责到这样的程度，我不以为然，但又能够理解：男子团体要卫冕冠军，自己被寄予厚望，而偏偏主要是自己却“演”砸了。其实在本届奥运会上，先遭挫折继而奋勇夺冠的，还有人在，乒乓球里就数得出王楠和马琳。也许滕海滨以为，王、马二人折戟的是个人的赛事，输了，影响的也只是自己，而他则影响了全队……对自己明明白白的失误，对一个有自责意识的人来说，无动于衷、毫无反省之意是不可能的，也是不可取的，不过，我还是想劝告这个刚刚 19 岁的小伙子：不必就此背负沉重的精神十字架。

雅典奥运会开幕以来，每天的赛事都紧张激烈，因其如此，拿我们中国军团的表现来说，既让我们意外地接受了如贾占波射击、网球女双夺冠等带来的惊喜，也让我们意外地领略了原本预测为优势的项目因兵败所带来的“疼痛”。海滨之“疼”，只为其一。虽然舆论铺天盖地地予以指责，但从国人的切盼心态上看，也是比较正常的事，其他带来“疼痛”的项目不是也不能幸免指责吗？当滕海滨奋勇摘得鞍马金牌的时候，国人自然也终于发现，这才是他发挥出自己最佳水平的时候；这个时候的他，才是一个真实的他。正如李婷、孙甜甜的夺冠，尽管“打神了”“打成仙了”，凭借的也是自身的实力，而决不可能是因为国家网球管理中心主任孙晋芳和教练余丽桥手中那些绘有哪吒图案的“神鼓”——虽然转播的镜头一再给出特写，虽然有些国内记者有意无意地添此一笔。

从失败走向胜利，王楠用了不到 24 小时，马琳用了两天，滕海滨用了六天。当然，这当中的时间段由赛事的日程决定，与个人的心理调节并无对应关系，但是我们从中却不难看到，一个运动员之所以能够成为“优秀”，不可能总是躲在一时失利的阴影里，理应具备的败而不馁、愈挫愈勇的品质。可惜，正当我们为滕海滨感到高兴的时候，他赛后的这番话，又让人狐疑他的成功是不是因为真的走出了男团失误的阴影，是否真的甩掉了萦绕心头的精神包袱。

海滨之“疼”，也许不是出自外界带来的压力，而纯粹出于一种精神上的自觉。我不知道，这个沉重的精神十字架他还要背负多久，打算背负多久；但我知道，一旦陷入其中不能自拔，他的体操生涯乃至今后的人生道路也许都将是灰暗的。因此，但愿他的这个“无论怎样”具有很大的局限性，时间上局限于本届奥运会，空间上局限于雅典。

（2004 年 8 月 24 日）

王皓输球之后

被寄予厚望的王皓在乒乓球男单决赛中输给了韩国的柳承敏。丢了“分量最重的一面金牌”，也“毁了乒乓球队的‘三满贯’”，王皓输球之后，人们在“宽慰”他，说他尽力了、“应该笑”的同时，仍然把这两顶大“帽子”戴在了他的头上。赛前，王皓曾经表示，不论是谁，站在他的面前，他就要击败他。在我看来，王皓现在要重新恢复信心，只有用一次高级别赛事的胜利——尤其是对柳承敏来证明了。

王皓输球之后，我注意到，柳承敏在例牌与对方教练握手的时候，跑到刘国梁面前伸手前的一刹那，高举了一下拳头。转播镜头给的是柳承敏的背影，不能确定他的拳头是挥向观众以示兴奋，还是在向刘国梁示威；刘国梁的表情又镇定自若，颇有宠辱不惊的大将风度，让我无从判断。这个逻辑上成立的示威镜头，或许的确是我不大服气之余的多疑，或许假以时日，刘主教练自曝斯时感慨予以澄清。退一步想一想，柳承敏即便是在挑衅，也有他的道理。剔除其小国寡民的心态不提，“得志便猖狂”，或许也正是人的本能。当年，孟郊先生雁塔提名、进士登第后，不是声称要“一日看尽长安花”吗？那种得意之情也是溢于言表的，未尝不遭受时人的义愤。

王皓输球之后，我们还知道，他的家乡吉林省极其期待这枚金牌，不仅省领导和长春市领导前往王皓家中加油助威，而且省政府还决定一旦金牌到手，将重奖王皓 100 万元人民币。给奥运健儿重奖，是从国家到地方的一个通行的做法，没记错的话，我们广东好像是奖20万元，各市奖不奖、奖多少尚不清楚。恕我胡乱猜测，奥运会所以如此引起国人的关注，奖金高得异乎其他赛事也是一个重要原因。应当说，对于任何为国家赢得了荣誉的体育健儿，予以重奖都是并不过分的，也是应该的，他们的成绩的取得，毕竟使自己的身心都付出了超乎寻常的代价。

但是，对运动员们应该奖励多少，我以为还存在一个规范的问题，存在一个由“谁”来决定的程序问题。现在的一个感觉是，每一个级别的地方政府要奖励多少，是一件很政府的事情，是一件本地百姓事先和事中都毫不知情——似乎不必知情、只能静待结果的事情。然而，事实上他们却有理由知道，主要是奖励的原则所在，金额厘定的原则所在。毕竟，政府拿出来的钱，是财政的钱；而财政的钱，又是纳税人的钱。那么，政府在决定奖励之先，是不是要经过诸如人大的审议呢？

随着我国体育事业的飞速发展，越来越多的运动员将在国际赛场上一展英姿，为国家争取荣誉，赢得荣誉。也就是说，这个问题在今后将日益突出。我想，通过法定程序来明确对包括奥运健儿在内的运动员的奖励政策，比那种“灵机一动”的拍板显然更符合法治政府的本意。

（2004年8月25日）

弹“必杀令”

在奥运会女子曲棍球的半决赛中，中国女曲以点球3：4惜败于德国队，未能晋级决赛。不少报道赛前都说，主教练金昶佰曾给他的队员下了一道“必杀令”。金昶佰本人是否如此说过，姑且存疑，但对“必杀令”，很有谈一谈的必要。

“必杀令”，顾名思义，就是要必须取胜。人们常常诟病体育赛事中往往大量地掺杂军事用语，我以为，“必杀令”或“生死状”最具代表性。平时的先不去说了，雅典奥运会以来，我们就三番五次地见识了“必杀令”。比如说女排首场对美国队，高层就下达了“必杀令”；女足对墨西哥之前，事关小组能否出线，同样收到了“必杀令”。从结果上看，女排如愿以偿，而女足仍然乏力。这就说明，所谓的“必杀令”未必能够迎来必杀的效果。

“必杀令”所以不能屡试皆爽，是因为它强调的仅仅是精神层面，眼中盯着的仅仅是自己的既定目标，完全漠视运动员的竞技状态。粗俗一点说，即使是“杀”成了，其令本身也很有一点“瞎猫撞上死老鼠”的意味；“杀”不成的，则难免沦为笑柄——可能连“图穷而匕首见”时，荆轲的那种慷慨悲壮还够不上。针对张国政举重金牌的获得是靠教练用银行卡进行刺激的传言，中国代表团副团长李富荣说，这是根本就没影的事儿，如果这样行的话，“我整天拿着卡到处晃了”。同理可证，如果“必杀令”必然奏效的话，高层或教练整天下达此令也就万事大吉了。

“必杀令”起于何时？是个很难考证的问题了。当年，项羽率领将士破釜沉舟，以决死的精神挥师北进，有那么一点儿影子；项羽也果真在巨鹿一战以少胜多，消灭了秦军主力。这个问题其实也没必要去考证，重要的是应该弄清，“必杀令”应用于体育赛事中究竟有没有一定的科学性？表示要坚决打好或打胜比赛的决心，是否除了“必杀令”就没有别的方式？“必杀令”的副作用何在？感觉上，如今的“必杀令”很有一点儿被人说顺嘴的感觉，官员、教练、记者，谁都想说，谁都要说，谁都能说，争先恐后，于是乎，左一个、右一个，那么自然而然地就都溜出来了。

据报道，中国体操队出征之前，体操中心和体育总局签订的“生死状”是夺取 3 枚金牌。“生死状”与“必杀令”堪称一对孪生兄弟。而体操队事实上只获得了 1 金 2 铜，显然已经“死”了。“死”了怎么办？中国体操队总教练黄玉斌在无意中泄露“天机”时说：“回国后，体操队的领导班子、教练组肯定要重新改组了。”这可能是收场的一种方式，否则，“生死状”更将成为儿戏。但事前这样的“状子”除了增加相关人等的心理压力，凝重紧张气氛，恐怕不会起到更加积极的作用，那么多运动员在比赛中摔下器械，果如某个领导斥责的运动员的技术水平在“吹牛皮”吗？未必。

雅典奥运会值得总结的经验教训有许多，当“必杀令”形同“放空炮”之后，相关人等付出代价可能是挽回颜面的手段之一，但关键的更要检讨“必杀令”本身。

（2004 年 8 月 26 日）

比赛成不了游戏

坐“铜”望“金”的邹市明在展望男子拳击 48 公斤级半决赛时说，他会把自己放在一个平和的心态去面对，“让比赛成为一个游戏”。这是邹市明的拳击观，我比较欣赏。可惜，事实上比赛成不了游戏。

凡游戏，尽管也是有输有赢，也有的人十分计较输赢，急白了脸，但终究不同于体育赛事中往往超越个人之上的代表国家利益的锱铢必较。

首先，任何一个国家都不会把它当成游戏。赛前雄心勃勃要掀翻美国坐上金牌头把交椅的俄罗斯，在目前进入收官阶段之时，面临的形势却相当严峻，即使在剩下的优势项目上稳定发挥，也才可能追到第三位，想要超过中国则需要点儿运气。于是，他们的体育高层开始清算本次比赛发挥失常的原因了。无论最后怎样，清算本身，已鲜明地表达了他们的非游戏态度。伊拉克足球进入了四强，其教练一再强调说：“我们太需要胜利了，我们的人民太需要我们从足球场给他们带来快乐了。”显而易见，虽然快乐带来了，但伊拉克足球队决不是以游戏的态度等闲视之。

其次，绝大多数运动员和教练员不会把它当成游戏。美国的运动员为什么要耍赖，男子200米仰泳决赛中佩尔索转身时违规而不承认、男子50米步枪决赛中埃蒙斯射到别人靶上却假装哑火而要求重打？在中国对意大利的男子花剑决赛中，为什么出现了“令奥运会耻辱”的一幕，除了裁判的丑陋，连滚带爬的意大利人又有多少撒泼的表演？赛后，佩尔索称原本应该取得冠军如今只得银牌的奥地利选手罗甘是自己“最好的朋友”，不会介意，而罗甘则立即反击说佩尔索撒谎。这就可见，在并非游戏的较量中，双方结下的已不是睚眦之怨。

第三，观众不会把它当成游戏。一条最新的消息说，王皓丢掉男单金牌后，一个情绪激动的鞍山球迷，愤而举起手中的啤酒瓶子，狠劲向下砸去，把餐桌的一角也劈掉一块。在往常，把电视机砸毁或者扔下楼的也屡见不鲜。

把比赛当成游戏的，我国运动员中自然当推邹市明了；如果再推选一位国外的，我以为非俄罗斯名将涅莫夫莫属。在男子体操单杠决赛中，当裁判明显不公、当全场观众嘘声四起、当接下来的美国选手无法继续比赛的时候，涅莫夫再次回到了场上，他先是挥臂感谢观众的支持，继而用右手食指做出噤声的手势，然而双手下压，要求观众保持冷静。我相信，凡是目睹了那一幕的观众——尽管我们是通过荧屏，都忘不了他之前的精彩表演和之后宠辱不惊的坚毅表情，都不能不为涅莫夫所感动，不能不为他的大将风范所折服。

邹市明为中国拳击事业取得了历史性的突破，用中国代表团副团长崔大林的话说，以前花了不少钱，都是挨别人的一顿揍，“这次终于可以揍别人了”。我不知道，邹市明是以游戏的心态取得了如此的成绩，还是如此成绩的取得才使他有了游戏比赛的心态。不过我有一个感觉，让比赛成为游戏，只能是胜利者的骄傲自白；对于失利者，最“轻松”的一句也不过是“无怨无悔”，尽管有的悔之不已。

（2004年8月27日）

既是书写也是创造历史的过程

陈诗欣一块，朱木炎再添一块，海峡彼岸同胞在短短的10分钟内相继获得了两块来自不同性别的跆拳道金牌。但这可不是寻常的金牌，而是创造了历史——中国台北奥运会历史上金牌“零”的突破。如果说，陈诗欣创造了历史性一刻，那么，朱木炎则是锦上添花。

说心里话，对跆拳道这玩意，我是一点不懂得欣赏，但见两个人的腿鼓点般地踢来踢去，也不知道踢到什么程度算分出胜负。记得韩国主办1988年的汉城奥运会时，跆拳道才被列入比赛项目，当时有篇大文章就此担心奥运会的“扩容”，说举办国总是利用东道主的便利，百计千方地让自己的优势项目挤进奥运会：在日本举办时加了柔道，在韩国举办加了跆拳道，以后在我们中国举办就加进武术。说这话时，我们举办奥运还是没影的事；弹指间我们赢得举办权了，武术在哪儿却又没了影，这个茬儿好像提都没有人再提。女曲铜牌之战，中国输给阿根廷队，一向修养极佳的“魔鬼教练”金昶佰发了火，是他到雅典后“最厉害的一次”，不仅冲队员，而且冲裁判。冲裁判，是因为他觉得阿队那个进球犯规在先；冲队员，是因为他觉得中国队的姑娘们过于“老实”，不懂得抗争、申诉。武术不要说进奥运会，连在大门外溜达一趟都没有，脸都没露一下，是不是也与我们太“老实”有关呢？

不管怎样，海峡彼岸的同胞实现了历史性一刻，就值得我们为他们欢呼和庆祝。一如中国台北奥委会主席黄大洲所说：“今天是所有华人高兴的日子。我看到大陆选手拿首金时也很高兴。我们聚在一起体味友谊和亲情，是激发人类本能的最高境界。”与此同时，据陈诗欣透露，就在奥运会之前，台北跆拳道女队曾赴北京训练；在什刹海体校，她们和祖国大陆跆拳道选手共同切磋，“两岸的体育交流给了我很大帮助”。这就是说，祖国大陆在彼岸的“历史性一刻”中并不是袖手旁观的角色，而是起到了助推作用，尽了绵薄之力，这就更让我们感到欣慰不已了。

奥运会的进程是书写历史的过程，也是创造历史的过程，不乏历史性一刻。据我的有限了解，实现奥运金牌“零”的突破的还有以色列代表团，他们的弗里德曼在男子帆板米斯特拉级比赛中，实现了自1948年开国、自1952年首次参加奥运会以来的梦想。此外，如高礼泽和李静夺取乒乓球男双银牌，既是香港乒乓球奥运最好成绩，也是香港回归后赢取的首枚奥运奖牌，堪称香港特别行政区的历史性一刻，他们不是准备为此发行纪念邮票了吗？又如第一次参加奥运会即获得两枚金牌的张怡宁、第三次参加奥运会始获得金牌同样也是两枚的郭晶晶，对她们个人而言，岂非人生道路上的历史性一刻？

奥运会尚未落幕，历史性一刻也就还有可能上演。就我国健儿的目前来看，刘翔挺进110米栏决赛，已经是中国田径的历史性一刻；刘飞人能否夺取奖牌乃至夺取金牌，当是国人更进一步企盼的历史性一刻！

（2004年8月28日）

四美具，二难并

北京奥运会开幕式文艺表演终于撩开了神秘的面纱。《画卷》《文字》《戏曲》《丝路》《礼乐》，一一亮相。我在上一届雅典奥运会开幕时就写过，文明古国就是拥有这种骄人的文化资本。五千年的中华文明洋洋大观，关键是给来客呈现什么，现在这几项堪称其中的精髓。如果用既简练又传神的语言概括开幕式文艺表演的话，我以为非王勃《滕王阁序》中的“四美具，二难并”莫属。

看到“四美”，读者诸君本能地想到了“四大美人”了吧？西施、貂蝉什么的。王勃不是那个意思，“四美”不是“四大美人”而是“四大美事”的简称，也就是：良辰、美景、赏心、乐事。那是谢灵运的版权。谢灵运的身份很多，诗人啦，旅行家啦，还是一位登山爱好者，尤其喜欢爬难爬的地方——有人据此认为他该算是攀岩运动的先行者。传说他发明过一种活齿木屐，上山时去掉前齿，下山时去掉后齿。后世的李太白就曾“脚着谢公屐，身登青云梯”。如果有一天奥运会“扩招”，把登山或者攀岩招进去，则谢康乐先生的身份无疑又可以添上一个运动项目的鼻祖了。

谢灵运认为：“天下良辰、美景、赏心、乐事，四者难并。”当然，“乐天”派白居易不这么看，他跟朋友们不过在例行的节日里去洛水之滨演绎了一回除灾去邪之祭，也很高兴地告诉大家：“美景、良辰、赏心、乐事，尽得于今日矣。”有一点可惜的是，本来的“四大美事”，因为被《牡丹亭》拿去衬托了“断井颓垣”，汤显祖借杜丽娘之口道出的“良辰美景奈何天，赏心乐事谁家院”成了名句；再给大观园里的林黛玉小姐无意中来了个“止步侧耳细听”，听得感慨万端而“不觉点头自叹”，调子从此变得有点儿灰暗。因此，我在这里言及“四美”，也有为之“必也正名”的意味。

像“四美”一样，“二难”也不能望文生义，以为是两件难事。钱锺书先生说，这是指“嘉宾、贤主人”。改革开放之后，“我家大门常打开”，中国就做出了“不管远近都是客人请不要客气”的欢迎姿态。在表演现场大书“有朋自远方来，不亦乐乎”，孔夫子“三千弟子”大声吟诵“四海之内，皆兄弟也”，更把“贤主人”的形象直观地进行了展示。

中华民族百年梦圆之际，主客共度良辰美景，共享赏心乐事，完全是可以预期的，诚属必然。

（2008 年 8 月 8 日）

两个时段的“项羽”

由首日比赛中陈燮霞和赵颖慧的表现，不由得想到秦汉之际的楚霸王项羽。由巾帼想到须眉，也许会觉得怪怪的。不过，两个人这一天的不同境遇，的确很像两个时段的项羽，一个是早期的，也就是“彼可取而代也”时的，一个是晚期的，也就是“虞兮虞兮奈若何”时的。

“彼可取而代也”时的项羽，全然英雄气概。秦始皇当了皇帝，在全国周游兼炫耀，项羽看到后，禁不住道出了这句在叔父看来会导致“族灭”的话，话外音是：我也能那样。广东姑娘陈燮霞六次出场，六次试举而六次成功，把四年前中国举重队眼睁睁地被人夺走的女举48公斤级金牌轻而易举地夺了回来，毫无悬念。挺举时，别人举到88公斤就结束比赛了，她才刚刚出场，说她是傲视天下的女项羽难道会有什么疑问吗？

“虞兮虞兮奈若何”时的项羽，则全然是一个悲剧人物。三届奥运会以来，赵颖慧都有“彼可取而代也”的实力和风范，得过很多世界第一，也破过不少世界纪录。然而，偏偏在奥运会上，赵颖慧连续三次冲击金牌却三次无缘奖牌，非但没有“望鸡得雏，求马获驹”，反而落得“买鳖失鱼”。女子十米气步枪决赛结束后，“双保险”的另一位杜丽面对第五名的成绩失声痛哭。但杜丽毕竟可以像某位古人那样“半面笑、半面啼”，时过境迁，她的雅典奥运冠军的身份依旧可以带来笑脸和荣誉，而留给赵颖慧的，恐怕就是像唐朝贯休和尚感叹的“只恐长江水，尽是儿女泪”了。

《史记》记载，项羽当年大势已去的时候，“悲歌慷慨”，自为诗曰：“力拔山兮气盖世，时不利兮骓不逝。骓不逝兮可奈何，虞兮虞兮奈若何!”但明末清初的周亮工站出来和太史公抬了一杠，他说那是什么时候？“匹马逃往，身迷大泽，亦何暇更作歌诗！即有作，亦谁闻之而谁记之欤？”所以他认为这一段该是司马迁“补笔造化，代为传神”的结果。这个评价，较之陈涉读《国语》骊姬夜泣事以为“好事者为之词”，显然要客气得多了。不过钱锺书先生认同司马迁的文笔：“史家追叙真人实事，每须遥体人情，悬想事势，设身局中，潜心腔内，忖之度之，以揣以摩，庶几入情合理。”在下这里借用了“忖之度之，以揣以摩”，想来无妨。

奥运开幕前，白岩松说过8年来他一直关注赵颖慧，本届比赛无论她打出什么样的成绩都会祝贺她，会告诉她“有一种成功叫连续地失败”。白氏的话虽然极其费解，但我们那种“成王败寇”的传统观念确有修正的必要，对失败的英雄同样应给予必要的关注和慰藉。白氏已经践行了自己的诺言吧？

（2008年8月9日）

秦楚燕魏之歌，异声而皆乐

今天产生的14枚金牌中，中国军团在预测冲金指数“五颗星”的项目上都如愿以偿，并没有“大意失荆州”。不仅如此，“三颗星”的龙清泉拿下了男子56公斤级举重金牌，张琳在男子400米自由泳决赛中的银牌实现了中国男子游泳奥运奖牌“零的突破”，还都带来了意外惊喜。

但是我赞成一种观点，即便是在家门口看奥运会，也不能只看中国运动员，还需要有欣赏和分享的心态。也就是说，对外国运动员的优异成绩，我们同样要给予应有的祝贺。古人认为：“秦楚燕魏之歌，异声而皆乐，九夷八狄之哭，异声而皆哀。”对现代国家，对现代国家运动员的表现，同样可以套用这类的古训。而且，奥运会毕竟不是全运会。

今天给我留下至深印象的外国运动员的表现，一个是美国游泳选手菲尔普斯，另一个是韩国女子射箭队。菲尔普斯在男子400米个人混合泳决赛中打破了世界纪录并获得冠军，向他的8金目标迈出了完美的第一步。冲刺之时，看到泳池里的那条代表世界纪录的“绿线”居然是在后面追逐菲尔普斯，不能不为之热血沸腾。衷心祝愿菲尔普斯能够超越他的前辈施皮茨，成为奥运史上在单届奥运会夺金最多的选手。然天下英雄，睥睨“御榻”者多矣。菲尔普斯在雅典奥运会时就定下了冲击7金的目标，结果获得了6金2铜。所以中原逐鹿，非到定鼎之时不可掉以轻心。看韩国女队射箭，觉得她们简直就是在完美地图解《孙子》所说的“始如处女，敌人开户；后如脱兔，敌不及拒”。文文静静地站在那里，不露声色，却令对手一点儿赢的机会也没有。你这里刚射出一个10环，她那里马上回敬两个。自奥运会设立该项赛事以来，冠军就没有旁落，真是不折不扣的另一支“梦之队”了。

《淮南子》云：“佳人不同体，美人不同貌，而皆说（悦）于目；梨橘枣栗不同味，而皆调于口。”并举例说，比如毛嫱、西施这两大美人吧，长得肯定不会是一个模样，但“世称其好美钧也”。奥运冠军也是这样，本届奥运会将要产生302块金牌，就算菲尔普斯如愿以偿，也只能占去8块，冠军的“脸谱”必然多种多样，注定会有一些人实现自己的梦想，还有一些人成为明星而光芒四射。就是在这些过程之中，诠释着“更高、更快、更强”的奥运精神。

“却爱蓝罗裙子，羡他长束纤腰”，五代“曲子相公”和凝留下的这阕《河满子》，表达了词人对一位眉目含情、风采动人的少女的爱慕之情。句子虽然是“《香奁》佳句”，对于我们这些观战奥运的人来说，未尝不可移来羡慕那些优胜者——不仅中国运动员——头上的炫目光环。

（2008年8月10日）

但求无愧于心耳

昨天的赛场上，中国军团的一些将士面对镜头相继洒下了热泪。男子 10 米气步枪卫冕冠军朱启南仅获得银牌，另一对卫冕冠军、我们广东的羽毛球女双选手杨维/张洁雯更止步四强。赛后朱启南说，他对北京奥运会的这块金牌无比渴望。外国选手也是一样，男子举重 62 公斤级决赛中，哥伦比亚的奥斯卡·菲格罗亚三次抓举失败，一面走下举重台，一面抽泣不已。

西晋的“在世颜子”羊祜有一句话很经典：“天下不如意事，恒十居七八。”其中的“七八”，不知什么时候变成了人们现在常说的“八九”，也许是南宋辛弃疾《贺新郎》之“叹人生、不如意事，十常八九”演绎的结果吧。这类的话在体育赛事中见到的“兑现”，未必比在人生中遇到的要少；或者，因为体育赛事的公众性，感觉上反而更多一些。实际上，竞技体育中除了极个别一骑绝尘的天才人物，没有哪个冠军是可以板上钉钉来“预订”的，就算是实力超群，上届美国的篮球“梦七队”也成了“梦游队”。所以，前人既留下了“得意诗”——久旱逢甘霖，他乡遇故知，洞房花烛夜，金榜题名时，同时也留下了“失意诗”，什么“失恩宫女面，下第举人心”云云。“得意”与“失意”，从来都是一枚硬币的两面。

冠军只有一个，得到它，固然是所有运动员的心愿，而没有得到，亦不足悲。明朝的王琦说过：“吾求无愧于心耳。心无所愧，虽饥且寒，无不乐也。”关键是自己尽心尽力了没有。前天晚上中国男篮明明大比分输给了美国“梦八队”，为什么国人上下却像赢球一样高兴？无他，主要是尽管和对手存在着很大差距，而且过去在奥运会赛场上的较量都是我们以惨败收场，但在那场比赛中，他们以一种硬拼对手的勇气打出了中国男篮的尊严。这就是所谓“无愧于心”。同理推开，就知道为什么中国男足每每被国人贬损得灰头土脸了。没有人要求他们一定要赢，对他们每次寄予的期望也并不算高，但他们却往往既输球又输人。同样是在前天晚上，对比利时的终场比分是0：2，输了，可红牌却是2：0，“赢”了。有没有愧，最清楚的是他们自己，观众总觉得那帮小子拿的钱跟出的力气、给国家的回报太不成比例。

1968年墨西哥城奥运会中，坦桑尼亚一位男子马拉松选手在比赛中受伤，却仍然缠着绷带、拖着流血的伤腿一瘸一拐地跑向终点。据说，当他距响枪4个多小时后才跨过终点线时，数万人的赛场一下子肃穆起来，全体观众起立，雷鸣般的掌声经久不息。他说祖国把他从7000英里外送到这里，是让他完成比赛的。这该是对“无愧于心”的最完美诠释了。因此，在奥运赛场上，我们完全可以把王琦的话翻用一下：吾求无愧于心耳。心无所愧，虽无冠军、虽无奖牌，无不乐也。

（2008年8月12日）

盛装舞步与唐朝舞马

昨天晚上，在中国香港进行的奥运马术比赛决出了首两枚金牌——马术三项赛团体和个人金牌。这意味着奥运金牌历史性地首次在香港产生。比较遗憾的是，我国骑手华天前天在跨越障碍时失误坠马，痛失比赛资格。

有人说，马术是竞技体育中最优雅、最具欣赏性的一项比赛。不过我想，到国人能热衷于欣赏之，恐怕还要假以时日。阳春白雪，曲高和寡，此之谓也。引起我的兴趣的，是其中被誉为马的芭蕾表演的“盛装舞步”。查首都图书馆的网页介绍，盛装舞步运动的来源可以追溯到古希腊的马术师和中世纪的骑士；在文艺复兴时期，它作为训练欧洲骑兵的有效方法而得到认可。文艺复兴时期始于14世纪的意大利，不过我在8世纪的唐人笔记中看到过舞马，则“盛装舞步”的起源似乎还该添上咱们中国一笔。

郑处诲《明皇杂录》记载："玄宗尝命教舞马，四百蹄各为左右，分为部。"不仅训练已有的，"时塞外亦有善马来贡者，上俾之教习，无不曲尽其妙"。这些舞马都"衣以文绣，络以金银，饰其鬃鬣，间杂珠玉"，打扮得很漂亮。它们每天的任务就是听音乐，主要是听《倾杯乐》，然后做各种规定动作，"奋首鼓尾，纵横应节"。训练舞马的目的，自然是为了表演，尤其是玄宗生日的时候，要"舞于勤政楼下"。舞的花样也很多，或"施三层板床，乘马而上，旋转如飞；或命壮士举一榻，马舞于榻上"。我觉得，关于舞马的这一段描述，就有"盛装舞步"之先驱的味道，至少神似吧。

"渔阳鼙鼓动地来，惊破霓裳羽衣曲。"玄宗被安禄山、史思明逼得仓皇出逃，"舞马亦散在人间"，结束了养尊处优的日子。因为安禄山来朝廷认杨贵妃为干娘时见过舞马，"常观其舞而心爱之"，现在终于有机会了，就弄了几匹据为己有。而这几匹舞马后来又落到了他的部下田承嗣手上，田承嗣不知道这些靓马有什么特别，就"杂之战马，置之外栈"。忽然有一天，"军中享士，乐作"，舞马听见了，本能地"舞不能已"，把养马的小厮们给吓坏了，"谓其为妖，拥篲（扫帚）以击之"。谁知舞马对挨揍理解错了，以为是自己技艺生疏，"舞不中节"，更加"抑扬顿挫，犹存故态"。于是乎，马夫揍得越厉害，舞马跳得越来劲，终于"毙于枥下"。本该在中国发展起来的"盛装舞步"，也许就在这个时候戛然而止了。

翻出这一段，聊作给研究体育史的人们做参考吧，或者他们早就知道。随着华天的奥运亮相，以及以华天为原型创作的中国首部马术电影《飓风之舞》昨晚也在央视电影频道播出，马术走入国人的视野是无疑了。最后跟华天开个玩笑，他不该给坐骑取名"武松"。梁山好汉武二郎是何等火爆的脾气？老虎都敢赤手空拳打死，又哪里由得人"骑"在身上？看起来，我们这位英国伊顿公学出身的"马术王子"，还得下功夫补习一下祖国的传统文化。

（2008 年 8 月 13 日）

笑与哭

竞技场上给人留下深刻印象的面孔往往有两种：笑与哭。失利了，有哭也有笑；获胜了，有笑更有哭。北京奥运开赛以来的这几天，我们对这种场面天天都有目睹。

昨天，中国女子体操队获得了中国女队历史上的第一块奥运团体金牌。在赛后第一时间，预感到胜利即将到来的小姑娘们就围成一团，泪流满面。此前一天，中国男子体操队重新夺回团体桂冠，经历过“雅典之痛”的杨威、李小鹏、黄旭也是相拥而泣。而到目前为止如果要评印象最深的笑脸，男士方面，我要投“硕士举人”张湘祥一票。他在第一次出场抓举还没有站稳大家都捏着一把汗时渐渐露出的灿烂笑容，相信会成为今后不断重播的经典画面。女子方面，则要投给体操队笑靥如花的小姑娘江钰源，那种笑，无邪至极。

运动场上的笑与哭所以令人动容，强烈地左右着观众的情绪，全在于这两种表情背后所表达的内容呈现出非常单纯的一面，很真诚，单纯、真诚到不用我们费尽心机就很清楚那是什么意思。比如说哭吧，哪一种属于极度沮丧，哪一种属于喜极而泣，一目了然。反观运动场之外的则不然，同样是笑与哭，要因时因地因人因事来进行甄别。

先来看张师正《倦游杂录》记载的一件事，郑向和王耿两个人因为“屡以公事相失”，至于互相上书弹劾对方。朝廷尚未定论，王耿死了，郑向“往哭之，尽哀”。同僚们似乎恍然大悟：这两个对头原来这么有感情？不过有人在旁一针见血地道破：郑向“待哭斯人久矣”，早就盼他死了。再来看王士禛《古夫于亭杂录》里的另一件事，董讷由御史大夫改任江西总督，有位同事来向他辞别，“甫就坐，大哭不已”，令董讷非常感动，然“举坐讶之”。但这个人辞别后，马上跑去另一位同事那里，“入门揖起，即大笑”。大家也才终于弄明白，董讷走了，对那个先哭后笑的人来说，“拔去眼中钉也”。

所以宋人范成大说过一句很精辟的话：“笑中恐有义府，泣里难防叔鱼。”李义府“笑里藏刀”，尽人皆知；叔鱼之泣，敢是指《左传》里的“叔鱼见季孙”说了一通之后，“且泣”而“平子惧”？总之这是说不仅“笑”不可测，“哭”也不可测。清人沈起凤说“哭者人情，笑者真不可测”，试图对“哭”保留一点儿“恻隐之心”，但钱锺书先生显然不予认同，他认为人为了往上爬，“卖哭之用，不输‘卖笑’”。明朝沈德符《万历野获编》在谈到“士人无耻”时，的确举了几个当朝的实例：“汪鋐叩首泣求于永嘉（张璁），赵文华百拜泣请于分宜（严嵩），陈三谟跪而絮泣于江陵（张居正），皆以数行清泪，再荷收录。”钱先生把这种“一哭见知”，风趣地名之曰“行贿泪、赠泪仪”。

据说南非前总统曼德拉讲过，体育拥有改变世界的力量。有没有可能，有一天，竞技场上那种单纯的笑与哭能够使社会生活中的笑与哭回归本意？现在来看，体育恐怕还没有这种力量。

（2008 年 8 月 14 日）

高飞远走偶然耳，坎止流行知所之

赛前放言夺牌却最终未胜一场，中国国奥足球队毫无斗志地告别了北京奥运会。“高飞远走偶然耳，坎止流行知所之”，金朝康锡的这首诗，虽然说的是打马球，但用在中国男足身上很合适。中国男足也有过“高飞远走”的时光，如 2002 年世界杯出线，只是这种“偶然”来得实在太少。

男足的这种表现，很有点儿对不起祖宗。有人考证，战国的时候蹴鞠就在齐楚地区民间流传了。汉朝的时候，都城长安随处可见“穷巷蹋鞠”。虽然国外有人不认为蹴鞠就是现代足球的前身，但2004年亚洲足联、中国足协正式宣布现代足球就是起源于中国的蹴鞠。奥运会讲究搁置争议，我们这里也权且免去在究竟“是不是”的问题上进行纠缠。这么悠久的历史，这么普及的运动，必然要出几个代表人物。很可惜，最著名的却是个宋朝的“坏蛋”高俅。不过，中国男足的晦气与之没有逻辑关联，这一点应该是可以肯定的。

众所周知，《水浒传》写的是梁山好汉一百单八将的故事，然而，最先亮相的却是“踢得好气毬（足球）”的高俅。按施耐庵的描写，这个人除了球踢得好，简直没有好的地方，“若论仁义礼智，信行忠良，却是不会”。高俅被差遣到宫里给端王（即登基前的宋徽宗）送礼物，正赶上那里在搞足球赛，恰巧有一脚球给端王漏了，高俅“也是一时的胆量，使个鸳鸯拐，踢还端王”。端王让他现场表演表演，高俅便把平生本事都使了出来，“那身分模样，这气毬一似鳔胶粘在身上的”。就凭这个，高俅发迹！那么，高俅为什么会先于好汉们登场呢？金圣叹有过精辟分析。他说：“盖不写高俅而写一百八人，则是乱自下生也；不写一百八人先写高俅，则是乱自上作也。”也就是说，这种出场顺序问题，实际上隐喻着农民起义——“乱”的成因问题。先写高俅，有朝廷官员的腐败导致农民起义的意味；而“乱自上作，不可长也，作者之所以深惧也”。这样，施耐庵的用意就很清楚了。

经过奥运，中国男足再次陷入了“四面楚歌”的境地，央视的大小主持人们也在荧屏上极尽挖苦之能事。其实，一味地苛责也有欠公允，至少他们对普及世界地理知识做出过贡献。卡塔尔之所以为球迷所熟悉，不是因为他们主办了多哈亚运会，最早正是因为中国男足在关键之役输给他们。其他如输过的也门、乌兹别克斯坦、哥斯达黎加，以及好不容易出线那一回赢的阿曼等等，诸如此类的国家如果不是因为这样，未必球迷们就会知道。所以，中国足球以后出去比赛，不妨就到非洲或大洋洲那些群岛国家，如果前提就是输，索性就输得有价值，让大家多了解一些国名，此之谓“失之东隅，收之桑榆”。

坎止流行，如今是一个成语，比喻依据环境的逆顺确定进退行止。这对当下的中国男足来说尤其重要，而更关键的是要“知所之”，给自己的真实水平一个准确定位再确定目标，不要动辄放出纯属笑柄的豪言来。

（2008 年 8 月 15 日）

卿耳大，真贵兆

昨天上午，男子 200 米个人混合泳决赛，美国“神童”菲尔普斯如愿以偿地夺得了他在本届奥运会的个人第 6 枚金牌并再次打破世界纪录，向 8 金梦又迈出了坚实的一步。虽然他在 5 金时就已经创造了历史——迄今为止获得奥运会金牌最多的运动员，现在看来，这个历史还将续写下去。

这个神奇小子在外观上给人印象至深的，莫过于他的那对大耳朵。英国报纸日前披露了菲尔普斯的八大秘闻，其中之一是在他在学生时代经常被同学嘲笑，起因就是那对大耳朵和口吃。但凡人身体上的某个部位异常突出，就很容易成为身边人议论的焦点，这一点可能中外皆然，比如脑袋大、嘴巴大等等。清朝有个人鼻子大，朋友就说他“江南一喷嚏，江北雨闲闲”，把他当大象来比喻了。

大耳朵在咱们这里也会被调侃，但传统观念的深处，是把耳朵大当作一种贵相来看待的。《三国志》说刘备就是大耳朵，“身长七尺五寸，垂手下膝，顾自见其耳”。回下头能看见自己的耳朵，耳朵大（招风）到了什么程度？这样说可能有夸大的成分，但在吴宇森的电影《赤壁》里，扮演刘备的尤勇的耳朵还是太寻常了，连大的边儿也沾不上。唐朝的德宗皇帝很欣赏大耳朵，《新唐书·叛臣传》载，他赞叹李忠臣的耳朵：“卿耳大，真贵兆。”谁知李忠臣并不感到高兴，因为他不理解德宗为什么要这么说，赶快给自己头上扣个屎盆子：“臣闻驴耳大，龙耳小。”这是一种典型的自贱却可以自保的手法：驴才耳朵大，怎么跟龙比呢？德宗听了果然很高兴，“喜其野而诚”。然而，此语野则野矣，诚则未必，李忠臣在历史上的名字写在“叛臣”里面，也一定程度地说明问题了。

《太平广记》卷四百八十二说“南方有部落民，其头能飞”，飞的时候呢，“以耳为翼”。听起来很荒诞，但钱锺书先生认为“语诞而有理”。耳朵当翅膀用，肯定得是大耳朵。《西游记》第三十回，唐僧被黄袍怪点化为一只斑斓虎，因为他此前昧心赶走了孙悟空，剩下的猪八戒、沙僧以及化成小龙的白马又都打不过黄袍怪，小龙就要八戒“趁早儿驾云回上花果山，请大师兄孙行者来”。于是，八戒“收拾了钉钯，整束了直裰，跳将起去，踏着云，径往东来”。因为“正遇顺风”，他便“撑起两个耳朵，好便似风篷一般，早过了东洋大海，按落云头”。悟空、沙僧他们腾云驾雾，都没有利用过耳朵加速前进，显然是因为不及八戒的耳朵大，产生不了风篷的效果，也就起不了多大作用。

不过，在泳池中，菲尔普斯的大耳朵肯定当不了翅膀用。他之所以能够成为奥运史上最伟大的运动员之一，归根到底在于他先天的身体特质——猿臂、蛇腰、短腿、超强心脏等等，以及后天的发奋努力。据说他的刻苦程度让常人难以想象，每天 4 点起床，泡在泳池里的时间超长，每天游的距离多达 12 英里，每月会参加 20 多次大小赛事。他自己也认为：“我知道没有人比我训练更刻苦。”

可以预料，菲尔普斯越接近他的梦想，为世界体坛做出的贡献越伟大，他的那对大耳朵也会越发显得可爱。

（2008 年 8 月 16 日）

蔡赟的刺青明志

在半决赛获胜的时候，兴奋的蔡赟脱掉了球衣，露出了健美身材的同时，也露出了后背上部的一行刺青。在国外运动员身上，刺青很常见。前几天的一场篮球赛中，不记得是哪个国家的运动员了，镜头一闪，运球的右胳膊上就有个很显眼的中文“勉”字。蔡赟此举，不知是否开中国运动员之先河。

蔡赟刺了些什么呢？“FACEOFAD－VERSITY”——直面逆境。原来他是为了明志。有报道说，今年 5 月 18 日，中国和韩国在决战汤姆斯杯的比赛中，出战第一双打的蔡赟和傅海峰丢掉了中国队在决赛中的唯一一分。同样的事情，在汤姆斯杯归来之后也曾数度上演。于是，蔡赟决定以刺青来明志。明志的方式有许多种，一代京剧大师梅兰芳先生曾经“蓄须明志”，小巨人姚明在上届雅典奥运会时也发誓男篮不进八强就半年不剃胡子。不过我们听得最多的还是削发明志。中国男排队员们在入驻奥运村的时候，就选择了换新发型，以“削发明志”的方式表现力争打好比赛的决心。

古人很爱刺青。感觉上，宋朝达到了高峰。《水浒传》里的好汉，很多都有刺青。典型的如九纹龙史进，“从小不务农业，只爱刺枪使棒。母亲说他不得，呕气死了”，他爸爸“只得随他性子。不知使了多少钱财，投师父教他。又请高手匠人，与他刺了这身花绣，肩臂胸膛总有九条龙”。再如花和尚鲁智深，避难五台山时有一天忍不住在山下喝完酒，便“把皂直裰褪膊下来，把两只袖子缠在腰里，露出脊背上花绣来，扇着两个膀子上山来”。他所以被叫作花和尚，喜欢酒肉在其次，主要是“因他脊梁上有花绣”。还有浪子燕青，刺了“一身遍体花绣”，漂亮得“若赛锦体，由你是谁，都输与他”。北宋陶谷留下的《清异录》说，“自唐末，无赖男子以箚刺相高”，比刺青；有人甚至“以平生所历郡县、饮酒、蒲博之事，所交妇人姓名、年齿、行第、坊巷、形貌之详，一一标表者”，人们谑称之“针史”。

另一位北宋人士张师正《倦游杂录》记载，荆州有个街卒葛清，比唐末那帮“无赖男子”显然要高雅得多。他是“自颈以下遍刺白居易诗”，而且配上相应的图案。比方白诗有“不是此花偏爱菊”，他就在诗之旁刺“一人持杯临菊丛”；白诗又有“黄夹缬林寒有叶”，则刺“一树上挂缬”，也就是枫叶。如此等等，在葛清全身上下一共有二十几处，人们因此把他叫作“白舍人行诗图”。还有一位“易迷”，有一次他叔叔要揍他，一脱衣服，全身刺着字和画，“左膊一树，树下一池水，字曰：‘黄夹缬林寒有叶，碧琉璃水净无波。’”

古代还有一些刺青——如南宋“八字军”在面上所刺之“赤心报国，誓杀金贼”之类，就有明志层面的意义，蔡赟则是传承并试图弘扬了。相形之下，女足的姑娘们 0：2 输给日本，没进四强，有队员居然埋怨是因为中国足协副主席谢亚龙的到场观战，把他当成“灾星”，就很可笑。她们应当和国人一道，共同认真反思日本女足何以崛起，明智还要加上明志。

（2008 年 8 月 17 日）

邱健的金牌并非捡来

昨天进行的男子 50 米步枪 3×40 决赛，中国选手邱健在最后一枪以 0.1 环的微弱优势为中国摘得第 28 金。这一金，可以说是继雅典奥运会之后天上掉下的又一个大馅饼。受益者虽然不同，上一次是贾占波，这一次是邱健，然而奇的是，奉送者同为美国的埃蒙斯。他在倒数第二轮领先将近 4 环、金牌几乎唾手可得的情况下，重演了雅典的严重失误，最后一轮仅打出了 4.4 环。德国媒体称埃蒙斯为“奥运会中最不走运的人”，的确如此。

然而，如果说邱健就是捡了个便宜，绝对不够厚道。奥运金牌的取得，固然有的是拼到了最后一刻，如佩剑女子团体决赛，乌克兰仅仅赢了中国队一剑，而我们在大部分时间处于领先；又如菲尔普斯的那块百米蝶泳金牌，只赢了塞尔维亚选手查维奇 0.01 秒。而有的金牌的获得，显得相对轻松，如牙买加飞人博尔特，把百米大战变成了个人表演，捞金、破世界纪录有如探囊取物，震慑住了所有对手。更有一些金牌，就像邱健所得的这枚，颇有些意外或偶然。不过，在看似“得来全不费工夫”的背后，实际上同样浸透着辛勤汗水，同样是对运动员意志和品质考验到最后的产物。就邱健而言，如果不是最后一枪稳定地打出 10 环，即使天上掉下了那张馅饼，也会眼睁睁地看着别人捡去。

《太平广记》里有一则“殷天祥”，钱锺书先生在言及此条时谈到了神通幻术，说迷恋神通幻术的人，相信它能“以非常之事，如非分之愿”，而且“咄嗟便办，瞬霎即得”。我们在一些神神道道的古典小说和当代影视中，的确经常读到“喝声道‘疾’”，或者见到某个须发异常的人物屈伸臂项，叨咕什么“急急如律令”之类，以期自己的意愿立刻得到实现。《洛阳伽蓝记》记载当时的景乐寺，说那里“飞空幻惑，世所未睹。异端奇术，总萃其中。剥驴投井，植枣种瓜，须臾之间皆得食”。同样是不须过程，立刻就出结果，则北魏杨衒之的这部书貌似纪实，这一段却显然离奇了。体育竞技从来不是神通幻术，来不得半点虚假。我们不敢说每一个运动员都付出了最大努力，但敢说每一个成功的运动员的背后，一定都以超出常人的艰苦训练作为前提。倘若什么人对好的运动成绩寄望于“瞬霎即得”，无异于“放鹤在深水，买鱼在高枝”。

当代法国一位作家说过，有史以来，人就有三种梦想：飞行、预知未来、长生不死。我想，对于每个运动员来说，还应该添上一种：站在最高领奖台。《魏书·阳尼传》中，阳尼自伤曰：“吾昔未仕，不曾羡人，今日失官，与本何异？”埃蒙斯要借此聊以自慰了。有一点区别的是，阳尼已经当上官，而且准备当更大的官了，“出为幽州平北府长史，带渔阳太守”，却因为此前曾“受乡人财货”而被罢掉。埃蒙斯却还没有尝过金牌的滋味。不过，中国有句老话叫“事不过三”，愿埃蒙斯在伦敦奥运会上卷土重来，如愿以偿。

（2008 年 8 月 18 日）

寄语韩乔生先生

奥运场上的明星众多，数不胜数；如果在场外挑一位的话，也许非央视解说员韩乔生先生莫属了。这些天，“韩乔生语录”又出了新版。然而，就像古人中的淳于髡、东方朔变成了人们在席上的调味品一样，韩氏的受到关注，也纯粹是被大家拿来寻开心。可叹的是，他自己则索性将计就计，当成给大众带来的另类娱乐。

考察“现场解说”的起源，至少可以追溯到春秋时期。《左传·成公十六年》记载晋侯及楚子、郑伯鄢陵之战，就是“楚子登巢车以望晋军，子重使太宰伯州犁侍于王后”那一段，从“王曰：‘骋而左右，何也’”起，接了不少的“曰”；这些“曰”，多数就都是伯州犁的现场解说。篇幅所限，原文不引，姑译之如下：楚共王登上有瞭望台的战车，侦察晋军的行动；子重派太宰伯州犁跟在共王的后面做顾问。王问：晋军的士兵们来回奔跑，在干什么呢？伯州犁的话就开始了：召集军官们呢；都集中好了；开会呢；张开了一座天幕；祭告前代国君、预卜吉凶呢；祭祀完了；快要发布命令了。王问：怎么人声嘈杂，尘土飞扬？伯州犁再解说道：看来是在填土平灶，摆开阵势了；大家都登上战车了，咦，两边的战士又拿着武器下车了；宣誓呢。王又问：要打了吗？伯州犁说：还难说；他们上了车，又下了车；祷告呢。

《左传》的这种笔法，“不直书甲之运为，而假乙眼中舌端出之”，透过伯州犁的嘴，我们清楚地了解了晋军的动向，在我看来，这就是

“现场解说”的前身，伯州犁该成为该行业的始祖。伯州犁是春秋时期很有名的人物，晋国大夫、楚国太宰。在今天，比喻玩弄手法、暗中作弊的成语“上下其手”，版权就归于他。然而，看见了什么就描述什么，在谈不上影像的时代当然是传递信息的首选，而在你我同步看到画面、画面基本上一模一样的前提下，你还那样我就觉得是聒噪了。我不知道，央视为什么要把退了休的宋世雄先生请回来，那么多年过去了，张嘴出来还是运动员的姓名身高年龄和体重，还是一遍又一遍地公布谁都知道的比分，尤其无端端地“嘿嘿”一笑，真让人——让本人受不了。偌大中国，难道真的找不出既懂体育口才又好的人了吗？

韩乔生先生一定很想把本职工作做好，可惜，包括他在内的诸多解说员的一个最大误区，是不大理解口语与书面语的区别。比方“之乎者也”是古人的专利，但那是古代的书面语。明朝的《水东日记》里有一段朱元璋册封孔子55代孙为衍圣公时说的话：“我看您是个有福快活的人，不委付您勾当，您常常写书与您的孩儿，我看他资质也温厚，是成家的人。”这就是古人原汁原味的口语。韩先生等人说一句话，则恨不得主谓宾定状补一应俱全，而且一定要排比，一定要挑选气壮山河的华丽辞藻，在那么短的时间内完成那么艰巨的任务，难免力不从心乃至笑话百出了。

资讯的发达，使观众如今对体育赛事的欣赏水平已经到了一个很高的层次，但我们的解说员们却明显没有跟上时代的步伐。尤其韩乔生先生应当反省自己，不能把大量的低级口误当成自己的特色，不以为耻反以为荣。

（2008年8月19日）

却嫌脂粉污颜色

为中国队赢得首枚奥运蹦床金牌的19岁小将何雯娜，被网友评为“中国队最漂亮的奥运会冠军”，并且认为“她是中国体育美的象征”。北京奥运开幕时的入场式，众多的国内外美女已然令观众大饱眼福，现在所以“厚爱”何雯娜，应该在于她将容貌之美与竞技之美完美地糅合在了一起，俊俏的脸上始终洋溢着浓郁的青春气息。获胜之后，既没有狂喜不已，也没有泪流满面，就那么甜美地微笑着。这样一来，令网友格外青睐也就不足为奇了。

容颜美丽、身材姣好之类形容巾帼的字眼，如果退回到春秋战国时期，须眉也可以安然“享用”。《左传·文公十六年》有“公子鲍美而艳，襄夫人欲通之，不可”的句子；《吕氏春秋》里，侍者赞列精子高“姣且丽”；到了唐朝房玄龄等所修《晋书》所记载的时谚，也说纯爷们儿石苞“石仲容，姣无双”。听起来有点儿肉麻是不是？但时人既非反话正说，也非“断背”之徒，全在于古之男女均可称为“美艳”。宋元之际的学者黄震就认识到了“古今字义渐变不同”，并举例说，古代（当然是他那个时代再往前了）以“媚”字“为深爱而后世以为邪”，“佞”字“为能言而后世以为谄”。当代钱锺书先生就这种现象作结道：“字有愈用愈宽者，亦复有愈用愈狭者，不可株守初意也。”

爱美之心，人皆有之，何况何雯娜的那种惊鸿之美。《管锥编》引近人但焘《书画鉴》云，猛张飞也难逃此种“窠臼”。“画史言关、张能画。贵人家藏画一幅，张飞画美人，关羽补竹，飞题云：‘大哥在军中郁郁不乐，二哥与余作此，为之解闷。’”这一段趣事如果给吴宇森先生看到，电影《赤壁》里的张飞可能就不是有模有样地抓着毛笔写汉隶，而该是画画、画美人了；刘备郁闷之极时也用不着果真操起“织履”旧业，看两位兄弟的作品就可以开心了。不管但焘的话是不是像后人所说的“一题一书之为近世庸劣人伪托”，根本没那么回事，但《赤壁》里的那些情节又何尝不是如此呢？反正吴大导演在文戏部分存心要把观众逗笑嘛。与“爱之赞”相对应，“憎之讥”也是常人的普遍心理。西汉的贾让有一篇《奏治河三策》，是我国最早对黄河下游兴利除害的治河文献。其中说道：“夫土之有川，犹人之有口，治土而防其川，犹止儿啼而塞其口，岂不遽止，然其死可立而待也。”因此，“善为川者，决之使道；善为民者，宣之使言”。得，扯远了，别给嗅觉灵敏的人们闻到动向，打住吧。

何雯娜的美，正如唐人张祜所说的“却嫌脂粉污颜色”。虽然张祜的那首诗是一首政治讽刺诗——虢国夫人承主恩，平明骑马入宫门。却嫌脂粉污颜色，淡扫蛾眉朝至尊——是用来抨击杨贵妃的三姐虢国夫人的，但不妨碍我们“断章取义”来形容站在最高领奖台上的何雯娜。这也是对钱先生“不可株守初意”的现买现用了。我想，何雯娜的最令人动容之处，还在于她把最美的姿态展现给了世界。

（2008 年 8 月 20 日）

理智看待“偶像”

任何大型体育赛事，对“偶像”而言都意味着注定会发生变化：旧的偶像或者魅力依旧，或者轰然倒下，新的偶像则横空出世。田径场上视比赛为“儿戏”的牙买加人博尔特，泳池中实现了包揽 8 金“神话”的美国人菲尔普斯，我们中国拿到了第 16 个冠军从而超越了李宁的体操老将李小鹏，以及平了李宁在一届奥运会中独得 3 枚金牌纪录的小将邹凯，等等，都属于北京奥运会诞生的新偶像。

无论是哪个领域的偶像，一旦受到热烈追捧，如超女风行时的

"玉米""凉粉"们那样为之如醉如痴，就属于偶像崇拜了。当然，这是从今天的意义上来说的。按照人类学家林惠祥先生的定义，偶像崇拜属于原始宗教的一种。原始宗教包含许多崇拜，自然崇拜、动植物崇拜、图腾崇拜、鬼魂及祖先崇拜，同时包括偶像崇拜。而彼时崇拜的偶像，不像今天这样是对真正的人，而是对以土木或金石所制成的"人"。像气势恢宏的秦始皇陵兵马俑，就是原始意义上的一种偶像。彼时的偶像崇拜是把偶像本身当作神灵或神灵寄托之物，跟后来的主要是针对人的，以及今天主要针对演艺界、体育界的偶像崇拜具有本质上的不同。偶像的概念什么时候悄悄完成了由"假人"向"真人"的转换，可能会是个有趣的研究课题。

宋朝的时候，黄庭坚就有把苏东坡当作偶像追捧的意味。邵博《邵氏闻见后录》载："赵肯堂亲见鲁直（庭坚字）晚年悬东坡像于室中，每早作，衣冠荐香，肃揖甚敬。"有人对黄庭坚说你们俩水平其实差不多，用不着那么恭敬，黄庭坚则离席惊避曰："庭坚望东坡，门弟子耳，安敢失其序哉?"所以邵博认为，人们动辄以"苏黄"并称，"非鲁直本意"。

崇拜偶像，表现出来的自然是恭敬，反之就会是另外一种结局。我们还是不说真人说"假人"吧。吴三桂王滇时建了座功德庙，以泥塑四大金刚为题征诗，有位官员写道："金刚本是一团泥，张牙舞爪把人欺。人说你是硬汉子，你敢同我洗澡去!"结果被吴三桂认为"刺己"，竟要了那人的性命。这是对泥偶像不敬的态度；对木偶像来说，洗澡无疑是敢去了，但也有新的问题。元朝大画家王冕家的房子挨着一座神庙，这老兄就近水楼台，"爨下缺薪，则斧神像爨之"，拿庙里的木头神像当柴烧。明朝的陆起龙借读僧舍时也干过这种事，而且干得更绝，"偷狗作馔"——这在佛祖面前已经是大不敬了，还要"辍伽蓝代爨"。他自己也毫不隐讳，美滋滋地作诗曰："夜半犬羹犹未熟，伽蓝再取一尊来。"

这些陈年旧事今天拿出来当笑话讲讲，茶余饭后添点儿佐料罢了。而在任何时候，旧偶像的倒下、新偶像的竖立都是不可避免的。

长江后浪推前浪，这是不以人的意志为转移的客观规律。但对新偶像所取得的成绩，我以为还是要有一点理智的态度。美国媒体就给菲尔普斯泼了冷水，说他得金牌固然最多，但还远非最伟大的运动员。我们这里对运动员的一时辉煌，也不要无限引申其“意义”，甚至把一位运动员在一场赛事中的胜利上升到了一个地区精神如何的高度。那应该是互不搭干的两回事。

（2008 年 8 月 21 日）

“娶妻当娶”与“嫁人当嫁”

在北京奥运之前，“娶妻当娶×××，嫁人当嫁×××”就是一个相当流行的语式。奥运期间，“娶妻”“嫁人”后面的×××，自然不甘落后。就我的视野，在金牌获得者那里分别被置换成了何雯娜、张湘祥，在主持人那里被置换成了欧阳夏丹、白岩松。前一组多少是有些道理的，事业与相貌同在；后一组则杳然不知从何说起。

这个“娶妻当娶”与“嫁人当嫁”的语式，显然是从东汉开国皇帝刘秀那儿套用来的。刘秀没发迹的时候到新野，听说有个叫作阴丽华的姑娘长得不错，“心悦之”；后来又到了都城长安，见执金吾车骑甚盛，羡慕得很，于是把两件事联系到一起发出感叹：“仕宦当作执金吾，娶妻当得阴丽华。”意思是如果实现了这两个既定目标，当真人生无憾。而执金吾只不过是一个率禁兵保卫京城和宫城的角色，秩为“中二千石”，并不算大，也许每次出来的时候，“舆马导从，充满于路”，很威风的缘故吧，遂成为包括刘秀在内的人所羡慕的对象。另一方面，阴丽华如何漂亮，沉鱼落雁还是闭月羞花？也都无从知道，只是刘秀自己的审美观点而已。

从刘秀后来的经历看，“仕宦当作”与“娶妻当得”这两个标准显得订得太低了，完全不像陈胜那样，握着锄头的时候就有了“鸿鹄之志”。但战事刚有点儿起色，陈胜就迫不及待地建立了政权，给自己封王，把那些“燕雀”朋友杀掉，终于只是昙花一现；而刘秀则是一步一个脚印地实现了“光武中兴”，给汉家又延续了近 200 年的寿命。比较起来，标准低正有标准低的好处，实在，过于远大的志向形同好高骛远。何况就刘秀本人来说，事业与家庭也并没有止步于执金吾和阴丽华，他最后当上了皇帝，而且先封了郭皇后，然后才轮到封阴皇后。郭皇后貌美与否，是不是“当娶”，交给有兴趣的人去考究好了。

这样来看，“娶妻当娶”与“嫁人当嫁”，很有些“脚踏实地”的意味。当然我们谁都知道，那里面决没有当真要娶、要嫁的意思，风趣一下而已。用之于奥运金牌得主，很有些戏说邻家子弟的亲切感；但应用于央视的那些主持，我不大同意。奥运是头等大事，海霞、张羽、李梓萌等悉数“转型”，他们平时做社会新闻没得说，但对体育赛事，明显觉得他们不懂，外行得很，只能说些大而化之的话，用我家乡的话说就是“溜一溜缝”，于观众看赛事不能提供有价值的信息。白岩松没得说，他什么都懂，但他站得太高，气势太大，说出来的话至于类似“禅语”，参不透。比如他想对赵颖慧说的“有一种成功叫连续地失败”，从奥运还没开始他刚说出口时我就在琢磨这话究竟是什么意思，现在眼看着奥运要结束了，仍然一头雾水。成功叫失败，而且是连续的……不懂不懂。

一时有一时的流行语，记得早几年《南方都市报》隔段时间常常汇集一下，后来不知道为什么不搞了，其实挺有意思的。“将××进行到底”“一道亮丽的风景”渐渐去了，“娶妻当娶”“嫁人当嫁”渐渐来了。娶就娶，嫁就嫁吧，只要大家高兴。

（2008 年 8 月 22 日）

闭户欲推愁，愁终不肯去

《诗经·蒹葭》脍炙人口："蒹葭苍苍，白露为霜，所谓伊人，在水一方。""在水一方"会怎样呢？"溯洄从之，道阻且长；溯游从之，宛在水中央"。古人就此解释说："难至矣。"北京奥运会前，我们的三大球中唯有女排最有希望卫冕金牌，但情形早已表明，此金牌正像"在水一方"的"伊人"。而中国女排半决赛中 0∶3 败给巴西，更彻底地失去了希望。

陈忠和教练说，赛前他就感到不妙——当然这话是赛后说的；还说"这支球队很不稳定，不知道哪天可以发挥出来，也不知道哪天会失常"。自己带了那么多年，队伍的稳定性还把握不准有点儿说不过去；而且，我很想知道他本人在赛前的心态究竟如何。历史上那些能打胜仗的主将，在大战前夕往往都表现得非常放松，"示已已操胜券"。三国时的陆逊"与诸将弈棋射戏如常"；东晋时的谢安在淝水之战时众所周知是跟谢玄下围棋"赌别墅"；北宋澶渊之役前，寇准晚上照样"鼻息如雷"。不过，南宋张浚在符离之役时也像寇准那样睡得很香，却是因为束手无策，干脆也不去想。所以后人嘲之曰："却将寇准酣眠法，用在华元弃甲时。"陈忠和教练心态如何？假以时日，他会在回忆文字里主动提到吧。

南朝的庾信有一篇《愁赋》，其中说道："闭户欲推愁，愁终不肯去；深藏欲避愁，愁已知人处。"中国三大球存在的问题，正与此中的"愁"很相像，推不掉，也躲不开，需要一点儿理性去面对。男足就不要说它了，这支既输球又输人的队伍，如果现在寄之于希望恐犯众怒，小生怕怕；对另外 5 项，也要具体问题具体分析。比如在女足那里，队员们把输球怪罪于谢亚龙的到场，说他是"灾星"；总结会上谢亚龙反唇相讥，说姑娘们"要精神没精神、要斗志没斗志、要技术没技术”。这种相互间的骂来骂去只能激化矛盾，对“玫瑰”能否重新绽放没有丝毫益处可言。男排、男篮等尽到了自己的努力，打出了国人的尊敬，但打着打着，有片面夸大精神力量的趋向。一味地强调精神，难免“人有多大胆，就能走多远”。男篮四分之一比赛对立陶宛、女篮半决赛对澳大利亚，都隐约可见这样的影子。赛前豪言取胜，然而却以那么大的比分落败，一点儿赢的机会都没有……

对于仍然有能力夺取世界冠军的中国女排来说，我以为尤其不要以“精神”去怪罪她们。运动员们在竞技场上固然靠精神，但更要靠实力。如女排赢了就是对“精神”的继承，输了就是“精神”的欠缺，这种非此即彼的话语模式，赛后见了许多，不啻于不假思索地乱扣帽子。以子之矛攻子之盾来说话，如果片面放大“精神”的作用，对刘翔的因伤退赛进行极度褒扬就没法自圆其说了；退就退了，怎么还道理占尽？强调“精神”旨在励志，然走向反面的话，就成了一道精神枷锁。

今晚女篮、女排都将进行铜牌之争，如果拿到，千万别告诉我“这块铜牌的意义堪比金牌”。用宋丹丹的话说，这种话那是相当相当无聊。客气一点儿表述，这只是苏东坡式的聊以自慰，“薄薄酒，胜茶汤；粗粗布，胜无裳；丑妻恶妾胜空房”；不客气地说，纯粹是阿Q式的精神胜利法。

（2008年8月23日）

曲终奏雅

今天晚上，第29届奥林匹克运动会将在北京国家体育场“鸟巢”圆满落下帷幕。唐人在诗中曾经夸耀“铁树银花合，金桥铁索开”，与其说是一种描述，毋宁说是一种憧憬。完全可以想见，此情此景今夜将再一次走出文学作品，就像开幕时的盛况一样，真实地呈现在首都北京的夜空。

开幕式文艺演出的巨大成功，令我想到了王勃的“四美具，二难并”来概括；闭幕之际，执行总导演陈维亚已胸有成竹地告诉我们演出“不会让大家失望”，那么就不由得想到了“曲终奏雅”。典出《史记·司马相如列传》之“太史公曰”，司马相如就是去年在央视《百家讲坛》上王立群先生以“流氓”名之的那位西汉才子。太史公没那么轻率或曰哗众取宠，他在传后对司马相如作结道：“相如虽多虚词滥说，然其要归引之节俭，此与《诗》之风谏何异。扬雄以为靡丽之赋，劝百风一，犹驰骋郑卫之声，曲终而奏雅，不已亏乎？”这一段话是什么意思呢？本为扬雄非难相如之语，认为他的词赋不够完美，而到了结尾则转为精彩。因此，“曲终奏雅”四个字后来就转指结局的美善。如果用这四个字来形容最后时刻的北京奥运，应当是贴切的；当然，超越了“曲终奏雅”本意的是，北京奥运从一开始就精彩纷呈。

昨天晚上，我省乒乓球运动员马琳为中国奥运军团收获了最后一金。值此，中国奥运军团以 49 枚金牌历史性地首次占据了金牌榜的头名位置。金牌大国与体育强国之间当然不能简单地画上一个等号，但是，如果回首刘长春当年孤军作战、预赛即被淘汰的民族体育辛酸史，我们就知道这个金牌总数第一的“数字”对中华民族来说该是何等的扬眉吐气了。更重要的是，从开幕到现在的短短 16 天中，全世界的人们都看到了中国举办了多么优秀的一届奥运会，通过奥运，我们成功地展示了一个西方人不太了解的北京，展示了中国的魅力和良好形象。

与“曲终奏雅”在字面上比较相近的一个词叫作“曲终人散”，然而，一个强烈的感觉是：奥运之曲未终，不会终；若干年后我们也许会发现，正是奥运之曲产生的强大精神动力，加快了中国人民实现强国梦的前进步伐。而暂时散去的，也只是依依惜别的各国运动健儿和各国观众。在这短短的 16 天里，既有相聚的喜悦，也有别离的情怀，千万人一起狂欢，留下了愉快、紧张、和谐的美好记忆。

开幕式演出上那个给人留下至深印象的巨大“和”字，用意深焉，既概括了中华“和合”文化的精髓，显示了一种文化气度，即《中庸》之所谓“万物并育而不相害，道并行而不相悖”；而在奥运赛场上的具体实践，也的确给不同语言、不同肤色的人们带来了无限的欢乐与惬意。

即使很直接地看，北京奥运会也是曲未终、人未散。9月6日，第13届残奥会将在北京开幕；作为前奏，残奥会火炬将于8月28日在北京天坛点火，并在中国11个省区市的11个城市传递。当北京残奥会的圣火熄灭之时，相信仍然只是曲终奏雅，就像今晚闭幕式歌曲《难说再见》将要唱到的：“难说再见，你的微笑遗落在我眼前，难说再见，永远不忘转身的瞬间，海阔天空在明天，再相见。”

（2008年8月24日）

我们给杨海涛“看”些什么

在北京残奥会开幕式上，盲人歌手杨海涛演唱了一曲《天域》，其天籁般的声音倾倒了荧屏内外的观众。“歌声里，白云在蓝天上飘过。歌声里，鲜花在草丛中开放……”这些我们寻常所见的情景，在先天失明的他们却要极力想象，想一想，已然唏嘘。而令人为之动容之处还在于，杨海涛唱罢之后的深情道白：“我叫杨海涛，我是一个盲人，我的家在中国。假如给我三天光明，我最想看到的是爸爸、妈妈，和你们。”

简单直白、语调平缓没有丝毫激昂慷慨的几句话，却足以打动观众的心，让人的眼睛湿润，至少在笔者是如此。杨海涛所说的“你们”，无疑是视力相对健全的“我们”。杨海涛也许是羡慕“我们”，能够每天目睹色彩斑斓的世界；杨海涛也许是想看看“我们”，在这个色彩斑斓的世界中每天究竟都在做些什么。不管杨海涛怎样想，在爸爸妈妈之外，杨海涛最想看到“我们”，首先该令我们感动。

“假如给我三天光明”，是美国盲聋女作家和残障教育家海伦·凯勒的名言。杨海涛显然知道海伦·凯勒，或者他今天的成就正为她的事迹所激励。在盲聋哑世界里幽闭了 87 载，但却创造了种种生命奇迹的海伦·凯勒，被《时代》周刊评选为 20 世纪美国十大英雄偶像之一。她在著名的同题散文中，提出了“假如你只有三天的光明，你将如何使用你的眼睛?”的著名命题。在她自己，对“假如给我三天光明”更有过详尽而具体的描述，具体到第一天要看什么，第二天要看什么，第三天要看什么，一一列举。在第一天，她首先想要看到的正是人，她想看到“他们的善良、温厚与友谊”。上天不公的是，“假如给我三天光明”，对她和他，是多么遥不可及的梦想。

我忽然想到一个也许没有答案的问题，假设杨海涛的愿望能够实现，他究竟期望看到我们什么呢？他会看到我们的什么呢？或者，我们将给他看些什么呢？“太行之路能摧车，若比人心是坦途。巫峡之水能覆舟，若比人心是安流。”如白居易诗词中道出的“我们”中一些人的尔虞我诈，肯定不是杨海涛所愿意看到的。一朝权在手，“专把国家名器钱财作人情”，如南宋张浚之流干出的种种贪赃枉法的勾当，肯定也不是杨海涛所愿意看到的。还有我们这个阳光明媚的社会中的种种不良乃至丑恶现象，肯定都不是杨海涛所愿意看到的。我们当然不能指望借助杨海涛的愿望来净化社会，但“我们”在庆幸自己能够“看到”的同时，是否想到了自己对社会应尽的责任，不要让杨海涛在愿望实现的那一天感到失望？

海伦·凯勒说，要是人们把活着的每一天都看作是生命的最后一天，那该有多好啊，这就更能显出生命的价值。海伦接受了生命的挑战，用爱心去拥抱世界，她不仅以惊人的毅力完成了哈佛大学的学业，最后还把慈爱的双手伸向了全世界。杨海涛未尝不是这样体现生命价值的。“歌声里，我看见了美丽的姑娘。歌声里，我走进广阔的天域。歌声里，我走进幸福的天堂。”“完全是用情感在歌唱”的杨海涛，虽然还看不到爸爸妈妈，更看不到“我们”，但在他的世界里，早就在黑暗中找到了光明。而且，他以及他们，也带给了“我们”心灵的抚慰。

（2008 年 9 月 7 日）

所谓健全人可能很残疾

在北京残奥会首场盲人足球比赛中，中国队的小伙子们以 3：0 完胜老牌劲旅英国队。现场很多观众在赛后感慨道：“他们才是中国足球的真正代表!”显然，这是针对“麻绳穿豆腐——提不起来”的所谓健全人组成的国足来说的。

盲人足球，那是一场怎样的比赛？尽管他们什么也看不见，为了确保比赛公平，除了两名门将之外，场上双方的球员还是要蒙上眼罩。球员们在黑暗中跑动，凭借足球里面的铃铛声来判断球的位置，再凭借听力来盘带，来传球接球，去射门。我注意到，比赛中不时地有人敲击金属门柱，那是在“告诉”球员们大门的方位。这就是被国际足联前主席阿维兰热形容为“最复杂、最精巧、最难以琢磨”的盲人足球比赛。黑暗，丝毫没有妨碍他们如同精灵般的表演。

对那些先天失明的球员来说，从来没有见过足球和球门的样子，但是他们不仅可以踢，而且可以踢得很好，能准确地射门，这该是怎样的不可思议？中国这支五人制盲人球队，组建仅仅两年，队员的平均年龄只有 20 岁，而在面对比自己高出一头并拥有职业化俱乐部制的英国队时却表现得如此出色，人们由此想到国足完全是出于本能。不健忘的人都会记得，前几年国足凭借运气，再费了九牛二虎之力好不容易进了一回世界杯，订了所谓“三个一”的奋斗目标，其中一个“一”说的就是“进一个球”。可是，就连这么可怜的低标准也还是实现不了，到头来灰头土脸地打道回府。在刚刚结束的北京奥运会上，虽然终于进了一个球，但既输球又输人的他们，身上的遮羞布也从此被彻底掀掉，输得无可再输。

我们不可能就盲人足球的一场胜利得出一些定理，但把中国的盲人足球与中国的健全人足球对比一下，也是件挺有意思的事情，能让我们平添诸多感慨。比如有记者问，盲人球员听着足球滚动的声音有什么感觉，他们的回答是那样的诗意而动人："就像足球在笑。"而我们都知道，近几年来，在国足参赛的场合，滚动着的足球每每却是像在哭，国人每看一回，心里就添一回堵，根本体会不到世界上那么风靡的足球还能带来什么乐趣。在今天的残奥会赛场上，中国队在男子七人制足球赛中以大比分输给了俄罗斯队，但队员们在场上表现出的顽强斗志让全场观众为之动容。竞技体育终究要决出胜负，没有人要求哪支队伍一定要"常胜"，然而你既然代表国人出战，在表现上总要给国人以安慰，健全人的国足正是在这个关键问题上令国人失望到了极点。

通过对中国盲人足球队与中国健全人足球队的对比，似乎能够明白一个看似悖论的道理：所谓残疾人可能很健全，而所谓健全人却可能很残疾。盲人们的眼睛虽然看不见光明，但他们的心里有光亮，生活一样非常美好；反过来，那些眼睛可以瞪得像牛一样的人，如果盯着的只是金钱美女、个人安乐等物质享受，生活一样会变得灰暗。

（2008 年 9 月 8 日）

残奥会不仅展示了竞技体育之美

年仅 19 岁的波兰乒乓球选手、"独臂公主"帕尔蒂卡，仅仅用了 13 分钟就以 3 比 0 的比分战胜了中国选手黎玉强，然而，用帕尔蒂卡自己的话说："我感觉就像在主场作战一样。"的确如此。当她进场时，看台上热情的中国观众就爆发出了热烈掌声；赛后，当她挥着自己残缺的右臂致意时，全场的掌声热烈依旧。

其实，我们早就认识了帕尔蒂卡。不要说在刚刚结束的北京奥运会上，她因为和健全人同场竞技而声名大噪；去年，在萨格勒布世乒赛的单项赛场上，她就曾经挑战中国队的主力队员郭跃。尽管那场比赛的赛果不可能具备任何悬念，但帕尔蒂卡的坚毅与不屈已经带给了人们别样的感动。同时参加两种奥运会，是帕尔蒂卡的最大梦想，正是在北京，她的梦想化作了现实。在奥运会乒乓球女团小组赛中，帕尔蒂卡代表波兰女队一共出场 6 次——3 次单打 3 次双打，并赢下了其中的两场。

以前的残奥会比赛我不大看，毋庸讳言，有一点儿“不忍看”的意味。但自北京残奥会开幕，尤其是看了中英轮椅篮球赛之后，看法有了全然转变。在那场比赛中，我惊异于除了一切动作都是在轮椅上完成的之外，残疾人的篮球赛和健全人的实在没有什么不同。一样的抢断，一样的快速进攻，一样的来回妙传，一样的切入篮下，一样的三分线上远投，甚至一样能够打出 70 多分的高比分。那场比赛虽然我们输了，而且输得不少，然而输赢在此显得那么无关紧要。既曰竞技体育，固然会有一方是赢家，但残疾人的竞技体育，却很难说有一方是输家。残疾人所展示出的速度、力量、技巧、耐力以及智慧等等，丝毫不逊色于健全人。我们在欣赏比赛的时候，可以浑然忘却他们是残疾人。

笔者酷爱乒乓球，正是多少懂一点儿的原因吧，帕尔蒂卡的发球首先就让我感到惊叹。你看她，先把乒乓球夹稳在残缺的右手臂上，利用那一截还能稍微弯曲的断臂，迅速抛球，左手马上跟进开始挥拍……据说，这个特别的发球方式是她自己研究出来的，而每次比赛之后，手肘内侧的皮肤都因为发球时的摩擦而变得通红。这就是在运动中，他们比我们额外付出的代价，也正是这样的代价，令我们不由得不对他们肃然起敬。在北京奥运会上，我们还认识了南非的“独腿飞鱼”纳塔莉·杜托伊特。在女子游泳 10 公里公开水域比赛中，在比健全人少一条小腿的情况下，她仅仅落后冠军 1 分 22.2 秒，在她的身后，还有 9 名选手陆续抵达。少了小腿，本来是一种不幸，但正如人们所言，她没有将不幸放大，而是在碧波中找回了自我。实际上，每一个残疾人运动员都未尝不是在自己挚爱的运动项目中找到了自我。

体育是展示美的。残奥赛场上，残疾人运动员向我们展示的则不仅是竞技之美，更展示了他们的意志品质之美。单凭这一点，所有站在残奥赛场上的运动员都值得我们尊敬。这些坚韧、顽强的生命之花，在令我们感动的同时，不能不为我们增添进取的信心和勇气。

（2008 年 9 月 9 日）

争取不敢梦想的胜利

9 月 9 日上午，女子 100 米 T11 级（盲人）决赛，吴春苗在最后时刻逆转世界纪录保持者、巴西选手吉列尔米纳，夺得了中国残奥军团的径赛首面金牌。在晚上的男子 5000 米 T11 级别比赛中，张振凭借最后 200 米的强劲冲刺，超过了前面的肯尼亚选手，再添一金。吴春苗说，那是她不敢梦想的胜利；张振也说，非洲选手在这个项目上历来都占统治地位，他是以挑战者的姿态来比赛的。但如我们所见，他们都成功了。

到今天晚上 9 点钟笔者落笔之时，中国残奥代表团已经夺取了 8 枚田径金牌；而且电视画面下面的滚动字幕说，田径一直是中国参加残奥的“拳头”项目，一直有较好的表现。由此不能不想到北京奥运会前，誓言夺取两金实际上却寸金甚至寸银未得仅仅收获 2 铜的健全人组成的中国田径队。老是对中国足球那个“软柿子”扔“臭鸡蛋”，放肆言论也没有意思，它就那个样子了，暂时还不能见扶得起来的迹象，我们不如把有限的精力关注一下应该有出息也可能有出息的项目。

健全人的田径金银牌颗粒无收，这让奥运历史上首次金牌高居榜首的中国体育代表团稍显尴尬。身体条件先天不如人家，是我们常常听到的一个理由。于是，短跑好的，人家那身体器官是如何构造的，长跑好的，又是如何，言之凿凿，先自气短一截。此前，这些说法尚可以搪塞国人，在吴春苗和张振之后，还是闭嘴收声的好，再这么讲会闹笑话。我们不能排除先天因素的优势，但先天因素肯定不是绝对的。吴春苗赢的是短跑，张振赢的是长跑，总不至于说中国残疾人的身体素质优于国外的残疾人吧？诚然，残奥的金牌多，本届达到160枚，根据伤残程度划分了不同的竞赛级别；但无论怎样，中国的残疾运动员和外国的是站在同一起跑线上，参与的是公平竞争。

不要一味强调所谓先天的因素了。事实上，牙买加短跑项目“全面开花”，也是本届奥运会才有的事，前些年还主要是由美加选手称霸，难道牙买加人这几年的身体进化奇快不成？而且，非洲选手垄断着中长跑项目，在残疾人那里未尝不是如此，张振争取到的也正是先前不敢梦想的胜利。

吴春苗和张振站在领奖台上时的别样一景令我们难忘，那就是金牌的互挂。转过身，吴春苗就将自己脖子上的金牌摘下来挂到了领跑员李佳雨脖子上；晚上，在颁奖时的细雨之中，张振也将他的金牌挂到了领跑员（可惜不知道姓名）的脖子上。领跑员，需要和运动员并肩起跑，两个人的手上拴有一根具有弹性的引导绳。盲人选手没有起点和终点的概念，也不知道应该何时冲刺、向何方冲刺，全要靠领跑员提示。领跑员正相当于盲人运动员的眼睛。金牌互挂，使激烈的竞技场上霎时间充满了感恩的温情。

为什么健全人没有做到的事，残疾人做到了？历届残奥会上中国军团的田径成绩，应当引起我们的思考，应当给我们以种种启示。最核心的，莫过于我们敢不敢去争取那些不敢梦想的胜利。在竞技场之外，这样的信心也同样具有启迪意义。

（2008年9月10日）

“残疾人”称谓改不改是次要的

北京残奥会在明晚就将落下帷幕。十来天的比赛，高潮迭起，残奥健儿们在赛场上所不断展示出的惊人能力，令无数健全人感到震撼。人们惊异地发现，残疾人运动员在许多方面，丝毫不逊色于健全人，在五环旗下同样能够完美地诠释“更高、更快、更强”的奥运精神。也正是在这样的背景下，“残疾人”的称谓问题又一次被端上台面，那就是还该不该把他们继续称作或“残”或“疾”的“残疾人”。

这个问题在我看来没有多少实质意义。要不要改掉，应该看改的出发点是什么。现在的出发点是什么呢？主改派显然是认为称谓本身含有歧视色彩，中国坐式女排队长吕红琴说：“我不觉得自己是残缺的。”就像“农民工”的称谓一样，似乎这样一叫，就把这一部分人“剥离”出了主流人群。有那么严重吗？没有吧。就残疾来说，它指的是一种心身状态，肢体、器官或其功能方面的缺陷；“残疾人”，仅仅是相对于“健全人”而已。不要说“残疾人”和“农民工”一时都还找不到适当的替代称谓，就算找到了，无论改称什么，都难免有“区别开来”的意味；而一旦感到了这种“区别”，心理上有了疙瘩，就都难免感到原本子虚乌有的歧视。

通过残奥会人们进一步发现，在人生态度上，在生活技能上，乃至在对社会和历史的贡献上，他们未必低人一等。这是事实。南非“刀锋战士”奥斯卡·皮斯托瑞斯的男子 100 米 T44 级决赛成绩，只比奥运会上博尔特的惊世纪录慢了 1.48 秒，远远快过一般的健全人。但我们同时必须看到，这些有能力挑战健全人的残奥健儿，还仅仅是残疾人队伍中的佼佼者，说他们的意志和能力超常，并不为过。然而在实际生活当中，却是大量的残疾人因为或“残”或“疾”的身体，导致正常生活无法自理，或者给正常生活造成极大的不便。“残疾”

是一个客观事实，没必要回避，也无法回避。就“刀锋战士”本人而言，据说他膝盖下装的是价值1.5万英镑的高科技“刀锋腿”，科技含量再高的假肢也仍旧是假肢，假肢与地面摩擦发出“嚓嚓、嚓嚓”的响声，使他飞翔之时和之后，都不可能不付出比健全人更大的痛苦。而且，残奥运动员所达到的高度，所展示出的能力，是残疾人群体所能达到和展示的；绝大多数的残疾人个体，却仍然需要社会的爱心和扶助。

“农民工”的称谓也是一样。如果农民工群体不能改变现有的生存状况，换个所谓“好听”的叫法又有什么用呢？换成什么才没有歧视色彩呢？所以，称谓问题是次要的，重要的是社会需要检讨应该为他们做些什么，已经做了什么，还有哪些欠缺。具体而言，对农民工，要打破种种“门户壁垒”，让他们早日享受到平等的“国民待遇”；对残疾人，要把我们的国度建成“无障碍”，为他们如同健全人一样方便地生活和工作提供足够的帮助。

（2008年9月16日）

宛如接受一场心灵的洗礼

北京残奥会的圣火今晚就要缓缓熄灭了。历史行将或已经证明，这是一届空前伟大的残奥会。中国人民认真履行对国际社会的郑重承诺，以极大的热情欢迎各方嘉宾，向世界奉献了一届有特色、高水平的残奥会。中国人民和世界各国人民共同分享了北京残奥会的成功和欢乐。

也许是在我们自己家门口举办的缘故，也许是中国政府和人民通过真诚与努力赢得了国际社会高度赞誉的缘故，感觉上，从1960年意大利罗马首届残奥会开始，没有哪一届残奥会能让13亿国人如此关注。在短短12天的时间里，残疾人运动员不仅展示了他们各自精湛的技艺，更重要的是展示了人类的坚韧和不屈。在每个残奥选手的背后，我们几乎都能读到一个励志故事，在残奥赛场上，他们进一步证明了自己。我相信，对许多残疾人运动员来说，体育对他们的意义并不仅仅是带来了金牌或荣誉，而是一种自信；当这种自信以金牌或荣誉得到“承认”的时候，不仅他们自己的人生或许从此改写，与此同时，他们那种与命运抗争的意志品质，及其给全世界6亿残疾人所起到的示范意义，则根本无法用金牌或荣誉来衡量。

残奥会搭建了展示残疾人精神风貌的大舞台，它让我们领略了堪与奥运会相媲美的精彩。残疾人运动员尽管有身体上的诸多不便，但他们表现出了同健全人一样的能力，许多比赛成绩还是一般的健全人乃至运动员都望尘莫及的。比较地看，就中国健儿而言，残奥军团亦令奥运军团有颇多汗颜之处，尤其是国足和田径。然而，这又的确是一种特殊的运动竞技。残奥健儿有的肢体残疾，有的听不到人间的嘈杂纷扰，有的见不到大千世界的缤纷色彩，但是他们硬是在常人难以想象中超越了躯体的障碍，突破了自我，这种突破带给观众以震撼。在此之前，我们可曾想象凭借双腿假肢可以跑出比健全人的百米世界纪录只慢一秒多的成绩？可曾想象独臂箭手用嘴衔着箭羽同样可以从容发射？可曾想象盲人足球同样可以盘带过人并精准地射门得分？可曾想象篮球决赛之后轮椅丝毫不能阻碍胜利者的激情拥抱？……在我们看来难以想象的，他们都做到了。他们所释放出的人之为人的潜能，足以修正或改变社会对残疾人的种种固有印象。

残奥会带给我们的震撼，使我们宛如接受了一场心灵的洗礼。国际残奥委会主席克雷文说，来看残奥会的比赛吧，只要看过一次，你就会一直看下去，一直支持残奥会。的确如此。而观看的过程，正是接受洗礼的过程。虽然他们需要承受身心带来的种种痛苦，但他们的精神健全，用心灵寻找了光明的彼岸，追寻到了生活的快乐。毫无疑问，残奥健儿以其强烈的感染力和特殊的震撼力给世界增加的宝贵精神财富，足令我们重新审视生命的意义，足令我们感受到生命的力量，从而更加热爱生活、珍爱生命。因此，我们不仅要赞赏残疾人运动员诠释出的体育运动的真谛，更要赞赏他们像奥运会出现的无数动人场景一样，让人类加深了对什么是“人”的认识。同一个世界，同一个梦想。无论每个残奥健儿的梦想能否实现，那份执着与付出就足够我们感动，每个站在赛场上的残疾人运动员都是英雄！

北京残奥会就要落幕，尊重残疾人、关爱残疾人仍然需要从今后的每一个细节做起。就像开幕式主题歌所唱的：“捧一缕阳光，温暖所有人的胸膛，Flying with the dream，和梦一起飞翔。”而尊重残疾人，也未尝不是尊重我们自己。

（2008 年 9 月 17 日）

愿吴景彪能哭醒“金牌至上”

伦敦奥运会上，男子 56 公斤级举重比赛银牌得主吴景彪在赛后接受央视采访时不能自已，突然鞠躬道歉，泣不成声，连称三个有愧：有愧于祖国，有愧于中国举重队，有愧于所有关心他的人。在新闻发布厅，他又站起来向在场的工作人员、记者及志愿者鞠躬“致谢”。吴景彪一系列堪称悲壮的举动，让人觉得不是滋味，超出了输掉比赛的正常反应。老实说，目睹此景，我想到的是负荆请罪的廉颇。

无论输赢，运动员在比赛之后流下热泪，都是竞技场上寻常不过的景观。伦敦奥运首金夺得者易思玲赛后就哭了，她说因为她很激动，控制不了情绪；孙杨在男子 400 米自由泳决赛中力克韩国的朴泰桓，也哭了。这一点，国外的运动员往往也不例外。当然，赢了的都属于喜极而泣，与输了的痛哭具有本质的不同。但这在吴景彪这里，表现仍不大寻常，虽然他希望四年后重来一次，但这一次，他好像已经输掉了一切。吴景彪何愧之有？我相信，他这是代为人言。在赛前，他显然被寄予了厚望，举重队的上下一定认为这块金牌纯属囊中之物，届时只需伸手一探而已。不料半路杀出了程咬金，自己人尚可，偏偏又不是，而赛场上一旦升的是人家的国旗、奏的是人家的国歌，似乎“性质”更不同了，这样的话，吴景彪焉有不愧之理？他不说，他周边的人也会这么认为，因而我宁愿把他的表白理解为“先发制人”。

运动员发挥失常，离不开“压力”二字。吴景彪认为“自己还不够强大”，这种不够强大，不是力量上的，正是心理上的。重压之下，我们看到，女子53公斤级举重比赛中，本可夺金的我国小将周俊三次抓举失败，居然没有成绩，在电视采访区，“站到镜头前她一句话也说不出来，紧咬嘴唇，泪水在眼眶里打转”。我觉得，运动员的这种心理压力并非单纯地来自运动项目，周俊的失利暴露了体育选拔制度的冰山一角，更多的是来自人为赋予的超出竞技范畴的宏大而空泛的“意义”上的种种承载。易思玲说她的哭，还因为“一直以来的压力释放了”。她的压力，我想应该是我们过于计较的伦敦奥运首金，她正担任着拔得头筹的重任！

吴景彪的痛哭失声，势必会加剧人们对“唯金牌论”的反感。竞技体育诚然要较量高下，但我们不必把政治领域中的成王败寇理论在体育界继续发扬光大。我们看到，与易思玲同时站在领奖台上的喻丹的奥运“首铜”，就备受冷落，回国以后接踵而至的奖励更将是“否泰如天地”。时至今日，国人已经日益认识到，奥运金牌只是奥运金牌，它的含“金”量越来越令人咋舌是个不争的事实，但它与国家强大与否、体育强国与否并无相应干系。我们在国际上的地位如何，已经不再需要金牌来证明自己，“东亚病夫”的帽子也早就甩进了太平洋，接下来要看的是我们的“软实力”。但愿吴景彪的哭声，能够“哭醒”那些仍然陶醉于“金牌至上”中的决策者和观众。

（2012年7月30日）

输场比赛而已，何耻之有？

参加伦敦奥运女子53公斤级举重比赛的小将周俊憾失金牌之后，有媒体形容为“最耻辱一败”。虽然他们旋即就此向周俊公开道歉，道歉文字还有那么点诗情画意，但这个“最耻辱一败”所造成的恶劣影响，短时间内恐怕难以消除。而且，我不惮以最坏的恶意揣摩之，难说媒体的所谓道歉不是在舆论口诛笔伐声中的被迫低头。

周俊只是输掉了一场比赛而已，何耻之有？不错，这是四年一度的奥运会比赛，53公斤级又是中国女子举重的传统强项；不错，周俊的奥运参赛资格问题，揭开了不严格遵循规则的国人习性在体育界的冰山一角，让我们看到国家整体利益之下地方拨弄的自己的小算盘。尽管这些都不错，17岁的周俊却充其量只是颗被摆布的棋子，其又何辜？周俊要的那个开把重量，肯定不是盲目的赌注行为，她一定有举起那个重量并能再加些斤两的实力，这是看多了举重比赛的人都可以得出的结论。周俊一定是在竞技压力之外，还承担着其他一些莫名其妙的额外压力才功亏一篑。

之所以出现“最耻辱一败”这种道歉者自称的“低级错误”，并非偶然，我们在竞技场上一向以成败论英雄，这从对历届奥运金牌得主所享受的待遇、所获得的奖励就足窥一斑。令人高兴的是，自从本届奥运开赛以来，国人淡化金牌的声音便此起彼伏。我想，这并不意味着国人觉得金牌不再重要，谁不希望自己的国旗在国际赛场上升起？而是对赛事观赏相对成熟了许多，多少觉得我们为了金牌而不顾一切的做法实在太“过”了，子曰“过犹不及”的“过”。凡事一“过”，招致的必然是反感。在这样的背景下，媒体匆忙地给周俊定性为“最耻辱一败”，实际上流露出的是讨好的倾向，大概还要借此抨击一下奥运选拔制度的“猫腻”，只是选错了“靶子”，非但没有奏效，反而自取其辱。那么，把这一定性反扣一顶“最耻辱”的帽子，倒有点儿恰如其分。

一个竞技项目大抵只产生一个冠军，得到奖牌的只有前三名，败则耻辱，不仅无名小卒，便是名将也要无地自容了。前几天，男子10米气手枪北京奥运冠军庞伟只得了第四，男子10米气步枪雅典奥运冠军朱启南连决赛也没杀进；今天下午，中国女子羽毛球队最有夺金把握的女双组合田卿/赵芸蕾0：2意外地负于丹麦组合，计算小分才以小组第二出线。诸如此类，算上国外的运动员，盘点起来不胜枚举。语云“人有失手，马有失蹄”；又云“江山代有才人出”，这完全是正常现象。所谓败得耻辱，应该是那些毫无斗志、根本体现不出竞技风范，让人在现场起身想走、在电视机前想要转换频道的应付比赛的运动员。

凡运动员必有压力，像牙买加博尔特那样睥睨天下的人物，在韩国大邱世锦赛上也还因为抢跑犯规被罚出场。问题在于，媒体作为社会公器，评价什么要冷静、客观，不能“等闲平地起波澜”。媒体应该通过报道让体育真正回归它的本来面目，当下还需要通过种种呼声惊动体育界国家和地方的各种“金牌至上”的战略，使我们那些在赛场上一展风姿的运动员呈现出有血有肉的人的一面，而不是“运动机器”的另一面。

（2012年7月31日）

看看什么叫耻辱的输掉比赛

昨天刚写了篇《输场比赛而已，何耻之有?》，为女举的周俊一辩，今天就要自扇耳光一回：还真有耻辱的输掉比赛！

7月31日晚，中国羽毛球队头号女双于洋/王晓理在A组以0：2“爆冷”不敌韩国组合。这场号称“爆冷”的比赛，引来了据说是伦敦奥运赛场上观众首次发出的集体嘘声；接下来在C组，另一对韩国组合与印尼组合更以近乎赤裸裸的做法争相输球，裁判在频繁到场地中进行劝解无效之后，裁判长被激怒了，毫不犹豫出示黑牌勒令双方球员退赛。这两场输掉的比赛，就属于耻辱的比赛。其中，我们的运动员输的前一场，直接导致了后一场，人家有报复和泄愤的成分在内。我们可以说，他们是在狡辩，但相继输球的“前”与“后”之间，的确存在这种逻辑关系。你那样明摆着是要避开强手，难道我是傻瓜，不知道？而我们为什么要假输这一场，在于此前真输的那一场，D组的中国组合田卿/赵云蕾真正爆冷地败给了一对丹麦组合。于洋/王晓理如果不假输，则这两对中国组合将提前相遇，没有了会师决赛的理论可能。而像乒乓女单那样会师，显然是中国羽毛球队的既定方针。

但此番输掉的可不止是一场赛事。我们的人在众目睽睽之下敢于冒天下之大不韪，多少出自国羽让球的不良“传统”，本来我们可以更加喜欢的林丹，但有多少次他为了照顾队友而“生病”、而“临阵脱逃”？在各种公开赛上我们藐视的还只是观众，这次藐视的却是奥运精神。因此，连我们的官方通讯社记者——新华社记者也看不过眼，发表文章“谴责和鄙视”，认为“丢人到家”。于洋在赛后解释说：“明天就是淘汰赛，我们小组已经出线，希望有更好的体力参加淘汰赛。我们非常希望在每场比赛中给观众带来精彩表现，但既然我们已经出线，不想把体力和精力耗在小组赛中。”于洋根本不用辩解，多学点儿文化，她就会知道“司马昭之心——路人皆知”那个著名典故。那些故意打出界或者开下网的球，用新华社文章援引一名激动的英国观众的话说，“这简直就是业余比赛，完全在国际水准之下。中国是体育大国，应该给其他队伍做个榜样”。

运动员应该是无辜的，该深刻检讨的，是授意如此的中国羽毛球队教练们，以及那些给教练施压的“位置”更上的人。今天我们不断“解密”的当年那些“让球”，当事运动员没有不感到委屈的，委屈至极而愤怒，如何智丽一样出走国门的亦不乏人。每一次，无不是令体育精神蒙上污点的“冠军至上”“金牌至上”理念在作祟。这两场互相求输，使本届奥运羽毛球赛蒙上污点的比赛，让我们大开眼界的是，裁判手上除了黄牌、红牌，居然还有“黑牌”。金牌与黑牌，构成的强烈反差岂止是颜色的区别！

我想，即便中国女双最后拿到了金牌，都不可能带给国人以欢欣，甚至还会株连到中国羽毛球队此番其他金牌的成色。甚至还可以预见，将来谈起这件事，那种吃了苍蝇的感觉都不会消弭。事情至此，这块金牌还不如主动放弃不要，以谢国人与世人。

（2012 年 8 月 1 日）

不要单纯地盯住竞技说事

奥运会羽毛球男单颁奖仪式后，林丹说李宗伟脚伤未能痊愈，这让自己多少占了些便宜，因为“赛后跟他聊天，知道脚伤对他还是有些影响”。林丹的话，自然有谦逊的成分在内，但是他这种惺惺相惜，折射出了对对手的尊重和肯定，这也是作为一名日后可能与“伟大”为伍的运动员所理应必备的良好心态。相形之下，某些媒体报道中关于二人“劲敌”“死敌”或者“恩怨”“恩仇”一类的用法，先让人觉得滑稽，再让人觉得幼稚。

无独有偶，7 月 30 日，孙杨在男子 200 米自由泳决赛上与韩国名将朴泰桓同时触壁勇夺银牌，颁奖台上让我们看到了两人一直说说笑笑的和谐一幕，事后得知他们是在相互打趣。而回顾奥运揭幕未几两人的 400 米之争时，倘若偏信某些媒体的片面报道，难免要以为孙、朴二人水火不相容呢！

媒体的“导向”太重要了。运动场上，两个对手倘若旗鼓相当，动不动就被人用“瑜亮之争”来比喻，我知道其意旨在形象，但还是想说这个比喻蹩脚得很。不在于周瑜临死之前仰天长叹“既生瑜，何生亮”的那个故事，是否《三国演义》作者的小说家言，也不在于迷恋国祚“正统”的作者是否借此来美化诸葛亮而故意贬低周瑜，而在于诸葛亮三气周瑜，致周瑜 36 岁便英年早逝的虚构故事，揭示出的实质上是双方之间那种你死我活的关系。这么一种性质的关系，拿来比喻实力伯仲难分而相互产生激励的运动员，不是殊为不当吗？用错了典吧。林丹就说了，虽然他和李宗伟“代表不同的国家比赛，但是不代表我们就是敌人，我们是朋友”。

一项赛事令人赏心悦目，不仅仅在于能够欣赏到高超的竞技水准。我最喜欢看网球比赛刚结束时双方球员的交流，无论刚才打得多么难分难解，那种亲密一团，甚至热乎乎的拥抱，都令人有温馨之感。可“弹劾”的是乒乓球比赛之后，大家基本上都是面无表情地进行“例行公事”，即便是队友，相互之间也冷冰冰的，“余音”并非“袅袅”。是打完乒乓本该如此，还是我们作为“国球”美誉的享有者根本没有意识到这一点，或者努力不够？此外，早些年就不断有人呼吁体育界应该摒弃“战争语言”，但央视若干解说员的知识结构，显然远远谈不上更新，“硝烟”“战车”“血洗”一类不绝于耳，听起来一副咬牙切齿的模样。但凡直播的体育赛事我都比较喜欢看，但如果那赛事只有央视才播，又是那几个在我这里挂了号的“战争贩子”在喋喋不休，我往往都要消掉电视的声音，定可倒退回默片时代，此之谓“两害相权取其轻”。

我赞同母校老校长黄达人先生的看法：只有一群同样伟大的运动员，才使得一项运动蓬勃发展。前几年我们不是一直都推崇“乒坛常青树”老瓦，如今对波尔等赞誉有加吗？这回孙杨也说：“我很感谢朴泰桓，有了他这样的强大对手，我们才会相互进步。”虽然曾经响亮一时的“友谊第一，比赛第二”我们早已经不提了，但是不等于要把“友谊”丢去爪哇国，遑论人家之间的友谊本来就很深厚，你根本无知，还每每用一场赛事的胜负来行“挑拨离间”之能事。太可笑了。

（2012 年 8 月 6 日）

对一场没有完成的比赛不必极尽褒扬

国人万众瞩目并期待的奥运男子 110 米栏预赛，我们的刘翔在跨第一个栏的时候摔倒，无缘半决赛。四年前在“鸟巢”里的黯然一幕，在“伦敦碗”里悲剧性地重演。国人在震惊之余，对刘翔夹杂了不少诛心之论。巧合，这一切只是巧合吧。历史总有惊人相似的一面，不知道哪个英明的伟人，早就把话说在头里了。有细心的人士还发现，刘翔此次的运动衣号码，居然与北京奥运时的“1356”一模一样，这还不是巧得不能再巧的巧合吗？

应该理解刘翔。从他还没到伦敦开始，我们就从各种媒体中不断听到他的伤势如何的消息。本来嘛，职业运动员哪个没有伤病？但我们的媒体不断突出这一点，显然是在给全国人民打预防针，只是不少人把“预防针”当成了“烟幕弹”。我不是事后诸葛亮，这一针在我身上，药效真的发生了作用。虽然我也不怀疑，昔日的中国飞人已经回到了巅峰，这从一系列赛事中不难印证。挑近前的说，6 月份，在国际田联钻石联赛尤金站中，刘翔追平了世界纪录，只可惜超了风速；7 月下旬，离伦敦奥运不到半个月，在国际田联钻石联赛伦敦站中，刘翔以小组第一的成绩晋级决赛，虽然他随后宣布“因伤退赛”，放弃一个唾手可得的冠军为自己当天的 29 岁生日献礼，但人们无不认为此举正是为了伦敦奥运积蓄能量。就像稍有点儿年纪的人都熟知的老电影《南征北战》，都熟知的那句涉及我军战略的经典台词：“不要计较一城一地的得失，不要怕打烂家里的‘坛坛罐罐’。”在极度期望的基础上，刘翔在预赛中居然摔倒，不可能不令国人极度失望，但我们仍然应该相信，刘翔两次奥运赛场上爆发的伤病只是巧合。

有人说刘翔在上演一出悲情戏。不要这么不厚道，也不要就纯粹个人因素导致的赛果，来随便定义哪个运动员是“悲情英雄”。比如说，王皓连续三届奥运都只拿到了银牌，埃蒙斯连续三届奥运的“最后一枪”都悲催得离奇，悲情吗？我觉得不悲情，综合的竞技素质大约达成的就是这种赛果，但“连续”三次都“何其相似乃尔”，却只能说是巧合。因此，即使王皓再来个“四连亚”、埃蒙斯“事不过四”，我也仍然这么认为，冲不出“心结”的羁绊，实力如此，何悲之有？只有像吊环的陈一冰、高低杠的何可欣、中国女子场地自行车团体竞速赛，因为裁判的人为因素，导致“用金牌的动作拿了银牌”（BBC 评价陈一冰用语），以及同样是因为裁判不让擦地上汗水的人为因素，导致羽毛球的汪鑫受伤，才可以用悲情说事。

我赞成一种说法，也许，刘翔将从此失去君临天下的霸气和无与伦比的商业号召力，但绝不应该成为谩骂的对象。不过，我们也不要对一场没有完成的比赛极尽褒扬之能事，什么像一个战士（央视解说员语）、什么站在起跑线上就是一种超越（央视另一解说员语）之类。没跑成就是没跑成，平心静气、平铺直叙可也，总不能上了战场却没打仗的战士比打了的还要伟大，像我们这些搞文字的总不能编辑等着稿子却提起笔来才写几个字就打住了还挺荣光。我这样说，是因为虽然我嘴上老是在叨咕一切只是巧合，还是衷心希望刘翔心中真的没有那个解不开奥运压力的心结，真的没有那道跨不过去的心灵“栏架”。

（2012 年 8 月 7 日）

举国体制下不必讳言金牌

伦敦奥运会开幕以来，国人越来越流露出对金牌“看淡”的趋向。这肯定是一件好事，表明人们对体育的认识越来越趋近本质。但是我觉得，在体育的举国体制之下，却不必讳言金牌，因为我们的目的就是要夺取金牌。

从28年前洛杉矶奥运会上许海峰“零”的突破，到2008年北京奥运会上金牌总数第一，再到本届伦敦奥运会上虽未最后分晓却肯定位列金牌榜第一集团，在这样短的时间内我国体育取得这样的成就，众所周知正得益于举国体制。前几天，《北京日报》发表了一篇署名文章，标题即开宗明义：《举国体制是好体制》。这里无意对举国体制如何进行“鉴别”，而是想说，无论是谁，在举国体制下谈淡化金牌意识，逻辑上是不能成立的。

何谓体育的举国体制？就是举全国之力，包括人力、物力、财力等等，来培养和训练少数精英运动员，以期在各种国际赛事中最大程度地为国家夺取奖杯和奖牌。比方此番国羽这支队伍，暂住奥运村后便迅速搬了出来，“专门从国内带了两个厨师，并且在温布利馆附近单独包租了一栋房子住”。这种做法的目的当然是为了方便比赛，但国家付出如此之大，他们势必要回馈好的成绩。他们做到了，历史性地包揽了5金。所谓最大程度，就是类似国羽的这种成绩越多越好。这是国家的期望，也是对纳税人付出的最好回报，举国体制与金牌的逻辑关联正在这里。因此，倘若我们今后继续奉行举国体制，那么大家对淡化金牌意识一类的话就可以免谈；而必欲淡化金牌情结，就需变更运动员的培养前提。

近年来我们的一些优秀运动员逐渐“个性化”了，能够时不时地说出几句非程式性的话，虽然有的一露头便遭到了痛击。但我不大喜欢越来越多的人鹦鹉学舌地来一句“享受比赛”。关心体育的人都知道，这从外国运动员的口中常常能够听见，显见是他们“文化传播”的影响。在举国体制下谈论享受比赛应该是奢侈的，能不能站上领奖台乃至最高领奖台是一回事，首先得出工又出力。否则的话，用从前的一句经典戏剧台词说，叫作“对不起人民，对不起党”。人家说享受，是从小到大受训花的钱都是自家出的，我们的前提也是那样的话，爱怎么享受就可以怎么享受，别人无权干涉；倘若花的是纳税人的钱，事情可不得又当别论？

国人看淡金牌，应该是看到了竞技体育与大众体育“一条腿长、一条腿短”的现状，多拿几块无所谓了，不如用那些钱来怎样怎样。有一定道理，但证明一个国家体育成就所能达到的高度，似乎必须通过金牌说话。竞技体育与大众体育，我以为代表着体育发展的两个方向。前者挑战的是身体极限，所要达到的是运动极限，所以运动员难免满身伤病；而后者是以增强体质为目的的文化游戏，在游戏中陶冶性情、健美体魄。但二者却并非截然对立。竞技体育的成就越辉煌，大众就势必越能领略其魅力，进而起到迅速普及运动项目、让大众了解更多的体育知识并动员大众参与其中的热情的作用，从而推动大众体育的发展。乒乓球之所以成为我们的国球，绝对离不开当年容国团夺取中华民族第一个世界冠军时所激发出的民族情感。前几年，丁俊晖还只是小有成绩，台球也在国内风靡一时。而现在我们不少人把竞技体育与大众体育的“跛腿”归咎于举国体制，认为前者的投入侵占了后者，偏颇了，也偏题了。

举国体制下不仅不必讳言金牌，而且还要理直气壮。

（2012 年 8 月 9 日）

“白菜版”奥运闭幕式解说酸不溜秋

伦敦奥运会已经曲终人散。这是第 30 届夏季奥运会。奥运会举办了那么多届，加上上一届我们是东道主，伦敦的这一个，开闭幕式都难免被拿来比较，尤其是跟我们“无与伦比”的那一届进行比较。不错，有比较才有鉴别，但是文化上的东西却往往又是无法简单类比的。人类学里有一种理论叫“文化相对论”，是说任何一种文化都有其独特一面和价值一面，评价之，需用其本身所从属的价值体系，而不能用你所从属的体系的那套标准。

我们的古人实际上已经认识到了这一点。用《淮南子》里比较文雅的说法，叫作："佳人不同体，美人不同貌，而皆说（悦）于目；梨橘枣栗不同味，而皆调于口。"古代以来就公认的"四大美女"——西施、貂蝉、王昭君、杨玉环，肯定不会是一个模样，但是她们的"貌"都属于"闭月羞花，沉鱼落雁"；以"体"而言，也有"环肥燕瘦"之说，苏东坡的诗揭示得最形象："杜陵评书贵瘦硬，此论未公吾不凭。短长肥瘦各有态，玉环飞燕谁敢憎。"文化的相异，即便用《文子》里相对"粗俗"的说法，也是"秦楚燕魏之歌，异声而皆乐，九夷八狄之哭，异声而皆哀"。我们倘若能真正理解这些古训，就会以一种平静的心态看待"异文化"、评价"异文化"，尤其是对待奥运会开闭幕式这个展示主办国文化的大舞台。

基于此，我就不大爱听此番奥运闭幕式上央视白岩松先生的"白菜版"解说。本届奥运会确实阴暗面不少，有很多可叹、可弹之处，错漏百出的裁判给人的不良印象尤甚，但咱们的古人也把话说在头里了："冤有头，债有主。"哪里有问题就该算哪里的账。闭幕式艺术总导演金加文说："我想庆祝，想让大家都享受这生动的闭幕式，不仅能回顾近50年来经典时代的音乐精选，还能感受时尚和文化。"有没有达到这个效果，见仁见智，但我们的白先生都说了些啥？当人家的辣妹组合复出，他说"现在不能叫辣妹了，她们应该是不辣的阿姨们，现在阿姨们都快40岁了"；当人家的喜剧演员拉塞尔－布兰德在演唱《我是海象》时，他说"这老哥的特点是无论穿多么干净多么贵的衣服，都能穿出来流浪汉的感觉"；还有说人家的乐队"破铜烂铁继续敲，这是中国武术提前进入奥运会的标志吗"，以及对"更快、更高、更强"的歪解，等等。我认为代表泱泱大国国家电视台的"白菜版"解说，近乎没有修养，奥运会诚然是个大party，但在此时你也不能不庄重。倘若这诸如此类像报道所言是一种"爱国主义情绪"的话，则这种"爱国"不仅有点酸不溜秋，而且非常小家子气，不具备国家电视台解说员应有的风范，倒像一个逆反情结深厚的顽童。

像白先生这种以直言著称且一贯正确的人，很容易忘乎所以，也需要清醒一下吧。奥运会还要继续举办，基本趋势是五大洲轮流坐庄，至于非洲等国家与地区何时才可以主办奥运会，国际奥委会主席罗格认为首先要申办城市本身评估自己的力量，但时间肯定是早晚的问题。没有人不承认我们在 2008 年举办了一届成功的奥运会，但是我们没必要因为什么“名嘴”的图一时口快，好像连累整个国家从此都不能客观看待人家的东西似的。“白菜版”解说可以休矣！

（2012 年 8 月 13 日）

后　记

“破却千家作一池，不栽桃李种蔷薇。”贾岛的句子，据说是讽刺宰相裴度的。贾岛有贾岛的本意，将后半句借用为拙作书名，自有借用的喻义。

阳历年转眼就要过去了，过了之后，意味着自己入职南方日报就是整整20年了。1997年初，在历经极其曲折的过程之后，算是如愿以偿地开始了评论生涯。20年间，“桃李”当然“栽”了不少，但“蔷薇”似乎也“种”了很多。蔷薇有刺，大抵碰到了的人要感到不快。

不过，宋朝有个叫真德秀的说得好：“既以脂膏供尔禄，须知痛痒切吾身。”那是针对拿着国家俸禄的官员说的。清朝还有个叫汪容甫的，则是一棍子抡去：“人得吾骂，亦大难。”老汪实在偏激了一点儿，打人犯法，骂人有时亦然，端不如“种”些“蔷薇”，尚可供人观赏。

毛主席词曰：“三十八年过去，弹指一挥间。”20年，几乎打了个对折，更不在他老人家的话下了。自己甚感欣慰的，只是没有辜负稍纵即逝的光阴。衷心感谢南方日报出版社，感谢洪威、山丹、成雷等友朋的辛勤付出，使到目前为止的七册拙作，构成了自己生命年轮的一个组成部分。

田东江

2016年12月19日